新闻传播学课程思政教学案例

编委会

主　编

张明新　金凌志

执行主编

李华君

编　委（按姓氏笔画排序）

于婷婷	王　昀	王　然	王　溥	王一鸣	牛　静	甘世勇
刘　杰	刘　洁	刘　锐	闫　隽	李一君	李卫东	李贞芳
李华君	李雪莲	杨秀清	吴曼丽	何志武	余　红	余奇敏
张　昆	张明新	张梅兰	陈　薇	陈少华	陈先红	周婷婷
胡　怡	钟　瑛	袁　艳	顾建明	徐　迪	徐　涵	徐明华
郭小平	唐海江	龚　超	彭　松	彭　媛	鲍立泉	熊　硕

新闻传播学课程思政教学案例

主　编　张明新　金凌志

华中科技大学出版社
http://press.hust.edu.cn
中国·武汉

图书在版编目(CIP)数据

新闻传播学课程思政教学案例/张明新,金凌志主编. —武汉:华中科技大学出版社,2023.6
ISBN 978-7-5680-9414-6

Ⅰ.①新… Ⅱ.①张… ②金… Ⅲ.①高等学校-思想政治教育-教案(教育)-中国 Ⅳ.①G641

中国国家版本馆CIP数据核字(2023)第093232号

新闻传播学课程思政教学案例

Xinwen Chuanboxue Kecheng Sizheng Jiaoxue Anli

张明新 金凌志 主编

| 策划编辑:周晓方 杨 玲
| 责任编辑:余晓亮
| 封面设计:原色设计
| 责任监印:周治超
| 出版发行:华中科技大学出版社(中国·武汉)　　电话:(027)81321913
| 武汉市东湖新技术开发区华工科技园　　邮编:430223
| 录　　排:华中科技大学惠友文印中心
| 印　　刷:湖北恒泰印务有限公司
| 开　　本:787mm×1092mm　1/16
| 印　　张:23.25　插页:2
| 字　　数:393千字
| 版　　次:2023年6月第1版第1次印刷
| 定　　价:98.00元

本书若有印装质量问题,请向出版社营销中心调换
全国免费服务热线:400-6679-118　竭诚为您服务
版权所有　侵权必究

总序

新闻传播学是对我国哲学社会科学具有支撑作用的重要学科。2016年5月17日,习近平总书记在哲学社会科学工作座谈会上讲话中指出:"要加快完善对哲学社会科学具有支撑作用的学科,如哲学、历史学、经济学、政治学、法学、社会学、民族学、新闻学、人口学、宗教学、心理学等,打造具有中国特色和普遍意义的学科体系。"可以说,我国新闻传播学的学科建设和发展步入了历史上最好的机遇期。

从实践的维度看,当今时代的新闻传播学科处于关键的转型发展阶段。首先,信息科技革命推动新闻传播实践和行业快速转型。大数据、云计算、区块链、物联网、人工智能等新兴技术,带来了翻天覆地的变革,不断颠覆、刷新和重构人们的生活与想象,促进新闻传播活动进入更高更新的境界。新闻传播实践的形态、业态和生态,正在被快速重构。在当前"万物皆媒"的时代,媒体的概念被放大,越来越体现出数据化、移动化、智能化的趋势。

其次,全球文化交往与中外文明互鉴对当前的新闻传播实践提出了更高的要求。中国正在越来越走近世界舞台中央,"讲好中国故事""传播好中国声音"成为国家层面的重大战略。在此背景下,新闻传播学的学科建设、学术研究和专业实践,要有"关怀人类、联通中外、沟通世界"的担当和气魄,以传承、创新和传播中华文化为己任,推进全球文化交往,推动中外文明互鉴,为人类文明进步贡献中国智慧和中国方案。

再次,媒体的深度融合发展,促进了媒体功能的多样化拓展。在当今"泛传播、泛媒体、泛内容"的时代,媒体正在进一步与政务、文旅、娱乐、财经、电商等诸多行业和领域产生更加紧密的联系。在媒体深度融合发展的进程中，媒体不仅承担着意识形态领域的新闻传播、舆论引导和文化传承功能，而且是治国理政的利器，是服务群众的平台和载体。在推进国家治理体系和治理能力现代化的过程中，媒体融合是关键一环。通过将新闻与政务、服务、商务等深度结合，媒体全面介入了社会治理和公共服务的各领域各环节。

不论是学科地位的提升，还是实践的快速变革，都对新闻传播学科的转型发展提出了新的时代要求。2022年4月25日，习近平总书记在中国人民大学考察时系统阐述了建构中国自主知识体系的重大战略目标。总书记强调："加快构建中国特色哲学社会科学，归根结底是建构中国自主的知识体系。要以中国为观照、以时代为观照，立足中国实际，解决中国问题，不断推动中华优秀传统文化创造性转化、创新性发展，不断推进知识创新、理论创新、方法创新，使中国特色哲学社会科学真正屹立于世界学术之林。"具体到新闻传播学科，就是要加快中国新闻传播学自主知识体系建设。我们要以习近平总书记强调的"立足中国、借鉴国外，挖掘历史、把握当代，关怀人类、面向未来"为根本遵循，构建中国特色新闻传播学知识体系，充分体现中国特色、中国风格、中国气派。

加强教材建设是建构中国特色新闻传播学知识体系的重中之重。新闻传播学的学科、学术和话语体系，正处于持续的变革、更新与迭代过程中，加强教材建设显得更为重要。只有建构高水平的教材体系，才能满足立德树人的时代需要，才能为培养新时代的卓越新闻传播人才提供知识基础。教材也是中外文化交流和文明互鉴的重要载体。要向世界提供中国方案、贡献中国智慧，向世界民众传播中国理论、中国话语，教材是重要的依托和媒介。新闻传播学教材是中国特色新闻传播学知识体系的重要构成部分，肩负着向全人类贡献中国新闻传播话语、理论、思想的历史使命。

本系列教材是国家级一流专业建设精品教材。在某种意义上，本系列教材是顺应国家层面一流本科专业和一流本科课程"双万计划"建设的时代产物。2019年4月，教育部办公厅正式发布《关于实施一流本科专业建设"双万计划"的通知》，提出在2019—2021年，建设一万个左右国家级一流本科专业点和一万个左右省级一流本科专业点。在一万个左右国家级一流专业中，包含236个新闻传播学类专业。目前，全国约有1400个新闻传播学类本科专业，国家级一流专业显然具有极其重要的示范价值。2019年10月，教育部发布《关于一流本科课程建设的实施意见》,正式启动一流课程"双万计划"。在一流本科专业和一流本科课程"双万计划"建设中,教材建设无疑是极为重要的。

华中科技大学新闻与信息传播学院创建于1983年,是全国理工科院校中第一个创立的新闻院系,开国内网络新闻传播教育之先河。1983年3月,华中工学院派姚启和教授赴京参加全国新闻教育工作座谈会,到会代表听说华中工学院也准备办新闻系,认为这本身就是新闻。第一任系主任汪新源教授明确指出,我们的目标是培养文理知识渗透的新闻专业人才,我们和中国人民大学、复旦大学、武汉大学办的新闻学专业不一样。1998年,华中理工大学在新闻系基础上,成立了新闻与信息传播学院。学院坚持以"应用为主,交叉见长"为学科发展和专业建设理念,走新闻传播科技与新闻传播文化相结合的道路,推进人文学科、社会科学与自然科学、技术科学交叉融合。经过程世寿教授、吴廷俊教授、张昆教授等历任院长(系主任)的推动、传承和改革创新,学院逐渐形成并不断深化自身的特色。可以说,学院秉持学科交叉的人才培养理念,在传统的人文教育和"人文+社会科学"新闻教育模式之外,于众多高校新闻传播人才培养模式中走出了一条独特的发展道路。

近年来,学院坚持"面向未来、学科融合、主流意识、国际视野"的人才培养理念,致力于培养具有家国情怀、国际视野和新技术思维,适应媒体深度融合和行业创新发展,胜任中外文化传播与文明互鉴的卓越新闻传播人才。在人才培养过程中,注重学生综合素质与专业水平、理论功底与业务技能、实践精神与创新思维的均衡发展。在这样的思维理念指导下,学院以跨学科、跨领域、跨文化为专业建设路径。所谓"跨学科",即强化专业特色,建设多元化的师资队伍,凝聚跨学科的新兴方向,组建创新团队,培育跨学科的重要学术成果;所谓"跨领域",是在人才队伍、平台建设等方面拓展社会资源,借助业界的力量提升学科实力和办学水平,通过与知名业界机构的密切合作提高本学科的行业与社会知名度;所谓"跨文化",是扩大海外办学空间,建设国际化科研网络,推出高水平合作研究成果,推进学术成果的国际发表和出版,提升学科的国际知名度和美誉度。

目前,学院拥有五个本科专业:新闻学(另设有新闻评论特色方向)、广播电视学、传播学、广告学、播音与主持艺术。其中,新闻学、广播电视学、传播学入选国家级一流本科专业建设点,广告学、播音与主持艺术入选省级一流本科专业建设点。与此同时,学院还建设了包括"外国新闻传播史""新媒体用户分析""网络与新媒体应用模式""传播学原理"等在内的一批一流课程。为持续推进一流专业建设和一流课程建设,我们经过近三年的策划和组织,编撰推出"普通高等教育新闻传播学类国家级一流专业建设精品教材",为促进新时代卓越新闻传播人才培养,推进中国新闻传播教育转型,建设中国特色新闻传播学知识体系贡献华中科技大学新闻传播学科的思想智慧与解决方案。

本系列教材包括三个子系列:专业改革创新卷、卓越人才培养卷、学生实践创新卷。其中,专业改革创新卷以促进专业建设为宗旨,致力于探讨在新的时代条件下,开展新闻传播学类专业建设的理念、思维、机制和措施,具体包括专业改革创新的指导思想、课程思政、教师与学生、课程与教材、授课形式、教学团队、实践创新、育人机制、交流机制等方面的内容。特别的是,我们在课程思政建设方面做了一些探索,取得了一些成果。2022年,学院作为牵头单位,编撰出版了《新文科背景下专业课程思政教学案例》,系全国首部文科类课程思政教学案例;同时,编写的《新闻传播学专业课程思政教学案例》即将于2023年春由华中科技大学出版社出版,系全国首部新闻传播学类课程思政教学案例。

卓越人才培养卷以推进课程教材建设为宗旨,致力于促进新闻传播学类各专业核心课程、前沿课程、选修课程教材的编撰和出版。在我们的设计中,其既包括传统意义上的正式课堂教材,也包括各种配套教材,譬如案例选集、案例库、资料汇编等。课堂教学的教材建设是专业建设的重要构成部分,对于促进快速转型中的新闻传播领域的知识更新和理论重构,具有极其重要的意义。我们以培养全能型、高素质、复合型、创新型的新时代卓越新闻传播人才为目标,着眼于培养学生的跨领域知识融通能力和实践能力。教材是实现上述目标的重要依托和载体。我们在推进卓越人才培养卷教材编撰的过程中,特别注重将新时代中国特色社会主义伟大实践和中国媒体深度融合发展的最新成果及时进行转化并融入其中,以增强新闻传播教育教学的时代性和针对性。

学生实践创新卷以提升学生实践水平为宗旨,致力于培养学生面向媒体融合前沿、面向文化传承、面向国际传播的实践意识和能力。新闻传播学类各专业具有很强的应用性,必须面向实践和行业。"以学为中心",在某种意义上就是要注重实践。新时代的卓越新闻传播人才培养,必须建构基于实践导向的育人机制,其中包括课程、实验室与实践平台、实践指导团队、学生团队实践、实践作品、实践保障机制等诸要素,构成一个完整的闭环。我们编撰学生实践创新卷教材,是要通过对华中科技大学新闻传播学子原创实践作品的聚沙成塔、结集成册,充分展现他们在评论、报道、策划等领域的优秀成果,展现他们的创作水平、责任意识和家国情怀。这些成果中的一部分,可能稍显稚嫩,却是学生在专业领域创造的杰作,凝聚着青年学子的思想智慧和劳动结晶。当然,这些成果也是学院教师们精心指导的结果,是教学相长的产物,对于推动专业建设具有重要的参考、借鉴和示范意义。

在我们的理解中,教材的概念相对宽泛,不仅包括传统意义上的课堂教材和辅助性教学材料,还包括专业改革创新著作和学生实践创新作品。教材是构成专业建设的基石,一流的专业必然拥有一流的课堂教材、教改成果和实践成果。本系列教材名为"国家级一流专业建设精品教材",但并不仅仅服务于本科专业的建设,还囊括针对研究生各专业建设的教材作品。打通本科生专业建设和研究生专业建设,是本系列教材的一种重要创新。我们认为,只有在一流本科专业建设的基础上,才能建设好一流的研究生专业。

2023年将迎来华中科技大学新闻与信息传播学院四十周年华诞。四十年筚路蓝缕,以启山林;四十年创业维艰,改革前行。经过四十年的历程,学院建成了全国名列前茅的新闻传播学科,培养了数以万计具有国际视野、家国情怀的高素质复合型新闻传播人才,成为华中科技大学人文社会科学学科蓬勃发展的一张名片。值此佳期到来之际,我们隆重推出"普通高等教育新闻传播学类国家级一流专业建设精品教材",为学院四十周年华诞献礼。本系列教材是教育部首批新文科研究与改革实践项目"基于多学科融合的卓越新闻传播人才培养体系创新改革研究"的重要阶段性成果,体现了华中科技大学新闻传播学科专业建设发展的主要特色。根据规划,本系列教材将在2025年前全部出版完毕,其包括约50部作品,可谓蔚为大观。在此,我们要感谢中共湖北省委宣传部、中共湖北省委教育工作委员会、湖北省教育厅与华中科技大学共建新闻学院的项目经费支持,同时,我们也要感谢华中科技大学本科生院在经费上的大力支持,正是有了这些经费的资助,本系列作品才能出版面世,与读者相见,接受诸位的评判和检验。

本系列教材是华中科技大学新闻与信息传播学院致力于推进中国新闻传播教育转型发展的努力与尝试。我们希望这样的努力与尝试,将在中国特色新闻传播学知识体系建构过程中留下历史印记,为新时代培养造就更多具有使命担当、家国情怀和国际视野的卓越新闻传播人才贡献华中科技大学新闻传播学科的思想、智慧和方法。

华中科技大学新闻与信息传播学院院长,教授、博士生导师

张明新

2022 年 12 月 12 日

目 录

1 新闻学

- 3 "新闻学原理"课程思政案例
- 13 "新闻评论"课程思政案例
- 20 "新闻学原理"课程思政案例
- 25 "新闻传播伦理与法制"课程思政案例
- 35 "新闻采写"课程思政案例
- 47 "中国新闻传播史"课程思政案例
- 55 "政治传播"课程思政案例
- 62 "媒介融合导论"课程思政案例
- 69 "新闻报道策划"课程思政案例
- 78 "新闻编辑"课程思政案例
- 82 "新闻摄影"课程思政案例
- 101 "外国新闻传播史"课程思政案例
- 108 "媒介地理学"课程思政案例

117 广播电视学

- 119 "视听文本批评"课程思政案例
- 126 "普通话语音与发声基础"课程思政案例
- 133 "视听专题与专栏"课程思政案例
- 141 "视听节目编导"课程思政案例
- 148 "视听新媒体用户分析"课程思政案例
- 153 "广播电视新闻报道"课程思政案例
- 159 "播音创作与表达"课程思政案例
- 167 "互联网心理学"课程思政案例
- 175 "视听传播概论"课程思政案例
- 182 "广播电视评论"课程思政案例

189 传播学

- 191 "新媒体经典产品赏析"课程思政案例
- 197 "网络信息管理"课程思政案例
- 208 "新媒体应用模式创新设计"课程思政案例
- 214 "人工智能与数据科学"课程思政案例
- 222 "新媒体运营"课程思政案例
- 227 "游戏学导论"课程思政案例
- 236 "数据挖掘"课程思政案例
- 249 "传播学原理"课程思政案例
- 256 "传播心理学"课程思政案例

264	"传播学研究方法"课程思政案例
269	"新媒体与社会"课程思政案例
277	"新媒体概论"课程思政案例

285 广告学

287	"市场营销学"课程思政案例
297	"品牌传播概论"课程思政案例
307	"公共关系原理"课程思政案例
315	"视觉传播与创意"课程思政案例
323	"消费者行为学"课程思政案例
332	"文化产业与创意经济"课程思政案例
340	"广告学概论"课程思政案例
351	"新媒体整合营销"课程思政案例

新闻学

"新闻学原理"课程思政案例

主讲教师:刘 锐

章节名称

第八章 新闻舆论

课程目标

一、知识目标

理解新闻舆论和舆论监督的内涵与特征、新闻舆论导向的基本要求。

二、能力目标

掌握新闻舆论引导的原则与方法、新闻舆论监督的方法。

三、德育目标

培养政治意识、大局意识、人文意识,树立家国情怀,牢记时代使命,做有理想、有追求、有担当、有作为、有品质、有修养的大学生。

教学内容

(1)新闻舆论的内涵与特征。

(2)新闻舆论导向的基本要求。

(3)新闻舆论引导的原则与方法。

(4)新闻舆论监督的含义与特点。

(5)新闻舆论监督的原则与方式。

思政素材

做好社会舆论的压舱石——社会问题监督报道评析。

习近平总书记指出:"在新的时代条件下,党的新闻舆论工作的职责和使命是:高举旗帜、引领导向,围绕中心、服务大局,团结人民、鼓舞士气,成风化人、凝心聚力,澄清谬误、明辨是非,联接中外、沟通世界。"① 针对社会问题的主流媒体舆论监督有助于帮助公众在纷繁复杂的网络舆论中拨云见日、看清真相,这种新技术条件下的新功能和新角色要求我国的主流新闻媒体成为社会舆论的压舱石。

案例概述:

本专题收录了六个社会问题监督报道案例,包括文字和电视等多种媒体形式,多采用述评结合的方式,关注群众关心的热门社会问题,不仅报道了新闻事实,还配发了新闻评论,起到了舆论监督的作用。

案例一:这是做教育,还是做生意(会后探落实·四问校外培训)

2021年全国两会期间,"规范校外培训"成为各方关注的焦点。3月6日,习近平总书记在看望参加政协会议的医药卫生界教育界委员时强调:"培训乱象,可以说是很难治理的顽瘴痼疾。家长们一方面都希望孩子身心健康,有个幸福的童年;另一方面唯恐孩子输在分数竞争的起跑线上。别的孩子都学那么多,咱们不学一下还行啊?于是争先恐后。这个问题还要继续解决。"

从总书记强调解决校外培训乱象,到形成策划、完成采写、编辑刊发,政治文化部教育采访室快速反应,于3月18日至23日在文化新闻版连续落地《这是做教育,还是做生意》《这是教知识,还是教套路》《要深挖病根,更要对症下药》《校内减负、校外增负,怪圈怎么破》四篇报道。从资本营销、教育教学、监督监管、校内减负校外增负四个角度切入,揭示乱象,剖析原因,探讨发展之道。同时,以评论形式在"人民日报政文"微信公众号"金台锐评"栏目刊发,根据不同平台特点,一次采写、多次编辑、多平台分发。

系列报道刊发后,受到教育部高度肯定,教育部部长、分管副部长、相关司局负责人都对这组报道给予充分肯定,认为这组报道策划及时、采访扎实,有效落实了总书记指示和回应了群众关切,并为相关部委下一步推出针对校外培训机构的治理举措,营造了良好的舆论氛围。

人民系媒体平台传播数据亮眼。系列稿件在《人民日报》客户端的浏览量每篇均超200万,其中首篇点赞达1.16万,评论近6000条。《人民日报》微博

---

① 《习近平谈治国理政》(第二卷),外文出版社2017年版,第332页。

转载,平均阅读量超过 400 万,微博同时发起"《人民日报》四问校外培训乱象"话题,截至 3 月 22 日,话题阅读量接近 2000 万。"《人民日报》四问校外培训乱象"登上微博、百度热搜榜。

各媒体广泛转载,推出跟进报道。各主流媒体、门户网站、行业媒体和自媒体纷纷转载,如新华网、央视网、半月谈微博、财新网微博、南方人物周刊微博等。不少媒体跟进报道,如《半月谈》推出"校外培训系列评",《湖北日报》发表评论《做教育不是做生意》,《齐鲁晚报》刊发《谁来给"过度教育"喊停?》等。

广受专家学者和读者好评。很多读者在文章评论区表示,"好文,有意思、有意义、有必要,广大人民群众拍手称快!""校外培训乱象是该引发社会的重视了,相关职能部门要切实履职,以回应人民的期盼"等。许多教育领域专家学者表示,"文章质量很高""观点有高度有深度""《人民日报》水平确实不一样"。

案例二:长江禁渔,为何还有禁而不止的现象

实施长江流域重点水域禁捕退捕,是贯彻落实习近平总书记关于"共抓大保护、不搞大开发"的重要指示精神,保护长江母亲河和加强生态文明建设的重要举措,是为全局计、为子孙谋,功在当代、利在千秋的重要决策。

2020 年是实施长江十年"禁渔令"的第一年。2020 年 6 月,记者深入调查该政策的贯彻落实情况,撰写了这篇报道。

受疫情、汛情影响,采访调查存在诸多不便。但是,读者来信编辑室的记者努力克服困难,加强与湖北、江苏、安徽等分社的联动协作,实地走访长江沿岸,同退捕渔民、饭店老板、农贸市场商贩等广泛交流,并且深入采访相关省、市的农业农村(包括渔政)、公安、市场监管等部门,掌握了第一线、最真实的素材,确保舆论监督的全面、客观、准确。

根据调查情况,这篇报道指出,禁令之下,依然有人铤而走险,非法捕捞野生江鲜。同时,长江十年"禁渔令"的实施对渔政执法部门提出了更高要求。长江水域点多面广,渔政执法面临新挑战,人手少、装备不足等问题凸显,亟须加以解决。

2020 年 6 月 28 日,中央领导同志出席长江流域重点水域禁捕和退捕渔民安置保障工作推进电视电话会议并讲话。7 月 4 日,国务院办公厅印发《关于切实做好长江流域禁捕有关工作的通知》。这篇报道的及时刊登,很好地体现了时度效原则,有力配合了党中央、国务院的相关决策部署。

报道见报后，引起广泛关注。时任农业农村部部长、国家市场监管总局局长、公安部副部长三位部级领导同志在读者来信版刊发文章。此外，安徽、江苏等地在部署开展禁渔工作时，均提及这组调研报道，一些基层单位还进行了集中学习。

报道见报后，《人民日报》客户端、"学习强国"第一时间转发，《人民日报》客户端安徽频道、江苏频道在报道见报日全天置顶；人民网首页推荐，新华网、光明网、中国经济网、中国新闻网、搜狐网、新浪网等诸多网站转载转发，领导留言板、政知道、澎湃新闻等微信公号也做了转引。很多网友积极评价，留言称赞说"《人民日报》报道及时，希望长江早日重现活力""报道说出了群众的心里话，长江是需要好好治理了"。

此外，这篇报道见报后，本报还陆续刊发跟踪报道《让"禁渔令"落地有声》《如何打赢长江禁捕退捕攻坚战》，深入分析问题，提出意见建议，形成舆论监督的闭环。

案例三：雇人住院为哪般①

节目聚焦了沈阳个别民营医院"雇人住院"，虚开医疗费用，套取国家医保资金的恶性事件，节目话题尖锐、直击时弊。作为新时代下央视舆论监督的代表性作品，节目以"党中央高度重视，老百姓深恶痛绝，有解决之道"为选题标准，关注医保政策运行中的"被钻空子"的漏洞。

在接到相关新闻线索后，央视记者历时半年，对沈阳市多家民营医院展开长期跟踪式拍摄，拍摄到的违法违规现象触目惊心，揭开了套取"医保资金"的真相。

社会医疗保险是我国的一项重要的民生工程，国家每年都投入大量的财政资金进行支持，这是国家为解决百姓"看病难、看病贵"采取的切实措施，也是每位社会成员都从中受益的普惠红利。个别医疗机构套取医保资金行为由来已久，但屡禁不止，每年给国家造成巨额损失。在类似骗取医保的行为中，一些医疗机构、医保定点药店，甚至参保人，在心照不宣中轻松获取非法收益。而一些经办机构，或因利益驱使，或是行政不作为，监管不力让骗保成为可能。据国家审计署 2017 年 1 月医疗保险基金审计结果发布的数据，全国 923 家定点医疗机构和定点零售药店涉嫌通过虚假就医、分解住院等方式，骗取套取医

---

① 王颢一、薛宁宁、王惠莉，中央广播电视总台，2018 年 11 月 14 日。

疗保险基金2.07亿元。

此种社会丑恶现象性质之恶劣,情节之严重,影响之巨大,亟待整治。报道以"深度+高度+广度"为总领,深挖社会顽疾,触及群众关心的重大现实问题,为夯实医保资金管理作出了实质性的贡献。

节目掷地有声,沈阳市政府对事件进行了通报,"这是一起以合法医院为掩护,通过中间人或医院职工拉拢介绍虚假病人,采取虚假治疗等方式,骗取国家医保基金的诈骗案件。专案组经审查后依法刑事拘留37名"。

国家相关部门印发《欺诈骗保医疗保障基金行为举报奖励暂行办法》的通知,紧接着又开通了举报通道。这一报道为加强医保资金管理作出了实质性的贡献。

节目在《焦点访谈》首播后,央视新闻客户端、央视新闻微信公众号、央视新闻微博立即作为首发阵容同步推送,引起社会各界强烈反响。央视新闻客户端在大屏播出之前进行预热,开设互动直播间,与网友深入互动。在大屏直播的同时切入大屏信号,实现大小屏同步播出。随后在央视新闻微博进行了视频发布,设置话题"医院雇没病的人住院骗医保"。微博引发社会各界关注,微博话题阅读量在两小时内达到1.5亿,当晚话题登上微博热搜,排位高居第二,成为微博舆论场热议的焦点,相关微博评论数快速突破2.4万条,获得点赞3.8万次。网友纷纷表示:"事件荒唐至极……""必须严查……"。并高度赞扬央视的调查报道激浊扬清,对相关部门重视问题、解决问题发挥了重要的督促作用。

报道引发全网竞相转载,新华社、《人民日报》等50多家媒体纷纷转发评议。新浪、腾讯、百度等数百家商业网站进行了"刷屏式"转载。

该节目荣获第二十九届中国新闻奖电视评论二等奖。

案例四:江苏连云港市赣榆区私营个体经济协会"搭车"收费屡禁不止①

2020年10月中下旬,记者随国务院第五督查组赴江苏连云港市,就有关线索进行暗访调查。调查期间,记者走访了10多名不同情况的个体商户和赣榆区私营个体经济协会的多处办公场所,调阅了该协会房屋租赁合同、会员名册、收支账目等相关资料,反复核实细节,掌握了问题的事实情况。300元会费虽然不多,但伤害的是群众切身利益,也影响了政府部门的公信力。督查组认

---

① 《经济日报》记者陈发明,2020年10月18日。

为,该协会作为政府与个体私营工商户之间的联系纽带,不该通过"近水楼台"的优势误导群众发展会员,应认真履行社团组织义务,当好政策法规的普及者,为私营个体从业者改进服务。经督查组同意,记者迅速完成稿件,于10月18日在《经济日报》头版刊发,并配发《"花样"敛财当休矣》的编辑部短评。

《"搭车"收费屡禁不止》一文是国务院第七次大督查期间,报纸类媒体刊发的第一篇监督报道,受到督查组领导的表扬,在网络上被广泛转载。《"搭车"收费屡禁不止》见报的同时,《经济日报》还以"群众少问一句,协会多收三百"为标题,在微博客户端、微信公众号等新媒体平台进行推广,获得数千名网友点赞,仅微信平台阅读量就达到3.7万,引起网上广泛共鸣。多名网友留言表示自己也遇到过不交会费就不给办执照等情况,呼吁依法依规惩治乱收费行为,保护群众利益。

"六稳""六保"工作是党中央重大决策部署,国家三令五申要坚决查处各种乱收费、乱罚款、搞变相涨价等加重企业负担的行为。面对群众反映强烈的问题,《经济日报》开展舆论监督,推动有关问题解决。该文章作为一篇监督类报道,采访调查扎实,事实要素完整,数据运用得当,细节描述准确,以"300元会费"的小事情,反映出中央"保市场主体"政策落地的大主题,获得了《经济日报》2020年度十大精品奖。

案例五:甘肃祁连山——问责风暴下的生态突围①

一场振聋发聩的问责风暴,揭开了祁连山生态环境遭破坏的盖子。2017年8月底,在中央问责风暴"满月"之际,记者来到"旋涡"中的甘肃祁连山国家级自然保护区所在的张掖市和肃南县,深入采访了当地国土资源部门、驻甘国有矿企、国有地勘单位、私人矿企负责人以及业内专家学者、当地群众等,并连续4天行程数百公里深入祁连山腹地探访了受到社会广泛关注的大海铜矿、麒麟矿业、马蹄煤矿等,采撷到大量独家素材和鲜活事例,在报道当地积极开展恢复治理工作,重塑转型发展的信心同时,还从国土资源专业角度反映出当下做好祁连山生态环境整治面临的突出矛盾和问题。

报道刊出后,国土资源部官网、《中国国土资源报》官网、《中国国土资源报》微信公众号等主流媒体网站迅速转载,引发了社会舆论的广泛关注,网络点击量迅速攀升,引发了一系列关于生态环保和地质勘察的大讨论。网友留

---

① 薛亮,《中国国土资源报》2017年8月28日。

言称,文章不仅体现了国土人知错就改、勇于担责的决心和勇气,更说出了地质队员的心声;希望国家在大力发展环保的同时,科学统筹地质工作。

与其他媒体对祁连山生态环境问题所作报道不同的是,该篇作者在对祁连山生态环境问题进行了深入调查的基础上,以翔实的采访材料、统计资料和鲜明事例展现了问责风暴背后的故事,特别是基层国土资源工作者对生态环境问题的反思、做法以及目前的生存状态、压力状态等,同时引出了如何完善矿业权退出补偿政策、怎样实现地质勘察和环境保护双赢等诸多问题,形成了独特的写作方式和深度报道视角。

思政元素

在互联网极其发达的今天,人们拥有了通过互联网表达利益诉求的渠道。自2000年以来,各种网络"门"事件层出不穷,社会舆论呈井喷式爆发,大量错误的新闻事实和思想通过自媒体传播。为了维护社会稳定,坚持党的领导,我们的主流媒体有必要先发制人,通过舆论监督将社会问题遏止在萌芽状态;而不是任由社会问题成为引发社会秩序混乱的导火索,降低人民群众的生活幸福感。新闻媒体应直面当下人民群众最为关心的社会问题,寻求解决办法。

一、社会问题舆论监督为国家治理服务

习近平总书记指出"党的新闻舆论工作是党的一项重要工作,是治国理政、安国定邦的大事",强调"做好党的新闻舆论工作,事关旗帜和道路,事关贯彻党的理论和路线方针政策,事关顺利推进党和国家各项事业,事关全党全国各族人民凝聚力和向心力,事关党和国家的前途命运"。[①]

党媒对社会问题的持续关注和追踪报道是为了回应国家的重大政策部署,对当下社会面对的主要问题作出提纲挈领、直击要害的报道,辅助政府尽快解决当下面临的社会痼疾,促进社会改革向纵深发展。比如,《"搭车"收费屡禁不止》指出了赣榆区私营个体经济协会"搭车"发展会员,损害人民群众经济利益的事实。

社会问题舆论监督维护了国家和人民的长远利益。在某些法律治理尚未覆盖、尚不完善的领域,或者在面对新技术条件下出现的新的社会问题时,媒体成为社会治理的重要抓手,通过舆论发声进行监督,不仅促进社会问题的解

---

① 《习近平谈治国理政》(第二卷),外文出版社2017年版,第331-332页。

决,也为相关领域的立法和制度化治理提出务实的建议。

二、社会问题舆论监督体现了党性和人民性相统一

习近平总书记指出:"必须从党的工作全局出发把握党的新闻舆论工作,做到思想上高度重视、工作上精准有力。"①新闻媒体跟踪热点问题,及时回应社会关切。舆论监督的目标是为人民服务,体现了新闻媒体坚持党性和人民性相统一的重要行动纲领。媒体一方面行使监督权利,监督政府和社会机构在某些方面的不合理行为;另一方面也代表中央对地方政府"不作为"或"乱作为"进行监督,从多个方面实现社会的公正和民主。《雇人住院为哪般》曝光了沈阳市个别医保定点医院欺诈骗取医保基金的违法犯罪行为。该报道的舆论引领性作用突出,指出了在当下公共医疗体系下出现的新问题,堵住了骗取医保的漏洞,为国家挽回了损失,平息了普通群众的不满和怨气,使得公众更加信任我国的公共医疗制度,体现了我国的新闻媒体贯彻党的方针政策和维护群众利益的统一。《甘肃祁连山:问责风暴下的生态突围》直击甘肃地区破坏祁连山生态环境的问题,回应了习近平总书记"绿水青山就是金山银山"的生态倡议,维护了人民群众的长远利益。

三、社会问题舆论监督须坚持批评性与建设性的统一

习近平总书记在党的新闻舆论工作座谈会上强调:"舆论监督和正面宣传是统一的。新闻媒体要直面工作中存在的问题,直面社会丑恶现象,激浊扬清、针砭时弊,同时发表批评性报道要事实准确、分析客观。"新闻报道要以事实为依据,营造正向舆论氛围。新闻舆论监督应该是建设性的,以改进工作、解决问题为目的。发挥新闻舆论在统一思想、凝聚力量、促进改革发展、维护社会稳定中的积极作用。紧紧围绕党和国家的中心工作,抓住群众关注、政府重视、具有普遍意义的问题,把群众的意见和政府的解决办法联系起来,有针对性地开展新闻舆论监督,以促进问题的解决。目前我国在全球范围内面临西方对我们在科学技术和意识形态方面莫须有的指责和打压,在《"破'四唯'促进科技成果转化"系列报道》中,记者呼吁进行基础理论创新,解决我国当下面临的"卡脖子"科技问题。我们只有统一思想,才能在全球地缘政治和科技战中艰苦奋斗、自力更生,取得最后的胜利。

---

① 《习近平谈治国理政》(第二卷),外文出版社2017年版,第332页。

四、社会问题舆论监督需要尊重新闻规律,用好先进的传播手段

新闻媒体需要做好舆情研判,及时对人民群众关心的问题进行调研。在新媒体迅速发展的当下,新闻舆论不仅通过传统的社论和评论员文章进行表达,还借助网络微评传播速度快、范围广的特性影响广大人民群众。以抖音、快手为代表的视频流媒体能够对当下发生的新闻事件做到现场直播、即时发言。习近平总书记指出:"随着形势发展,党的新闻舆论工作必须创新理念、内容、形式、方法、手段、业态、体制、机制,增强针对性和时效性。要适应分众化、差异化传播趋势,精准定位受众,善于设置议题,形成全方位、多层次、多声部的主流舆论矩阵,加快构建舆论引导新格局。要推动融合发展,主动借助新媒体传播优势,打造一批新型主流媒体,占领信息传播制高点。要抓住时机、把握节奏、讲求策略,从时度效着力,体现时度效要求。"[①]

教学安排

课前要求学生对近期发生的热点新闻事件进行述评,考查大家是否关心新闻时事。

课中抽查学生对新闻舆论相关知识的掌握程度。

课后布置作业,要求学生以组为单位进行热点舆情事件分析,特别要厘清消息来源,分析不同的新闻主体或机构对不同新闻事件的发声规律,并且了解背后的原因。

学习评价:设置课堂讨论、课堂提问与课后作业,一方面帮助学生巩固所掌握的知识内容,另一方面进一步加深学生对新闻舆论相关理论的理解,培养学生的舆情分析和舆论引导能力,为实现中华民族伟大复兴中国梦而奋斗。

评估步骤	评估目标	评估内容
课堂讨论	教师根据课程内容出讨论题,学生根据选题的内容进行开放式讨论	当下的热门新闻事件中,主流媒体是如何引导舆论的?存在什么得失?
课堂提问	新闻舆论理论的基础知识是否掌握	新闻舆论的内涵与特征; 舆论引导的原则与方法; 新闻舆论监督的含义、特点、原则与方式

---

① 本书编写组:《习近平新闻思想讲义》,第28页。

评估步骤	评估目标	评估内容
课后作业	热点新闻舆论事件的舆情分析	搜集热点舆情事件的资料与数据,根据课堂学习的新闻舆论理论对其进行分析

特色与创新点

(1)引入翻转课堂的理念,要求学生主动参与到课程学习过程中。

(2)对当下的热点新闻事件进行及时的整理、分析、研判,并选作教学的案例资料。

效果体现

学生较好地掌握了新闻舆论的相关理论知识,提高了新闻舆论素养,并且学会了从马克思主义新闻观的视角去分析新闻舆论。

在实操过程中,通过对热门新闻舆情事件的分析,学生倒推了新闻生产和传播的流程,了解了新闻舆论产生的原理。

课程负责人:刘锐 副教授

"新闻评论"课程思政案例

主讲教师:顾建明

章节名称

第三章 新闻评论的特点与写作的思维方法
第二节 新闻评论的政治性 关注百姓生活和观点的生活化表达

课程目标

一、知识目标

理解新闻评论贯彻"以人民为中心的发展理念,关注百姓生活"的写作要求。

二、能力目标

掌握新闻评论写作中,观点生活化表达的方法。

三、价值目标

找准政治站位,培养人文精神,树立家国情怀,养成百姓情结,做有理想、有追求、有担当、有作为、有品质、有修养的大学生。

教学内容

本课程的教学目的是培养秉持社会主义核心价值观,能够生产好的意见产品并有效传播,会创意性表达意见的正义的明白人。

教学的业务内容如下:新闻评论的目的、目标与方法;新闻评论的实质与社会功能;新闻评论的特点与写作的思维方法;新闻评论写作的流程及其技法;新闻评论的章法、在不同媒体中的样式;新闻评论的风格流派及其作品鉴赏。

本案例的课程内容是新闻评论的大众化特点及其写作思维方法。

思政素材

国家"十四五"规划发展纲要指出:"坚持以人民为中心。坚持人民主体地位,坚持共同富裕方向,始终做到发展为了人民、发展依靠人民、发展成果由人民共享,维护人民根本利益,激发全体人民积极性、主动性、创造性,促进社会公平,增进民生福祉,不断实现人民对美好生活的向往。"

案例概述:

本课程收录了关注百姓生活和观点的生活化表达的五个案例,有的是获得中国新闻奖的作品。就如何从百姓生活中找选题,如何进行观点的生活化表达等问题,阐释了具体方法。

案例一:回到百姓生活中找选题,关注百姓生活诉求(以人民为中心的理念,要求我们在写作新闻评论时,要关注百姓的日常生活,比如就学、就医、住房等事项)。

打通邻里"最后五十米"

程相东

去社区参观,有一个"门外邻里情"项目备受好评。虽然小区里楼与楼只有50米之距,但邻里之间彼此陌生。小区创新交流平台,为孩子们设计了创意活动,孩子们熟悉后,带动家长认识,进而变成了好邻居。可见,打通邻里的"最后50米",有时只需各方迈出小小的一步。

远亲不如近邻。然而,在社区生活中,"紧闭房门过日子""见面不知是邻居",竟成一种写照。事实上,人们的内心并非没有互识、交流的渴望。遇到急事难题,谁不希望有热心邻居搭把手?更何况,多点走门串户的温馨,也能增加生活的归属感。产生交际"中梗阻"的原因,往往是存在沟通短板。

有活力的城市生活,特别注重人与城、人与人之间的交流互动,培育感情和心理上的认同感。多一些邻里间沟通、交流的载体,多一些善意的相互释放,生活可以更亲切、更美好。

(《人民日报》,2016年2月15日01版。)

案例二:关注百姓生活的仪式,体味百姓生活况味,引导精神信仰。

为人民服务(节选)

毛泽东,一九四四年九月八日

我们的共产党和共产党所领导的八路军、新四军,是革命的队伍。我们这个队伍完全是为着解放人民的,是彻底地为人民的利益工作的。张思德同志就是我们这个队伍中的一个同志。

人总是要死的,但死的意义有不同。中国古时候有个文学家叫作司马迁的说过:"人固有一死,或重于泰山,或轻于鸿毛。"为人民利益而死,就比泰山还重;替法西斯卖力,替剥削人民和压迫人民的人去死,就比鸿毛还轻。张思德同志是为人民利益而死的,他的死是比泰山还要重的。

因为我们是为人民服务的,所以,我们如果有缺点,就不怕别人批评指出。不管是什么人,谁向我们指出都行。只要你说得对,我们就改正。你说的办法对人民有好处,我们就照你的办。"精兵简政"这一条意见,就是党外人士李鼎铭先生提出来的;他提得好,对人民有好处,我们就采用了。只要我们为人民的利益坚持好的,为人民的利益改正错的,我们这个队伍就一定会兴旺起来。

案例三:用故事表达观点,理必兼事。

少些"尴尬的证明"

王品

买房卖房要开自己的"单身证明",出国确认紧急联系人要证明"我妈是我妈",办理户口迁徙要证明"我爸是我爸"……近日,这些令人尴尬的证明,引来很多吐槽。这让人想起去年广州市一位政协委员绘制的一幅"人在证途"图,3.8米的长卷上,包括了常用的103个证件,让人啼笑皆非。

应该说,作为个人身份、资质的凭据,各种证明、证件是法治社会的必需品。不过,要是为了收些费用、得些好处,不但不减少、合并那些可有可无、叠床架屋的证件,甚至人为制造出一些证明事项来,这跟反对形式主义、官僚主义,建设服务型政府的目标,真可谓南辕北辙。

简政放权的项目进一步深入,"权力清单"的公开进一步扩大,这是改革的大方向。这样的改革措施,要让更多群众感受得到,需要进一步"实"起来。比如,对涉及群众生活的这些材料证明事项进行一个梳理,能免就免、能简就简,能上门办就上门办、能上网办就上网办。这样,改作风才算是真正改到了实处。

（《人民日报》，2015年4月13日01版。）

案例四：说人话，以良心判断，用政治语法阐述。

不要卖掉群众的饭碗（节选）

天气渐渐暖了，那些"练摊儿"的生意人又开始"忙活"。每年这个时候，许多人都会摩拳擦掌，准备拉开蜷缩了一冬的筋骨，大干一场。

对"练摊儿"的人来说，"摊儿"是命根子。然而，前几天媒体的一则报道，让那些"练摊儿"的人不知道该是喜还是忧：3月19日，银川市拍卖2005年度150个冷饮、维修临时占道摊位的经营权，其中，西夏区的一个冷饮摊位拍出了5万元的"标王"价，兴庆区中山公园南门附近人流集中的摊位，也拍出了万元左右的价格（据3月21日《现代生活报》）。

这样的新闻近年来常有耳闻。这些年来，各级政府在发展市场经济的过程中，通过拍卖社会公共资源的经营权和使用权来"经营城市"，用以弥补城市基础设施建设、市政管理服务等方面资金的不足，使市民生活环境得到了较大的改善。与此同时，为了提高城市贫困人群的收入，改善他们的生活条件，各级政府每年都要投入大量的财力和物力，为城市低收入者提供最低生活补助，增加尽可能多的就业岗位，为他们自主创业提供更多的优惠政策。

有句话说："授人以鱼不如授人以渔。"下岗职工、低保户同样也懂得这个道理。相比于每月固定的低保费、生活救济，他们更希望能得到一个稳定的"岗位"，比如拥有一个生意好一点儿的摊位，或者看管个自行车、清扫个街道、管理个公共厕所……这叫自食其力，那比让政府救济更有脸面、腰杆儿更硬、心里也更踏实。因此，一些城市低保户、下岗职工就算再苦再累，也要找个地方摆个地摊，或修个车擦个鞋，卖点日用小百货，或经营些冷饮、新鲜蔬菜，以维持生计。实际上，这些个"岗位"，既是困难群众谋生的"饭碗"，在很大程度上也为政府减轻了负担。然而，就是这些"岗位"，却随时可能因为"占道经营"、影响市容环境，被罚款或取缔，或者在"经营城市"的时候，"摆摊权""看车权""管理公共厕所权""街道清扫权"，一批批地被拿到市场上公开拍卖了。

（《宁夏日报》，2005年3月23日。）

案例五：意识形态传播由"说教式"转向"生活化"（日常生活化是意识形态大众化传播的内在要求，将社会意识形态变成一种生活型、消费式的意识形态,这里要学会以谈心方式表达)。

大学最珍贵的还是安宁的书桌

顾建明

燥热还没有退尽,就开学了,大学校园又热闹了起来。这里不仅有书桌、课堂,还有各种商品、社团、兼职、活动、头衔。不少商业、机关、甚至宗教团体也在惦记着大学生们。各种各样的活动多了起来,而每种活动都能关联上一个美好的愿景,或鲜亮的政治旗号。这些机遇会让部分学生坐不下来了。过去上课时,就常接到学生的请假条,上面赫然罩着某某机关的大印。

应该说,接触社会,参加实践,创新创业都是好事。问题是时间该如何分配,大学生活该如何度过,什么才是最珍贵的?

我的意见是,少顾眼前名利,潜心读书问学。

书,有着安宁、理性、情怀、幽远、超越的品格,它向人们展开精神曾经踔厉奋发的世界,那里是人类思想与文明的原乡。只要在那里找到了志趣,你就会有不一般的人生气象。

不必急于成器,你就安心读书吧。进步往往是在人不经意间来的。你淡一点,时间就走得慢一点。在悠悠时光中,你的精神就能得到充分滋养与发展,被智慧的光细细普照。怀一颗无羁绊而敞亮的心,向着知识的旭日蓝天,你必拥有美好!

虽然是青春初绽,新发于硎,但是,仍然需要珍惜时光,潜心读书。不要为就业担心,有才智的人不会没饭吃,问题是你有没有专业。

古人云,博学之,审问之,慎思之,明辨之,笃行之。这才是真正的学者境界,才是大学生们应该享有的美好校园生活。

(光明网,2018-08-31。)

思政元素

习近平总书记多次强调,以史为鉴、开创未来,必须团结带领中国人民不断为美好生活而奋斗。江山就是人民、人民就是江山,打江山、守江山,守的是人民的心。中国共产党根基在人民、血脉在人民、力量在人民。中国共产党始终代表最广大人民的根本利益,与人民休戚与共、生死相依,没有任何自己特殊的利益,从来不代表任何利益集团、任何权势团体、任何特权阶层的利益。

任何想把中国共产党同中国人民分割开来、对立起来的企图,都是绝不会得逞的!9500多万中国共产党人不答应!14亿多中国人民也不答应!

新的征程上,我们必须紧紧依靠人民创造历史,坚持全心全意为人民服务的根本宗旨,站稳人民立场,贯彻党的群众路线,尊重人民首创精神,践行以人民为中心的发展思想,发展全过程人民民主,维护社会公平正义,着力解决发展不平衡不充分问题和人民群众急难愁盼问题,推动人的全面发展、全体人民共同富裕取得更为明显的实质性进展!

(1)人民对美好生活的向往就是我们的奋斗目标,任何情况下,都要从人民的利益出发。

党的十八大闭幕后,习近平总书记在与中外记者见面时就明确指出:"人民对美好生活的向往,就是我们的奋斗目标。"这一庄严承诺,既是与我们党全心全意为人民服务的根本宗旨一脉相承、一以贯之的体现,也突出反映了民生问题在习近平总书记心中的位置。他说:"我的执政理念,概括起来说就是:为人民服务,担当起该担当的责任。"习近平总书记情真意切的话语和勇于担当的精神,温暖和打动了亿万人的心,成为党的十八大以来党中央执政为民的一面鲜亮旗帜。

坚持以人民为中心的发展思想,以不断改善民生为发展的根本目的。我们党领导人民全面建成小康社会、进行改革开放和社会主义现代化建设的根本目的,就是要通过发展社会生产力,不断提高人民物质文化生活水平,促进人的全面发展。在党的十八届一中全会上,习近平总书记就指出:检验我们一切工作的成效,最终都要看人民是否真正得到了实惠,人民生活是否真正得到了改善,人民权益是否真正得到了保障,这是坚持立党为公、执政为民的本质要求,是党和人民事业不断发展的重要保障。几年来他反复强调这个道理,要求全党同志始终把人民放在心中最高位置,把人民立场作为根本政治立场,把人民利益摆在至高无上的地位,不断把为人民造福事业推向前进。

(2)以人民为中心的理念,就是要关心百姓生活。

2016年1月18日,习近平总书记在省部级主要领导干部学习贯彻党的十八届五中全会精神专题研讨班上的讲话中指出:一是充分调动人民群众的积极性、主动性、创造性,举全民之力推进中国特色社会主义事业,不断把"蛋糕"做大。二是把不断做大的"蛋糕"分好,让社会主义制度的优越性得到更充分体现,让人民群众有更多获得感。要扩大中等收入阶层,逐步形成橄榄型的分配格局。特别要加大对困难群众的帮扶力度,坚决打赢农村贫困人口脱贫攻坚战。

（3）以人民为中心,就是要深入群众,和群众心连心,说群众心里的话。

教学安排

（1）课前要求学生讲述自己的选题,考察大家是否关心百姓生活。
（2）课中抽查学生对以人民为中心理念的掌握程度。
（3）课后布置作业,要求学生写作出体现以人民为中心的新闻评论作品。

学习评价:设置课堂讨论、课堂提问与课后作业,一方面帮助学生巩固所掌握的知识内容,另一方面通过训练,切实提高学生的思想觉悟和写作能力。

评估步骤	评估目标	评估内容
课堂讨论	要求学生根据选题的内容进行开放式讨论	当下的热门新闻事件中,学生选题的角度
课堂提问	以人民为中心的理念知识是否掌握	以人民为中心理念的内涵与特点; 以人民为中心理念的写作原则和方法
课后作业	写作一篇体现以人民为中心理念的新闻评论作品	搜集热点舆情事件的资料与数据,根据课堂学习的新闻舆论理论对其进行分析

特色与创新点

将思想理念落实到业务工作上,政治和业务结合。

效果体现

学生较好地掌握了以人民为中心的理念知识,提高了思想认识,并且学会了以人民为中心理念的写作原则和方法。

在实操过程中,通过习练,达到了学以致用、巩固提高的效果。

课程负责人:顾建明 副教授

"新闻学原理"课程思政案例

主讲教师:刘 洁

章节名称

第三章 新闻价值

课程目标

一、知识目标

掌握"新闻价值"的定义;理解新闻价值要素的含义;把握新闻价值实现的动态过程;了解新闻价值取向的影响因素和作用机制。

二、能力目标

运用所学知识在众多新闻事件中判断新闻价值、进行新闻选择;理解新闻价值的客观性和相对性;坚守正确的新闻价值取向,特别是在复杂情况下坚持社会主义新闻价值观。

三、价值目标

社会主义新闻媒体应坚持社会主义核心价值观,坚持马克思主义新闻观;通过不同媒体对同一事件新闻价值的判断和呈现,从"新闻价值"角度剖析西方资产阶级新闻媒体的本质。

教学内容

(1)新闻价值内涵:新闻价值定义、新闻价值一般要素、新闻价值的客观性。

(2)新闻价值实现过程:发现、呈现、检验。

(3)新闻价值取向:影响新闻价值取向的因素,坚持正确的新闻价值取向。

思政素材

引导学生关注重大主题报道。重大主题报道指新闻媒体围绕党和政府重要决策部署、中心工作、重大活动和社会热点等进行的重点报道工作,是党的各级新闻媒体的责任和使命,是党报彰显权威性和影响力的重要体裁。培养未来行业高手和党的新闻工作引领者、推动者,学习"新闻价值",在"硬新闻""大新闻"上着力,帮助学生切实了解重大主题报道,深切体会新闻媒体如何为党和国家工作大局服务。

引导学生深入分析中华人民共和国成立七十周年重大主题报道。新中国成立七十周年大庆报道包含了极其宝贵、丰富的课程思政素材。国内主流媒体报道全面展示了新中国发展历程、奋斗精神和辉煌成就;通过不同时期国庆报道的纵向比较既可以看到历史的脉络和细节,也可以清晰地看到中国新闻事业本身的进步;国际上少数媒体别有用心地抹黑我国的发展,为青年学生提供了一个绝好的了解其本质的机会。

以新中国成立七十周年新闻报道为主题,其思政素材可以说是海量的,学生对这些素材进行爬梳、整理、比较、分析,为自我学习、自主得出结论提供了良好条件。

思政元素

(1)多角度了解中华人民共和国成立七十年来的伟大成就和建设者的爱国情怀,激发爱国热情。

(2)通过个案分析,深入学习习近平总书记以人民为中心的新闻观。

(3)阅听主流新闻媒介,打破对党媒的固有偏见。

(4)理解党的新闻媒体如何为党和国家工作大局服务。

(5)认识新闻媒介的意识形态属性,提升在复杂情况下的政治敏感和判断力。

(6)进一步了解西方媒体的真相。

教学安排

开学初做出安排,要求学生结合中华人民共和国成立七十周年大庆围绕新闻价值完成小组研讨和展示。学生自愿分组,提前做准备,要求材料具体,论证明晰,有真情实感。

教师课堂讲授有关"新闻价值"的内容。

教师和助教接受学生关于该作业的咨询,提供指导。

各小组汇报选题,经教师和助教指导,修改优化选题。共有9个小组,最终选题确定如下。

(1)"于无声处唤醒家国记忆——新中国成立七十周年相关报道与新闻价值的接近性"(组长:赵冉)。

(2)"比较官方媒体和自媒体在新中国成立七十周年阅兵式报道上对新闻价值的不同侧重"(组长:曲徽)。

(3)"媒体多平台运营的新闻价值判断差异——以《人民日报》新中国成立七十年相关报道为例"(组长:辜晓晓)。

(4)"BBC vs 新华社——从国庆70周年的差异报道中看新闻价值"(组长:冉健翔)。

(5)"新闻价值接近性:紫光阁和梨视频对新中国成立70周年报道风格分析"(组长:刘研)。

(6)"从新闻价值的接近性看《人民日报》与《湖北日报》——新中国成立70周年彩车方阵报道"(组长:罗煜婷)。

(7)"比较《人民日报》国庆70周年和60周年报道的新闻价值"(组长:蔡梦洁)。

(8)"70周年国庆期间国内传统报刊与网络自媒体对革命先辈和新中国建设者的报道"(组长:李若彤)。

(9)"中央媒体和地方媒体对国庆70周年阅兵报道的侧重点对比"(组长:李若彤)。

学生分组展示。此次作业由学生组成大众评委,成绩计入各小组平时成绩。教师不参与评分,但及时进行点评和引导。由于学生学习热情高、投入时间多,展示和交流十分精彩。

课程展示后,每个小组写了课程作业感悟和反思(共34450字),做到"收官"之后还要"复盘",学生的部分感悟和反思见"效果体现"部分内容。

特色与创新点

(1)增强了课程思政的信心,通过实践打破了部分人认为"思政进入课堂会减损学科科学性"的错误观点。

（2）精心选择问题和题材。"新闻价值"是贯穿新闻理论和新闻实践的重大学科问题，"建国70周年"是我国政治、社会生活的大事，也是新闻媒体重大报道题材，学生有丰富的素材可以选择，又不流于琐碎，具有纲举目张的效能。

（3）不能"硬捏合"。要发掘融合的"融点"，这次课堂展示把"新闻价值"和"建国70周年新闻报道"两者有机结合，其前提就是两者具备融合的基因。

（4）"引导"不能"硬导"，"四给一不给"。任课教师给任务、给帮助、给课堂时间、给点评，但不给结论，学生通过搜集素材、研读文献、集体讨论，自然会得出结论，这个结论是自然生成，不是教师硬塞给他们的，做到"引而不发，跃如也"。

效果体现

一、整体效果得到学生的认可

第三组学生的评价具有代表性："周四上午我们进行了一堂精彩的新闻选题ppt展示大赛。本来一开始我还以为这是一堂无聊的展示会。可是当一组组学生上台展示讲解的时候，我真的被学生们精心制作的ppt和他们流利精彩的解说震撼到了，大家的表现都充分展示了新闻学院学子的风采。作为讲解员能够上台解说我们的研究成果，我感到十分荣幸。此次活动不仅是一场智慧的交流与思想的碰撞，更是一场拉近同学之间思想与心灵距离的友谊活动，具有极其深刻的意义与价值。"

二、结合专业学习内容（新闻价值）进行了一次生动的爱国主义教育

如第一组的学生说"感受到新闻学习和民族爱国主义的温情"，第九组学生写道："通过这次小组展示，我搜集了许多有关70周年国庆阅兵的报道资料，从传统报刊媒体和新式自媒体的不同形式报道中，我却看到了那相同的拳拳爱国热情，为祖国70年以来所取得的重大成就而感到无比自豪荣耀。"

三、通过鲜活案例，深入学习领会习近平总书记"以人民为中心"的新闻观

第四组学生写道："我们通过对比《人民日报》传统纸媒与新型媒体的差异，可以看到为了更加广泛地融入广大网民的生活，《人民日报》在风格、呈现形式、互动模式等方面都为受众搭建了一个广阔的平台。这种双向互动的形式更好地发挥了主流媒体的意识形态宣传作用，也体现了以人民为中心的

导向。"

四、推动学生阅听主流新闻媒介,打破对党媒的固有偏见

第二组的学生说:"之前觉得《人民日报》是生活在神坛上的报纸,而现在关注公众号、收集短视频的我觉得它平易近人又不失'仪态礼貌',常令人眼前一亮。"

五、认识到新闻媒介的意识形态属性

第八组学生认为:"传媒不是中立的,现实中传媒总是受到经济利益、政治立场、个人观点等影响。新华社作为中国的官方媒体,起着意识形态宣传教育的作用,坚持'政治家办报',发挥国家传媒机器在引导舆论、凝聚共识上的作用。"

六、进一步了解西方媒体报道真相

第七组学生写道:"其他小组的分享中,给我印象最深的是做国内外报道对比的小组所展示的内容。相比于国内的一片欢呼声和叫好声中,西方媒体对此持怀疑甚至否定的态度。这固然与西方思想文化和历来对中国抱有的偏见有关,他们的报道有很大一部分不符合客观实际。但是,这也带给我一种新的思考,中国确实在一些方面还存在不足之处,我们不应该仅仅看到积极的那一面,而使得那些仍然存在的问题在这一片叫好声中淹没。"

七、提升了学生的研究能力

第六组学生认为"受益颇多":"学习其他小组的优点和长处,更有利于我们的改进、完善,我们提升了研究问题的技能,拓展了成果制作的方法。在课题研究的前期资料准备过程中,我们学习到了选取角度的方法、搜集资料的途径,同时,也充分体会到了团队协作的重要性,培养了团队协作能力。综上,在此次课题展示中我们受益颇多。"

课程负责人:刘洁 教授

"新闻传播伦理与法制"课程思政案例

主讲教师:牛　静

章节名称

第四章　传媒报道与人文关怀

课程目标

一、知识目标

理解人文关怀的基本概念、历史渊源、政策价值,并站在时代发展角度思考新闻报道中人文关怀的体现与缺失,从中得到一些启示和建议。

二、能力目标

掌握新闻传播人文关怀的具体体现,熟悉国家新闻报道与人文关怀相关的方针政策,能够对在新闻报道中体现人文关怀提出建设性意见。

三、价值目标

培养政治意识、大局意识、核心意识、看齐意识,从人文关怀出发树立牢固的家国情怀,牢记时代使命,做有理想、有追求、有担当、有作为、有品质、有修养的大学生。

教学内容

在传媒报道中要体现人文关怀,即在新闻采访、写作、制作等一系列环节中,都要把人奉为主体,将每一个个体视为目的而非报道的手段,肯定人的价值,其核心是对人的生存状况及历史境遇的关注,对人的尊严、人的价值及符合人性的生活条件的肯定。也就是说,人文关怀的焦点在于"人"。作为具有时代特色的课程内容,一方面是让学生掌握人文关怀的基础概念、要求及体现;另一方面也能让学生思考如何用伦理学、传播学等学科的理论解释我们所面临的各类新闻报道,如何在日后的新闻工作中避免缺失人文关怀,真正做到"以人为本"。

一、导入

阐释人文关怀的重要意义,让学生能够了解人文关怀的历史渊源,树立正确的价值导向。

(1)通过梳理人文关怀的提出和涉及的理论,引出人文关怀概念,并介绍我国新闻媒体报道体现人文关怀的现状。

(2)了解习近平总书记讲话中关于人文关怀的观点,明确人文关怀是新闻传播报道的基本要求及国家宣传工作的基本方针。

二、新闻报道与人文关怀的相关案例及评析

通过介绍新闻报道中人文关怀体现或缺失的不同案例,探析新闻报道中人文缺失的具体体现,培养学生的人文情怀。

三、新闻报道中实现人文关怀的对策及意义

(1)从实现新闻报道人文关怀的外部环境和内在努力两个方面来提出相关的对策建议,并指出新闻报道中重视人文关怀的意义所在。新闻媒体作为重要的社会主体之一,必须有强烈的责任意识,倡导社会先进文化,在报道中坚持以人为本的信念,体现出人文关怀,为构建社会主义和谐社会创造良好的舆论生态环境。

(2)立足"以人为本"的导向,思考信息技术高速发展的智媒时代传媒报道人文关怀体现的困局,并为新闻报道如何全方位、多层次实现人文关怀提供思路,培养学生作为中国青年的时代担当。

思政素材

本课程的课程思政核心内容是党中央历年来对于新闻宣传工作的要求、社会主义核心价值观和习近平新时代中国特色社会主义思想。党的十六大以来,党中央针对新闻工作提出了"三贴近"原则,要求新闻媒体在深入实际、深入生活的过程中反映实际、反映生活。2013年8月,习近平总书记在全国宣传思想工作会议上指出,"坚持以民为本、以人为本。要树立以人民为中心的工作导向,把服务群众同教育引导群众结合起来,把满足需求同提高素养结合起来,多宣传报道人民群众的伟大奋斗和火热生活,多宣传报道人民群众中涌现出来的先进典型和感人事迹,丰富人民精神世界,增强人民精神力量,满足人民精神需求"①。2016年11月7日,习近平总书记在会见中国记协第九届理事会全体代表时指出,"要坚持正确工作取向,以人民为中心,心系人民、讴歌人民,发扬职业精神,恪守职业道德,勤奋工作、甘于奉献,做作风优良的新闻工作者"②。

上述的这些理念都与本课程所讲的人文关怀不谋而合,本课程坚持新时期中国特色社会主义新闻宣传工作"以人为本""以人民为中心"的思想导向,培养大学生的政治意识、大局意识、核心意识、看齐意识,引导大学生从人文关怀出发树立正确的价值观及牢固的家国情怀。

一、凸显传媒报道与人文关怀课程思政建设的目标导向

人是新闻存在的理由,新闻活动因人的存在而存在,离开了人这个因素,新闻传播活动就丧失了意义。同样,人民性是马克思主义最鲜明的品格,人民立场是马克思主义正当的根本政治立场。2013年8月19日,习近平总书记在全国宣传思想工作会议上特别强调了党性和人民性的统一,提出要树立以人民为中心的工作导向。党的十八大以来,关于宣传思想文化工作,党中央还召开了文艺工作座谈会、党的新闻舆论工作座谈会、网络安全和信息化工作座谈会、哲学社会科学工作座谈会、全国网络安全和信息化工作会议等重要会议。在这几次讲话中,习近平总书记毫无例外地强调要坚持以人民为中心的重要思想。因此,在传媒报道与人文关怀课程的教授中,应当努力突出青年学子的时代责任,激发学生在新闻报道中体现人文关怀的使命感和荣誉感。

二、充分挖掘提炼传媒报道与人文关怀的思政素材

人文关怀的理论知识与众多思政元素有着"融点",高校教师需要增强寻找和设计"融点"的能力,充分挖掘蕴含于课程中的显性及隐性思政资源。譬

---

① 中国共产党新闻网.习近平:胸怀大局把握大势着眼大事 努力把宣传思想工作做得更好[EB/OL].[2021-08-22].http://cpc.people.com.cn/n/2013/0821/c64094-22636876.html.

② 共产党员网.习近平在会见中国记协第九届理事会全体代表和中国新闻奖、长江韬奋奖获奖者代表时强调 做党和人民信赖的新闻工作者[EB/OL].[2021-08-22].https://news.12371.cn/2016/11/07/ARTI1478517807204359.shtml.

如在"新闻报道与人文关怀的相关案例"讲授中,提到了汶川地震时凸显"灾难无情人有情"的一篇篇新闻报道,北京奥运会期间媒体不断为运动员鼓劲加油的爱心报道,新冠疫情期间从平民视角出发、关注人、关心人、体现对人的重视与尊重的一系列新闻报道等,这都体现出中国特色和时代主体,报道中所包含的典型案例和先进事迹具有振奋人心、激发爱国热情的民族精神,鼓舞了学生的爱国热情和报国之志。

思政主题	思政素材
习近平新时代中国特色社会主义思想	不忘初心、牢记使命
	以人民为中心
	坚定"四个自信",增强"四个意识",做到"两个维护"
	坚持和加强党的全面领导
	实现中华民族伟大复兴
	构建人类命运共同体
传媒报道中的人文关怀	将人文关怀内化于新闻工作者的人文素养
	广泛宣传《中国新闻工作者职业道德准则》
	深入开展各种形式的人文交流活动
	全面提升传媒报道中的人文关怀

思政元素

2018年8月21—22日,全国宣传思想工作会议在北京召开,习近平总书记在会议上指出,"要加强传播手段和话语方式创新,让党的创新理论'飞入寻常百姓家'。要扎实抓好县级融媒体中心建设,更好引导群众、服务群众。要旗帜鲜明坚持真理,立场坚定批驳谬误"。① 2019年3月16日出版的第6期《求是》杂志刊发了《加快推动媒体融合发展 构建全媒体传播格局》一文,文中习近平总书记强调,"重视对自媒体舆论环境的监测与引导,及时发现报道关乎群众切身利益的现实问题"。

人文关怀是新闻报道的基本要求,也是国家进行文化输出进行国际传播的重要导向。培养新闻工作者的人文关怀对于建构国家良好的国际形象具有

---

① 中华人民共和国中央人民政府网.习近平出席全国宣传思想工作会议并发表重要讲话[EB/OL].[2021-08-22].http://www.gov.cn/xinwen/2018-08/22/content_5315723.htm.

重要意义。对内,人文关怀能够激发人民群众的自豪感、光荣感,凝聚国人共识,增强国民归属感。对外,人文关怀是国际传媒报道通用的伦理规范,坚持人道主义立场,理解人情、尊重人情的传媒报道能够真正在国际舆论场上得到受众的关注和理解,增强我国在国际上的话语权和影响力,为我国国际形象的建构营造良好的舆论氛围。

由此可见,传媒伦理与人文关怀具有课程思政属性,在讲授过程中融入课程思政元素更能够促进学生理解新闻传播伦理与法制的专业知识。

思政主题	思政元素
习近平新时代中国特色社会主义思想	习近平强调宣传思想文化工作必须坚持以人民为中心
	构建人类命运共同体思想理念
	提升国家话语权和国际影响力
	培养担当民族复兴大任的时代新人
	推动社会主义文化繁荣发展
	构建社会主义和谐社会
传媒报道中的人文关怀	传媒报道中把人奉为主体,考虑公众利益
	关注人的生存状况及历史境遇
	关注普通人的喜怒哀乐、悲欢离合;关注弱势群体的生存状况和情感需求
	重视新闻报道中当事人的感觉,展现对当事人的体谅与关怀
	保持人民情怀,坚持新闻为人民服务、为社会主义服务的方向

教学安排

一、导入(专题讲授)

阐释传媒报道体现人文关怀的内涵,让学生能够了解国内外新闻媒体报道中人文关怀的现状,树立正确的价值导向。

(1)通过梳理人文关怀的历史渊源,引出人文关怀的概念,并将其与提升国家话语权和国际影响力联系起来。

人文关怀是新闻报道的基本要求,也是国家进行文化输出进行国际传播的重要导向。培养新闻工作者的人文关怀对于提升国家话语权及国际影响力具有重要的意义。信息技术高速发展的智媒时代,传媒报道不再囿于国内,而是在全球传播,人文关怀作为全球通用的传媒伦理规范,对于国家传媒报道的国际传播及国家文化输出具有重要的现实意义。

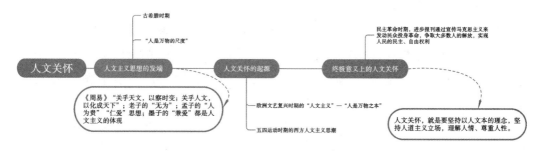

梳理：人文关怀的历史渊源

（2）了解习近平总书记关于人文关怀的观点，明确人文关怀是新闻传播报道的基本要求及国家宣传工作的基本方针。

习近平总书记多次强调宣传思想文化工作必须坚持以人民为中心。党的十八大以来，关于宣传思想文化工作，党中央还召开了文艺工作座谈会、党的新闻舆论工作座谈会、网络安全和信息化工作座谈会、哲学社会科学工作座谈会、全国网络安全和信息化工作会议等重要会议。在这几次讲话中，习近平总书记毫无例外地强调要坚持以人民为中心的重要思想。

进入新发展阶段，构建大宣传格局，在传媒报道与人文关怀课程的教授中，应当努力突出青年学子的时代责任，激发学生在新闻报道体现人文关怀的使命感和荣誉感。

二、新闻报道与人文关怀的相关案例及评析（专题讲授、案例讨论）

通过介绍新闻报道中人文关怀体现或缺失的不同案例，探析传媒报道中人文关怀的具体体现。

思政目标：培养学生的人文关怀。

1. 人文关怀体现

关注弱势群体，深入挖掘群体困境；保持中立客观，尊重报道对象情感；立足问题导向，关注人的权益保护。

案例：2020年9月8日，《人物》发布深度报道《外卖骑手，困在系统里》，指出在外卖平台系统的算法与数据驱动下，外卖骑手的配送时间被大大压短，而骑手为了避免差评、维持收入，不得不选择逆行、闯红灯等做法，极大限度地压榨着自己的身心健康。这篇报道从现象出发，挖掘现象背后的原因，关注外卖骑手的工作环境，体现了新闻报道的人文关怀，并且报道在发布后引发了大量的关于外卖骑手工作生活困境、数字劳动关系，以及零工经济的讨论。

2. 人文关怀缺失

片面追求轰动效果，反复使用刺激性素材；忽略受害人的心理状况，对受害者进行二次伤害；悲剧性事件中媒体报道的片面性与主观性倾向严重。

案例：偷拍遗体事件。歌手姚贝娜2015年1月16日因乳腺癌复发病逝，某报社记者被曝乔装医务人员潜入太平间拍照，姚贝娜经纪人于17日凌晨在个人SNS上连续发文怒斥该媒体无良，并要求其主动道歉。1月17日，《记者们在病房外，焦急地等待着她的死亡》一文刷屏并引发讨论，文中写道："姚贝娜走了，记者还未散去，他们如同苏丹的那只秃鹫，盘旋寻找，永不落下。"新闻报道缺失"人文关怀"引起了较大争议和舆论声讨。

三、新闻报道中实现人文关怀的对策及意义

思政目标：立足"以人为本"的导向，思考信息技术高速发展的智媒时代传媒报道体现人文关怀的困局，并为新闻报道如何全方位、多层次实现人文关怀提供思路，培养学生作为中国青年的时代担当。

1. 实现新闻报道人文关怀的外在保障

(1) 发挥政府和政党的管理作用。

在我国，新闻媒介是党和政府的喉舌，必须为党和国家、人民的利益服务。媒体的责任是遵守国家法律法规，真实、及时、客观、准确、全面地报道国家建设成果，同时为百姓分忧解难。在不触犯和干预新闻媒体应具有的新闻舆论监督功能的前提下，政府可以通过制定政策法规引导媒体的报道态度，实现"将人奉为主体"的人文关怀。

(2) 加强新闻行业、媒体组织的自律规范。

媒体必须要有清晰的自我定位，做好"大众的引导者和教育者"，不辱职业使命，加强自身道德建设。新闻组织制定自律信条对新闻媒体进行约束是新闻报道中实现人文关怀的有效做法。

新闻媒体作为重要的社会主体之一，必须有强烈的责任意识，倡导社会先进文化，在报道中坚持以人为本的信念，体现出人文关怀，为构建社会主义和谐社会创造良好的舆论生态环境。

2019年11月7日，中华全国新闻工作者协会第九届全国理事会第五次常务理事会对《中国新闻工作者职业道德准则》进行修订。

2.实现新闻报道人文关怀的内在努力

(1)将人文关怀内化于新闻工作者的人文素养。

新闻工作者需要不断加强自身学识及品行修养,提高人文素养,培育高尚的情操、敏锐的观察力,坚守良知正义。人文关怀的精神要求新闻从业者对"人"有清醒的认识,做到物质与精神层面的双重关怀。新冠疫情中的新闻报道极具人情味,哪怕是严肃的"硬新闻"也采取"软报道",具有情感关怀的内容为身处疫情中感到焦虑和不安的人们提供着温情但有力的报道。比如,2020年1月31日,《人民日报》一组《最有烟火味的应援!加油,热干面!》的原创海报,将武汉热干面和各地代表性美食组合起来,以食物之间的"交流"传递着温暖,获得网友广泛且自发的传播,为身处疫情紧张氛围中的人们提供了向上的能量,疫情报道的影响力也以各种走心的情感表达不断得到强化。

(2)更多地关注普通人。

新闻工作者要注意新闻事实中人的感受,从而使报道充满思想感情,充分体现新闻报道的人文关怀。新闻工作者要通过纷繁复杂的实际生活,去捕捉那些看起来虽小,却有普遍意义的新闻素材,聆听那些长期被忽视的声音。比如,《南方人物周刊》的《车棚里的健身大爷》一文,简单真实地呈现了一群"撸铁"的老年人的生活,但引发了更多人关注现有养老机制,思考老年生活存在多种需求的可能。

(3)注意不要侵害个人隐私和把握好言语措辞。

新闻报道中应设法避开一些不雅或不宜公开的画面,不公开被采访对象的个人信息,不非法侵犯和干扰个人私事和个人生活,这些都体现出媒体对人的尊重和对人的关怀。比如,2021年9月24日,《人民日报》官方微信平台《解救被"绑架"的女孩后,民警发现不对劲……》的推文中对报道的主人公及家人图片面部进行处理,以保护被报道对象的隐私不受侵害。传播正能量是媒体的责任,而正能量新闻报道也要体现对个人的关爱与关怀。

3.以人文关怀,创新传播方式

一个好的新闻报道能够引发情感共鸣,提升沟通效率,获得世界各国受众的理解、尊重与认同。借助"人文关怀"这一通用的新闻媒体伦理法规,将中国的发展融入打造人类命运共同体的新闻报道中,有利于获得世界各国人民的理解,形成有利于正面认知中国的氛围,提升国家话语权与国际影响力,塑造良好的国家形象。

四、学习评价

设置课堂讨论、课堂检测与课后拓展,一方面帮助学生巩固所掌握的知识内容,另一方面进一步加深学生对传媒报道与人文情怀的理解,培养学生的社会责任感,为实现中华民族伟大复兴中国梦而奋斗。

评估步骤	评估目标	评估内容
课堂讨论	教师根据课程内容设计讨论题,学生根据选题的内容进行开放式讨论	(1)你看到过哪些传媒报道体现了人文关怀?具体体现是什么? (2)你看到过那些传媒报道缺失了人文关怀?有什么影响? (3)你认为人文关怀跟你有什么关系? (4)如何提升新闻报道中的人文关怀?
课后拓展	结合教师线上课程与线下教学的情况,将所学习的人文关怀知识转化为学生个人创新实践能力	结合MOOC教学与线下教学资源,对相关内容进行延伸思考

特色与创新点

1. 响应时代呼唤,体现人文关怀

将培育和提升传媒报道中的人文关怀与时代呼唤深度结合,不仅让学生了解传媒报道中体现人文关怀的重要意义,更进一步探究如何提升新闻报道中的人文关怀,培养学生的媒介素养并增强学生的人文关怀。

2. 课程内容与现实社会发展密切关联

通过扎实的理论、独到的观念和精彩的案例,加深了学生在信息技术高速发展的5G时代关于传媒报道体现人文关怀的理解,扩大了新闻报道的国际视野,提升了课程的趣味性,将学生引入情景中分析问题,有利于培养其反思能力及应用能力。

3. 打造良好舆论生态环境

充分挖掘蕴含于课程中的显性及隐性思政资源,培养学生"以人为本""以人民为中心"的人文关怀,提升学生关注生活中的小人物、普通人,并进行主动传播。在线上互动环节,结合新冠疫情期间新闻报道等案例,让学生认识到传媒报道可以以"人文关怀"为导向并取得关注,以此增强学生对教学内容的价值认同。

效果体现

从学生课堂讨论、课后测试、实践任务的情况来看,学生能积极参与课堂案例的分析,参与话题讨论,有自己独立的思考和见解,理解人文关怀的内涵与意义,同时增强了在新闻报道中体现人文关怀的社会责任,掌握了相关知识技能。

课程负责人:牛静 教授

"新闻采写"课程思政案例

主讲教师:王 溥

章节名称

第二章 新闻价值论　第二节 新闻价值判断与发掘

课程目标

一、知识目标

(1)理解新闻价值的定义和内涵、新闻价值判断原则、新闻价值发掘维度。

(2)以智能移动互联为时代背景,把握新闻价值判断和新闻价值发掘途径的"变"与"不变"。

二、能力目标

(1)掌握新闻价值发掘维度和策略,准确捕捉新闻价值点和新闻眼,提升专业技能。

(2)结合身边案例,以最好的叙事方式讲好中国好故事。

三、价值目标

(1)培养爱国主义意识,牢记新闻人使命,争当有理想、有作为、有自觉、有胆魄、有格局的"五有"青年。

(2)增强专业主义意识,牢记专业规范和职业理想,争做新闻领域的复合型人才。

教学内容

一、教学原则

1. 坚持新闻价值判断与加强思政引领

新闻生产与传播是国家意识形态建设的重要组成,新闻价值判断是新闻内容生产的前置环节,必须坚持"以科学的理论武装人,以正确的舆论引导人,以高尚的精神塑造人,以优秀的作品鼓舞人"的指导方针,始终强调思想政治对新闻采访写作的极端重要性和必要性。第一,从理论上建立思政与新闻价值判断的逻辑关联。第二,强调新闻价值发掘实质是价值观的实践体现。第三,通过大量实践和事例说明中外新闻价值判断和发掘的异同。新闻价值判断与发掘是践行马克思主义新闻观的具体体现,与思政教育的理念高度一致。

2. 坚持新闻价值判断与发掘的客观性和建设性

思政教育和新闻价值判断与发掘的交融,不是要偏离新闻的客观性和建设性,而是将思政的重要理念贯穿新闻采写课程,把思政的相关内容融入新闻价值判断具体实践之中。坚持新闻价值判断与发掘的客观性和建设性,既符合辩证统一的唯物史观,也坚守了新闻生产的基本原则。

3. 保障思政元素的完整性和统一性

实施课程思政的根本目标是培养有坚定理想信念的中国特色社会主义事业的合格建设者和可靠接班人。在课程思政的建设中要保障思政元素的完整性和统一性,让课程思政的效果落到实处。新闻采写本身偏重于业务实践,因而课程更注重实例教学,以具体鲜活的案例揭示其背后所蕴含的价值导向和思想原则,形成认知共识。

二、教学重难点

(1)新闻价值与价值一般的关系。
(2)新闻价值判断原则演化。
(3)新闻价值发掘有效方法。

三、教学方法

案例教学、采写实践、集中讨论。

四、教学学时

6学时。

五、参考教材

本书编写组,《新闻采访与写作》,北京:高等教育出版社,2019年。

六、主要内容

新闻价值判断与发掘以真实性为前提原则,以系统性和创造性为基本特征,以建设性和服务性为导向,以传播效果为目标,通过价值判断、价值认同和价值发掘,实现新闻采写能力的提升。作为基础核心业务课程,一方面追求让学生掌握新闻价值判断和发掘的基础知识和维度,另一方面需要充分观照媒介形态和媒介环境变化带来的挑战,让学生思考如何认知和把握纷繁复杂的新闻事实,提升"两个服务"的驾驭力。

1. 导入

阐释新闻价值的重要意义,让学生了解新闻价值的内涵,树立正确的价值导向。

(1)分析多个同一新闻案例在不同国家的不同媒体的报道视角和处理结果,并将其与舆论导向有机关联。

(2)了解不同时期我党重要领导人关于宣传思想的讲话精神和要求,明确新闻价值判断和发掘是"两个舆论场"博弈的重要载体。

2. 新闻价值判断原则

(1)探析移动智能网络技术对新闻价值判断带来的影响,分析其中的"变"与"不变",培养学生的全局性认知能力。

(2)思考技术环境变迁带来的新闻价值判断要素位移,及其对新闻内容生产带来的新要求,以及如何积极应对。

3. 新闻价值发掘

从时间、空间、关系、情境和舆论五个维度,立体发掘新闻的最大价值点,探讨如何从建设性角度进行价值引导。

思政素材

新闻采写的核心是按照马克思主义新闻观展开新闻内容生产,新闻价值判断与发掘的要务是捕捉新闻事件内涵的最大价值点,以及选择最佳报道视角。在思想和意见多元化背景下,如何形成和凝聚主流共识,如何有效进行舆论引导,是关乎党和国家千秋伟业的重要命题。

本课程思政素材坚持新时期中国特色社会主义新闻生产的思想导向，紧扣唱好主旋律的价值理念，培养学生的政治意识、大局意识、服务意识、家国情怀，做合格的传播者。

一、凸显新闻采写课程思政建设的目标导向

新闻采写是新闻传播的核心构件，新闻价值判断和发掘是新闻采写的上游环节。网络激活了个体表达，信息和意见供给呈现出前所未有的放大状态，舆论引导难度加大；我国进入增长速度换档期、结构调整阵痛期、前期刺激政策消化期"三期叠加"，社会风险加大，舆情治理难度加大。同时，一些国家以"围剿中国"为目标，逆全球化动机增强，我国社会发展的外部环境更趋严峻。做好新时代的新闻信息生产与传播，只有不断加强信息治理，对内对外传播好中国声音，才能为中华民族伟大复兴营造良好发展环境和舆论氛围。因此，在新闻采写的教授中，需要突出强调青年学生的时代责任和专业作为，激发学生的家国意识和历史使命感。

二、充分提炼新闻价值判断和发掘相关的思政素材

新闻价值判断和发掘与思政元素具有天然"融汇点"，需要在课程教学中进行归纳和提炼。譬如，对突发性事件中的"天灾"与"人祸"的辨识、共同富裕等主题性报道中对主题的深入理解、舆论监督报道中的建设性理念、常规信息中的服务性彰显等，都需要刻意找寻到大量生动鲜活的案例进行解析。在案例解析中寻找正向能量、人性光辉、善意建言，激发学生"位卑未敢忘忧国"的爱国热情和"为天地立心，为生民立命"的家国情怀。

思政主题	思政素材
习近平新时代中国特色社会主义思想	依法治国，依宪治国
	精准扶贫和乡村振兴
	经济高质量发展
	全面建成小康社会和共同富裕
	推动社会主义文化繁荣
习近平新时代宣传思想	五个事关（宣传思想重要性）
	讲好三个故事（宣传思想推进路径）
	四个精品力作（宣传思想推进路径）

思政主题	思政素材
习近平新时代宣传思想	五项使命任务（宣传思想目标任务）
	打造新型主流媒体，以互联网为主体融合（媒体发展）
	"四力"建设（新闻队伍建设）
	互联网不是法外之地（互联网发展）

思政元素

党的十八大以来，我国社会主义建设事业取得历史性成就，防范化解金融风险、精准脱贫、污染防治三大攻坚战取得重大胜利，习近平新时代中国特色社会主义思想在马克思主义发展史、中华民族复兴史、人类文明进步史上都具有重大而深远的意义。

具体到新闻传播战线，习近平总书记针对新时期宣传思想、舆论引导、媒体发展、互联网生态、新闻队伍建设等发表过系列重要讲话。2016年2月19日，习近平总书记在党的新闻舆论工作座谈会上的讲话中提出新闻舆论工作的48字方针，指出在新的时代条件下，党的新闻舆论工作的职责和使命是"高举旗帜、引领导向，围绕中心、服务大局，团结人民、鼓舞士气，成风化人、凝心聚力，澄清谬误、明辨是非，联接中外、沟通世界"。在2018年的全国宣传思想工作会议上，习近平总书记明确提出"要不断增强脚力、眼力、脑力、笔力，努力打造一支政治过硬、本领高强、求实创新、能打胜仗的宣传思想工作队伍"。

新闻专业人才是新闻传播事业的关键主干力量，新闻专业人才建设是完成宣传和舆论工作的题中之义。新闻采访写作、新闻价值判断和发掘，具有十分鲜明的思政属性，在讲授过程中必须融入课程思政元素。

思政主题	思政元素
习近平新时代中国特色社会主义思想	卢新宁北大演讲与新闻人的时代使命
	新闻记者与采写自律
	法制报道的边界
	精准扶贫与新闻业走转改
	金融风险防范与市场在资源配置中的基础性作用

思政主题	思政元素
习近平新时代中国特色社会主义思想	典型人物报道的意义
	多元社会与新闻采写报道平衡
习近平新时代宣传思想	做有价值判断力的专业人才：新闻记者的角色与素养
	新闻价值判断与新闻伦理
	新闻价值判断与新闻法规
	全媒体时代新闻价值判断原则的"变"与"不变"
	新闻价值发掘的主要维度与报道视角
	自媒体写作与清朗网络空间

教学安排

一、导入（专题讲授、案例讨论）

阐释新闻价值的重要意义，让学生了解新闻价值判断对新闻生产的决定性影响，树立正确的价值导向。

(1)通过知名新闻人的实践案例，引出新闻记者的特殊社会角色，将其与中国社会发展勾连起来。

宣传思想工作是做人的工作，要把培养担当民族复兴大任的时代新人作为重要职责。新闻是国家思想文化建设的重要阵地，新闻记者是国家意识形态战场的重要力量，只有坚持正确的价值观和新闻观，才能为社会主义现代化事业增添社会价值。

(2)导入习近平总书记关于新闻宣传系列讲话精神，明确新闻价值判断的专业性内涵和价值发掘的基本取向。

习近平总书记高度宣传思想工作，多次提出明确要求和具体指示，强调宣传思想干部要不断掌握新知识、熟悉新领域、开拓新视野，增强本领能力，加强调查研究，不断增强脚力、眼力、脑力、笔力，努力打造一支政治过硬、本领高强、求实创新、能打胜仗的宣传思想工作队伍。

斯诺《红星照耀中国》

蒋晓平,新冠红区采访记者

卢新宁在北大演讲

穆青《县委书记的好榜样焦裕禄》

案例讨论：不同视角看新闻生产的社会价值

做好新形势下宣传思想工作，必须自觉承担起举旗帜、聚民心、育新人、兴文化、展形象的使命任务。思想决定行为，价值观决定行动力，什么样的新闻价值观决定什么样的新闻呈现。

(3)学习新闻行业伦理规范和法律规章，辨识所谓"第四权力"观，树立为国家和人民服务的专业理想。

党的新闻事业是党的喉舌，自然也是党所领导的人民政府的喉舌，同时也是人民自己的喉舌（胡耀邦"关于党的新闻工作"讲话，1985年2月）。习近平总书记要求遵循新闻传播规律和新兴媒体发展规律，提升媒体的传播力、公信力和影响力。但必须认识到，新闻从业者必须始终牢记"我是谁""为了谁""依靠谁"，看清西方部分国家所宣扬的"第四权力"的本质，明晓其谎言，洞悉其虚伪，谨慎使用国家和人民赋予的相关权利，树立为国家和人民服务的专业理想。

专题讲授：习近平总书记关于宣传思想工作的讲话		
宣传思想工作就是要巩固马克思主义在意识形态领域的指导地位，巩固全党全国人民团结奋斗的共同思想基础。——2013年8月19日全国宣传思想工作会议	做好党的新闻舆论工作，事关旗帜和道路，事关贯彻落实党的理论和路线方针政策，事关顺利推进党和国家各项事业，事关全党全国各族人民凝聚力和向心力，事关党和国家前途命运。必须从党的工作全局出发把握党的新闻舆论工作，做到思想上高度重视、工作上精准有力。——2016年2月19日，在党的新闻舆论工作座谈会（"五个事关"）	坚持党对意识形态工作的领导权，坚持思想工作"两个巩固"的根本任务，坚持用新时代中国特色社会主义思想武装全党、教育人民，坚持培育和践行社会主义核心价值观，坚持文化自信是更基础、更广泛、更深厚的自信，是更基本、更深沉、更持久的力量，坚持提高新闻舆论传播力、引导力、影响力、公信力，坚持以人民为中心的创作导向，坚持营造风清气正的网络空间，坚持讲好中国故事、传播好中国声音。——2018年8月全国宣传思想工作会（"九个坚持"）

二、新媒体时代新闻价值判断的"变"与"不变"（专题讲授、案例讨论）

1. 探析新媒体时代新闻价值判断要素的变化

思政目标：引导学生明白技术并非中性。

新闻价值判断原则：梳理新闻价值判断主要原则，并根据个人偏好排列顺序。

新闻价值判断要素权重位移：引入事件性质、媒体定位和互联网等技术性变量，认识到在不同历史阶段，新闻价值判断的原则顺序及其权重都可能发生变化。

技术背后站立的是人：互联网和计算技术重构了传播格局和媒介生态，技术的本质是人的智力延伸，人的价值观影响技术的应用方式和场景，所谓"技术中性"在新闻生产中是不折不扣的谎言。

2. 思考新媒体时代新闻价值判断原则的不变

思政目标：培养学生知晓价值观念扭曲对新闻内容生产的影响。

价值观念差异影响对新闻事件的反应。新闻价值判断带有一定的主观性色彩，不同的价值观念会导致对新闻事件产生不同的反应。

案例解读:《长津湖》为何热映

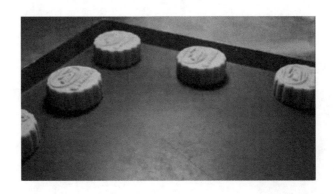

案例解读:华中大月饼为何"出圈"

新闻价值判断要素位次差异影响新闻处理。真实、重大、显著、稀缺、趣味、接近等要素共同作用于新闻价值判断,但其位次差异会影响处理结果。

新闻价值判断要素权重差异影响新闻事件的待遇。上述要素中,要素权重差异会影响同一新闻事件受到关注的程度、深度和广度。

新闻价值判断要素的不变及其实质。在信息供给剧增背景下,有效信息供应依旧严重短缺。今天面临的挑战并非新闻不受待见,而是对信息和新闻缺乏分层处理,导致信息特别是噪声等严重干扰了新闻的生命力。当然,从另一方面看,这也要求对长期以来新闻和信息几乎等同的管理模式进行必要的反思。

三、新媒体时代新闻价值发掘

思政目标:引导学生站在国家发展战略和社会治理角度思考新闻价值发掘的路径,让学生切身感受到"铁肩担道义,妙手著文章"的时代意义。

1. 新闻价值发掘的主要维度

(1)时间维度。充分了解和认知中国目前的历史点位,由此回顾社会发展历程和轨迹,前瞻未来的基本趋势。把握这一时点上的立体背景,进而客观全面理性辩证地对待各种新闻事件。

(2)空间维度。对新闻事件的价值,分别放置在自然空间、社会空间和历史空间中进行审视,有助于对重大国策和新闻事件的理解与把握。

(3)关系维度。在人与人、人与事、事与事的复杂关系网络中,寻找其间的逻辑关联和基本规律,避免主观性臆测或先入为主进行价值发掘。

(4)情境维度。环境、背景和场景是新闻价值发掘的重要源头,必须坚持以事实为依据,以现场为起点,准确发掘价值,避免忽视真相而捕风捉影,避免无视背景而武断行文。

(5)舆论维度。结合互联网的互动性功能,充分结合"场外意见",完善新闻价值发掘的遗漏之处,增强传播效果。

案例讨论:你会如何报道疫情风暴眼中的"金银潭"

2. 新闻价值发掘维度中的价值观

(1)抓重大热点事件进行价值观解析。例如2021年东京奥运会上,西方媒体恶意"双标",丑化中国奥运健儿。

(2)结合经典报道案例导入价值观分析。

(3)结合身边新闻事件展开内含的价值观分析。

四、学习评价

设置课堂讨论、课堂检测与课后拓展,一方面帮助学生巩固所掌握的知识内容,另一方面持续加强学生对新闻价值判断与发掘的训练,引导学生树立正确的价值观,从事富有社会责任感和正义感的采写,为实现中华民族伟大复兴中国梦而奋斗。

评估步骤	评估目标	评估内容
课堂讨论	根据课程内容出讨论题,进行开放式讨论	在新闻价值判断与发掘中,价值观的作用路径和效果体现
课后拓展	安排具体采写实验课	结合MOOC教学与线下教学资源,对相关内容进行延伸思考

特色与创新点

一、具有较强的时代感和现实意义

将培育和提升新闻价值判断与发掘能力与党的要求、时代需求充分结合,让学生了解在网络媒体时代进行新闻价值判断与发掘的重要意义,客观呈现"你眼中的中国是什么样子,中国便是什么样子",为国家发展、民族进步和民生福祉"释放善意"。

二、课程内容紧跟媒体发展现状,理论与实践密切结合

通过丰富的理论、精彩的案例和实践活动,开拓学生在网络时代进行新闻价值发掘的视野,丰富报道视角,提升课程趣味,提高学生独立思考能力和实务操作能力。

三、注重价值观和责任感的培养

在急剧深度变革的特殊历史时期,学生易受社会负面情绪和灰色内容浸染。本课程通过理论学习和实务模拟,帮助青年学生积极培养正确的观念,尤其是价值观和社会责任感。

效果体现

(1)通过"线下课程教学＋线上课程视频＋专题讲座＋在线答疑＋研究项目",提升学生的思想认知,从学生课堂讨论、课后实践的情况来看,学生能积极参与课堂案例的谈论,参与话题分析,理解新闻价值判断与发掘的内在逻辑,提升了新闻价值判断的理论水平,增强了责任感和使命感。

(2)通过课后实践等方式增强理论联系实际的学习效果,引导学生知行合一,学以致用,将课堂内容有机消化并运用到具体采写实践中,养成对随机事

件进行新闻价值判断和价值发掘的思考习惯,指导和鼓励学生积极生产优秀作品,结合最新传播渠道和方式,感知新闻价值判断和发掘的不同维度所引致的不同传播效果。

课程负责人:王溥 教授

"中国新闻传播史"课程思政案例

主讲教师：唐海江

章节名称

第七讲 报刊与五四新文化运动

第一节 新文化运动中的《新青年》

第二节 文化与政治的合流：新的报刊宣传阵线的形成

第三节 启蒙与报刊业务的改革

课程目标

一、知识目标

(1) 了解五四时期中国共产党新闻事业的基本情况。

(2) 了解典型报刊及典型人物的新闻传播活动。

(3) 理解党的早期舆论宣传活动，以及党的报刊活动对近代新闻事业产生的影响。

(4) 掌握中共早期党报理论的来源及内涵。

二、能力目标

(1) 树立马克思主义新闻观，注意使用正确的历史观分析新闻传播现象。

(2) 结合时代背景，思考党的新闻事业在思想教育、理论探讨、党建活动、文化传承等方面的积极作用。

(3) 深刻理解党的舆论宣传形势，增强政治传播意识和参与性。

三、价值目标

(1) 通过学习党的早期新闻事业中的典型报刊和先进人物，培养职业热情，树立崇高理想。

(2)通过学习党的新闻事业在文化及政治上的启蒙作用,增强对中国共产党的认同、对社会主义价值观的认同。

教学内容

一、教学方法

理论讲授为主,辅以小组讨论、情景展示、课后阅读。

二、教学学时

教师课堂教学2学时+课堂讨论2学时。

三、教学重难点

(1)五四时期党的新闻事业的基本情况,包括典型报刊及典型人物的新闻传播活动。

(2)报刊的舆论宣传活动。

(3)党的报刊活动对近代新闻事业的影响。

四、参考教材

1. 教学参考书

(1)《中国新闻传播史》编写组,《中国新闻传播史》,北京:高等教育出版社,2021年。

(2)方汉奇,《中国新闻传播史》(第三版),北京:中国人民大学出版社,2014年。

2. 课外文献阅读

(1)罗志田,《激变时代的文化与政治:从五四新文化运动到北伐》,北京:北京大学出版社,2006年。

(2)[美]周策纵,《五四运动:现代中国的思想革命》,李子平等译,南京:江苏人民出版社,1996年。

(3)毛泽东,《毛泽东早期文稿》,中共中央文献研究室、中共湖南省委《毛泽东早期文稿》编写组编,长沙:湖南人民出版社,2013年。

(4)[日]近藤邦康,《救亡与传统:五四思想形成之内在逻辑》,丁晓强等译,太原:山西人民出版社,1988年。

(5)王奇生,《新文化是如何"运动"起来的》,载《革命与反革命:社会文化视野下的民国政治》,第1-39页,北京:社会科学文献出版社,2010年。

(6)[美]格里德,《胡适与中国的文艺复兴:中国革命中的自由主义(1917—1937)》,鲁奇译,南京:江苏人民出版社,2010年。

五、主要内容

(1)第一部分主要介绍新文化运动中的《新青年》,重点阐述五四时期中国共产党新闻事业的诞生及初期的发展历程。围绕《新青年》这份党的典型刊物,学习陈独秀、李大钊等重要人物的报刊传播活动,了解党的报刊在建党、启蒙运动宣传方面的重要作用,启迪学生以马克思主义新闻观看待中国近代历史。

(2)第二部分从文化与政治合流的角度阐述新的报刊阵线的形成。重点阐述以《每周评论》为主,包括《湘江评论》《天津学生联合会报》等进步学生刊物在内的新的宣传阵线的形成,以及由此展开的"问题与主义之争"的舆论宣传活动,引导学生深入思考报刊的舆论宣传工作的重要作用。

(3)第三部分主要内容为启蒙与报刊业务的改革,重点阐述党的报刊及新闻传播实践在报刊言论、编辑业务、新闻报道、语言文字及新闻教育方面对近代新闻事业产生的影响,帮助学生理解党的新闻事业在文化、政治、社会方面的启蒙作用。

(4)第四部分以"报刊如何让启蒙成为运动"为主题展开课堂讨论,引导学生通过资料搜集和查询拓展了解五四时期的红色刊物。通过阅读人物传记、观看相关的影视作品、参观红色历史博物馆等方式,产生对历史的共鸣,深化对新文化运动的理解。借助历史问题观照现实,思考现代的媒介技术如何在文化、政治等方面进行舆论宣传。

思政素材

一、学好"四史",永葆初心,勇担使命

"四史"中的党史、新中国史和社会主义发展史是思考五四时期中国共产党报刊传播活动的逻辑起点和历史视野。引导学生在学习近代中国新闻史时,要注重立足马克思主义新闻观及中国共产党的新闻传播活动,围绕进步、革命和红色报刊史及新闻传播活动,树立正确的历史观,增强对中国共产党的认同、对社会主义价值体系的认同。

二、习近平关于新闻舆论工作的重要论述

习近平总书记高度重视我国新闻舆论工作,并多次作出重要论述。他强调,党的新闻舆论工作要坚持党性原则,"加强和改善党对新闻舆论工作的领导,是新闻舆论工作顺利健康发展的根本保证"。随着时代发展,党的舆论工作必须创新,要"善于运用媒体宣讲政策主张、了解社情民意、发现矛盾问题、引导社会情绪、动员人民群众、推动实际工作"。这些论述既阐述了新闻舆论工作坚持党的领导的重要性,也提出了舆论宣传创新的意义,有助于学生深入理解党的报刊在新文化运动中的舆论引导作用。

三、用好红色资源,赓续红色血脉

习近平总书记强调,"学史明理、学史增信、学史崇德、学史力行"。红色资源与红色血脉是中共在革命历史时期留下的宝贵财富,其中蕴含着党的新闻事业的智慧和经验。五四新文化运动时期红色资源丰富,能够帮助学生在学习党早期的新闻事业的同时,树立正确的人生观和价值观,坚持光荣的革命传统。

思政元素

一、学好"四史",永葆初心,勇担使命

(1)党史、新中国史、社会主义发展史。

(2)国家观、历史观、民族观。

二、习近平关于新闻舆论工作的重要论述

(1)新闻观。

(2)职业理想。

(3)家国情怀。

三、用好红色资源,赓续红色血脉

(1)价值观、人生观。

(2)道德修养。

(3)责任感。

四、学史明理、学史增信、学史崇德、学史力行

(1)批判思维。

(2)创新能力。

(3)使命感。

教学安排

一、新文化运动中的《新青年》

思政目标:引导学生在学习近代中国新闻史时,要注重立足马克思主义新闻观及中国共产党的新闻传播活动,树立正确的历史观。

1.《新青年》的基本情况

以《新青年》的创刊作为新文化运动开始的标志。通过陈独秀的创刊词《敬告青年》,以及刊物上陆续刊发的各种论说和白话诗文阐述指出,刊物对传统道德和传统文艺的抨击,标志着以道德革命和文学革命为主旨的新文化运动正式展开。

2.陈独秀、李大钊等主要人物的报刊活动

通过介绍陈独秀、李大钊等主要人物的报刊活动,帮助学生了解早期共产党人的新闻传播活动,尤其是他们致力于在中国传播马克思主义思想的活动。

3.《新青年》发展的三个阶段

通过梳理刊物从陈独秀的独撰阶段到编辑部同人轮流编辑阶段,再到后来成为中国共产党上海发起组的机关刊物的经过,引导学生了解《新青年》由一份同人刊物逐步走向革命进步刊物的历史过程。

4. 新文化运动中的《新青年》

帮助学生理解《新青年》在新文化运动中提出的三个主张,包括提倡民主,反对封建礼教,开展批孔运动;提倡科学,反对迷信、愚昧和盲从,要求用科学法则和理性来判断一切;主张文学革命,提倡新文学反对旧文学,提倡白话文反对文言文。

二、文化与政治的合流:新的报刊宣传阵线的形成

思政目标:强调新闻舆论工作坚持党的领导的重要性及创新性,引导学生深入理解党的报刊在新文化运动中的舆论引导作用。

1.《每周评论》及其他进步学生报刊的大量涌现

在《新青年》之后,大量进步报刊得到创办和传播,新的报刊宣传阵线逐步形成。

2. 问题与主义之争

进步报刊加强了舆论宣传的工作,在传播马克思主义、廓清认识上的分歧、统一思想上发挥了积极的作用。

三、启蒙与报刊业务的改革

思政目标:帮助学生树立正确的人生观和价值观,坚持光荣的革命传统。

1. 新闻工作改革

梳理五四时期的进步报刊在新闻工作方面的诸多改革,包括自由讨论新

风气的开创、政论传统的恢复、副刊的重大革新、白话文和标点符号的广泛应用、国际新闻采访和报道的开展等。

2. 新闻教育和新闻研究的开端

一批学术著作的问世及新闻学教育团体的出现,标志着中国的新闻教育与新闻学研究开始萌芽。

四、课堂讨论:报刊如何让启蒙成为运动?

思政目标:增强学史明理、学史增信的教学效果,做到历史与现实的结合,激发学生的主体潜能,增强教学效果。

以"报刊如何让启蒙成为运动"为题开展课堂讨论,培养学生理论联系实际的能力,训练学生科学研究的能力,形塑其人文素养和科学精神。

特色与创新点

(1)以马克思主义新闻观贯穿整个教学过程,将学习"四史"、探寻红色文化、思考新闻工作的舆论引导功能等融入课堂教学过程中,引导学生树立正确的历史观、培养崇高的职业理想。

(2)突破传统历史教育钻"故纸堆"、照本宣科的弊病,在教学过程中采取课堂讨论、课后阅读、观看影视作品及参观历史博物馆等多种方法,引导学生灵活地学习历史,增强新闻史论价值观引领的感染力。

(3)回应现实关切,激发学生思考在新时代,党的新闻工作应如何进行舆论宣传的创新。

效果体现

（1）本课程作为新闻传播类各专业的核心基础课程，面向新闻传播学类所有专业的本科生开设，坚持铸魂育人，将教学内容与深刻的历史性、思想的理论性和文化的传承性相结合。

（2）学生通过课程学习，掌握五四时期中共早期的报刊情况，了解其中的典型报刊和典型人物，了解党的舆论宣传工作和党的报刊活动对近代新闻事业的影响，理解党的新闻事业对近代思想、文化、政治、社会等方面产生的影响。

（3）课程充分运用历史文化资源，引导学生以史为鉴，激发学生对于历史学习的主动性，培养正确的历史观，树立崇高的职业理想，塑造优良品格，坚持光荣的革命传统，激发爱国情怀。

课程负责人：唐海江 教授

"政治传播"课程思政案例

主讲教师:王 昀

章节名称

第七章 国际政治传播与国家对外战略
第八章 中国特色政治传播原理

课程目标

一、知识目标

理解中国政治传播理论的内涵价值、历史脉络与主要成果,并站在时代发展角度思考国家对外传播战略面临的机遇与挑战。

二、能力目标

掌握政治传播相关理论,熟悉党和政府的方针政策及其背后的指导意义,为走好中国特色社会主义政治发展道路提出建设性意见。

三、价值目标

培养政治意识、文化自信、理论自信,主动服务国家对外发展战略,以"人类命运共同体"意识积极迎接全球化的挑战与机遇,成为政治素质过硬、树立家国情怀、具有国际视野的高素质复合型人才。

教学内容

一、第一部分"导入"

阐释西方人文社会科学理论对国际知识界的影响,让学生了解国际传播战略发展情况,树立正确的价值导向。

(1)联系西方的人文社会科学理论、国际知识界及西方的政治实践,了解国际政治传播的发展情况。

(2)结合当下的时代特点,理解全媒体时代政治传播的现实特征与基本导向。

二、第二部分"国家对外战略:基于国际政治传播现状讲好中国故事"

(1)探析对外战略的实践意义:当今世界正经历着百年未有之大变局,在这样的国际形势下,讲好中国故事、传播好中国声音有着巨大的意义。

(2)思考对外战略、对外政治传播中的困局,从中国经验、中国实践中精准提炼出"人类命运共同体"意识的内在价值。

(3)尝试辨析增强政治传播影响力的可能路径,探究如何增强党报党刊的政治传播力,如何培育更加优秀的新闻工作者等具体措施与可行性。

三、第三部分"中国特色政治传播原理:一种更新的理论视角"

引导学生基于中国特色政治传播理论的视角重新探索中国对外战略的创新路径,让学生深刻理解和牢牢把握中国特色政治文明。从中国特色政治体制、政治宣传的历史和现实、政治宣传的基本要素和相互关系出发,增强政治意识、大局意识、核心意识和看齐意识。

思政素材

政治传播课程思政的核心内容主要包括两个部分,一部分是马克思主义新闻观,另一部分是国际传播理论。

新时期的政治传播建设,需要立足于党的新闻舆论工作的"定星盘"——马克思主义新闻观。由此,本课程思政素材积极融会马克思主义新闻观的基本观点,并将这些基本观点与新闻实践结合,努力培养"四向四做"的新闻工作者:一是要坚持正确政治方向,做政治坚定的新闻工作者;二是要坚持正确舆论导向,做引领时代的新闻工作者;三是要坚持正确新闻志向,做业务精湛的新闻工作者;四是要坚持正确工作取向,做作风优良的新闻工作者。总之,要做党和人民信赖的新闻工作者。

"它山之石,可以攻玉。"为了探究如何制定本国的对外战略,如何进行本国的对外政治传播,了解国际形势、参考国家战略传播理论、探析国际传播是一种重要方式。因此,国际传播理论也是本课程的主要部分之一。只有根据现代传播尤其是网络传播的特点和规律,建立一套全方位、立体式的国家战略传播体系,才能保障国家利益不被侵害、国家主张不被误读、价值观念不被侵蚀。

思政元素

党的十九大报告明确了新时代党的建设总要求,对新时代党的建设新的伟大工程作出全面部署。首次把政治建设作为独立的重要任务,并摆在党的建设首位。这就扣紧了习近平新时代中国特色社会主义思想的根本和关键,也给新时代的舆论工作特别是政治舆论传播提出了新课题。

与此同时,新闻舆论工作也一直是党关注的重点,它处于意识形态领域的前沿。任何政党要夺取和掌握政权、实现长治久安,都必须抓好舆论工作。习近平总书记在党的新闻舆论工作座谈会上强调:"做好党的新闻舆论工作,事关旗帜和道路,事关贯彻落实党的理论和路线方针政策,事关顺利推进党和国家各项事业,事关全党全国各族人民凝聚力和向心力,事关党和国家前途命运。"

作为政治建设和新闻舆论工作的接合点,政治传播研究天然地拥有思政教育上的巨大价值,在讲授过程中融入课程思政元素,能够促进学生了解政治传播的相关知识,加深学生对于本课程作为政治建设和新闻舆论工作之融合的本质的理解。

思政主题	思政元素
中国特色政治传播理论	中国化政治传播理论的内涵
	政治传播理论中国化探索的历史发展脉络
	中国特色政治传播理论的成果引荐
马克思主义新闻观	认识新闻事业在党和国家事业中的重要性
	新闻事业是党领导下的社会文化事业和宣传舆论阵地
	新闻事业是国家战略的重要组成部分
国际传播与国家战略	国际传播的内涵与作用
	国际传播的历史、现状、特点和规律
	国家战略思想的历史与国家战略概念

教学安排

一、第一部分"导入（案例教学、经典导读）"

阐释西方人文社会科学理论对国际知识界的影响，让学生了解国际传播战略发展情况，树立正确的价值导向。

（1）联系西方的人文社会科学理论、国际知识界的变迁及西方的政治实践，了解国际政治传播的发展情况。

全球化是当今时代的一个重要特征，它塑造了全球相互依赖的网络，为国际政治事务提供了大量的经济和社会议程，也为国际交流提供了坚实的基础。全球性媒体和信息技术革命为政治学开辟了一个崭新的舞台——国际传播政治化。

（2）结合当下的时代特点，理解全媒体时代政治传播的现实特征与基本导向。

在全媒体时代，政治传播在传播者与传播中介、传播内容与传播效果等各个环节都发生了翻天覆地的变化。首先，政治传播原先的主导者不再占据绝对优势，而是开始与流行文化结合，表现出日常化的样态，但同时面临过度戏剧化、娱乐化的风险；其次，政治传播的中介不再只是信息的制作者、把关人，逐渐变为平台的提供者，通过努力搭建公共空间，使各类致力于改进民主的目标得到实现；最后，政治传播的受众看似拥有了更多的参与选择权，但实际上面临着理性公民主体性缺乏的尴尬。总体来说，国际范围内的政治传播在全球化和网络新媒体的促动下，正不断走向一个更日常化、更透明、更混杂和更具参与性的未来。

二、第二部分"国家对外战略：基于国际政治传播现状讲好中国故事"

（1）探析对外战略的实践意义：当今世界正经历着百年未有之大变局，在这样的国际形势下，讲好中国故事、传播好中国声音有着巨大的意义。

思政目标：增强学生的脚力、眼力、脑力、笔力，培养学生求实创新的品质。

要讲好中国故事、传播好中国声音。讲故事是国际传播的最佳方式。讲故事，最重要的是解决好讲什么、怎么讲的问题。讲什么，就是要把握时代脉搏、关注发展大势，聚焦"两个一百年"奋斗目标和中国梦，把当代中国发展进步的主流展示好，把中国人民蓬勃向上的风貌展示好。怎么讲，就是要真实、生动、鲜活地讲,坚持实事求是、不断改进创新、努力出新出彩,做到见人、见事、见思想、见精神。

讲好中国故事、传播好中国声音,要全面深入理解讲故事的内涵。要讲好中国特色社会主义的故事,讲好中国梦的故事,讲好中国人的故事,讲好中华优秀文化的故事,讲好中国和平发展的故事,展示我国的道路自信、理论自信、制度自信、文化自信。

(2)思考对外战略、对外政治传播中的困局,从中国经验、中国实践中精准提炼出"人类命运共同体"意识的内在价值。

思政目标:培养学生的大局意识,增强学生作为中国青年的担当。

"人类命运共同体"旨在追求本国利益时兼顾他国合理关切,在谋求本国发展中促进各国共同发展。人类只有一个地球,各国共处一个世界,要倡导"人类命运共同体"意识。

"这个世界,各国相互联系、相互依存的程度空前加深,人类生活在同一个地球村里,生活在历史和现实交汇的同一个时空里,越来越成为你中有我、我中有你的命运共同体。"

(3)尝试辨析增强政治传播影响力的可能路径,探究如何增强党报党刊的政治传播力,如何培育更加优秀的新闻工作者等具体措施与可行性。

思政目标:通过知识的传递让学生更有理想、更有道德、更有文化、更有纪律。

要把政治教育和党性教育作为政治宣传的首要职责。党的十九大报告提出,"保证全党服从中央,坚持党中央权威和集中统一领导,是党的政治建设的首要任务""要把坚定理想信念作为党的思想建设的首要任务"。

要将切实增强"四个意识"作为质量评价的根本标准。检验政治教育和党性教育的质量,从根本上要看是否有利于增强党员干部的政治意识、大局意识、核心意识、看齐意识,引导党员干部自觉在思想上、政治上、行动上同以习近平同志为核心的党中央保持高度一致。新时代推动全面从严治党向纵深发展,充分体现了我们党勇于自我革命、从严管党治党的鲜明品格和政治勇气,必将为实现"两个一百年"奋斗目标、实现中华民族伟大复兴中国梦提供坚强政治保证。

三、第三部分"中国特色政治传播原理:一种更新的理论视角"

思政目标:引导学生基于中国特色政治传播理论的视角重新探索中国对

外战略的创新路径,让学生深刻理解和牢牢把握中国特色政治文明。从中国特色政治体制、政治宣传的历史和现实、政治宣传的基本要素和相互关系出发,增强政治意识、大局意识、核心意识和看齐意识。

研究中国政治传播理论首先必须深刻理解和把握中国特色政治文明。要把改革开放40多年来党领导中华民族复兴所创造的伟大政治文明,对内传向老百姓、对外传向全世界。中国特色政治传播研究的边界就是,不能脱离中国特色政治体制谈论中国的政治传播,不能离开政治宣传的历史和现实谈论政治传播,不能摆脱政治宣传基本要素的相互关系塑造政治传播的过程和框架。超出这种边界,便不是对中国特色政治传播的研究。

如何把中国特色社会主义的发展故事,有效地"编织"进国际政治体系和传播体系进而和平相处,是一个跨文化传播命题。在目前的世界传媒秩序和国际传播格局下,以中国特色政治传播理论和方法来讲述中国故事,需要在话语方式和认知、阐释、传播框架方面进行跨文化沟通。而实现对话,要从传播技术前沿的争论深入思想和哲学基础的建构。在积极客观的学理认知下,做到思想、理论、实践三者的紧密结合,进而基于中国本土政治和传播实践进行思想建构,实现本土经验基础上的理论创造。

特色与创新点

(1)具有较强的时代意义。将政治建设和新闻舆论工作深度结合,将政治传播理论与思政元素深度融合,让学生在学习政治传播理论知识的同时,深刻了解当前国际的政治传播现状以及国家的对外战略,并在学习的过程中对中国特色社会主义核心价值观、"人类命运共同体"理念、马克思主义新闻观具有更加深刻的理解。

(2)紧密联系理论与实践,紧跟国际政治传播、国内政治传播的前沿,并立足于经典理论、经典文献,充分鼓励学生积极了解与思考相关问题。让学生不仅"身入",更要"心入""情入",以更加微观、更加全面的视角把握政治传播理论以及我国的对外传播战略。

效果体现

通过"课程教学+互动答疑+小组任务实践+个人任务实践"的形式调动学生的学习积极性,增强学生的参与感。从课堂讨论、实践任务以及线上线下答疑的情况来看,学生能积极参与相关案例、理论的讨论与分析,有自己的思考与见解,在不断增强相关知识储备的同时更加坚定了理想信念。

课程负责人:王昀 副教授

"媒介融合导论"课程思政案例

主讲教师:徐 迪

章节名称

第五章 媒体的政策融合 第一节 媒体融合政策形成过程

课程目标

一、知识目标

(1)通过对本课程的学习,能充分认识当前媒体的发展趋势,切实把握媒介融合政策的生成因由。

(2)能熟练运用本课程中习得的理论知识,理解媒介融合不是固化的媒体实践战略,应顺势而为。

二、能力目标

(1)在明晰媒介融合实践发展脉络的基础上,具备融媒体综合运营的能力,能区分政策执行的特定面向。

(2)在掌握媒介融合理论框架体系的基础上,具备融媒体内容制作发布的能力,能拥有创造性的策略和构思。

三、价值目标

(1)在实际生活中能从理论的高度、思想的深度、人文情怀的温度方面去开展工作,忠实履行职责使命,以融媒体记录新时代、讴歌新时代、致敬新时代。

(2)学生能理解全媒体背景下媒体融合国家战略需求,以高度的政治责任感、使命感,自觉承担起举旗帜、聚民心、育新人、兴文化、展形象的职责使命。

教学内容

核心内容：结合习近平总书记关于推动媒体融合发展的重要论述，理解媒体融合政策的形成过程。

教学方法：讲授＋讨论。

教学手段：三明治教学。

教学重点：让学生充分理解媒介融合不仅是一项重要的媒介实践战略，而且也是一项有鲜明中国特色的顶层设计方略。

教学难点：有点有面地将中央重大决策部署生动详尽地做出讲解。

课后阅读文献：中共中央文献研究室编，《习近平关于全面深化改革论述摘编》，北京：中央文献出版社，2014年版。

课后作业和讨论：为何称媒体融合已成为我国的国家战略？试举例说明。

思政素材

素材原文：回顾习近平总书记关于推动媒体融合发展的重要论述。

（1）做好宣传思想工作，比以往任何时候都更加需要创新。

今天，宣传思想工作的社会条件已大不一样了，我们有些做法过去有效，现在未必有效；有些过去不合时宜，现在却势在必行；有些过去不可逾越，现在则需要突破。"不日新者必日退。""明者因时而变，知者随事而制。"做好宣传思想工作，比以往任何时候都更加需要创新。

——2013年8月19日，在全国宣传思想工作会议上发表重要讲话

（2）要解决好"本领恐慌"问题，真正成为运用现代传媒新手段新方法的行家里手。

很多人特别是年轻人基本不看主流媒体，大部分信息都从网上获取。必须正视这个事实，加大力量投入，尽快掌握这个舆论战场上的主动权，不能被边缘化了，要解决好"本领恐慌"问题，真正成为运用现代传媒新手段新方法的行家里手。

——2013年8月19日，在全国宣传思想工作会议上发表重要讲话

（3）充分运用新技术新应用创新媒体传播方式，占领信息传播制高点。

手段创新，就是要积极探索有利于破解工作难题的新举措新办法，特别是要适应社会信息化持续推进的新情况，加快传统媒体和新兴媒体融合发展，充

分运用新技术新应用创新媒体传播方式,占领信息传播制高点。

——2013年8月19日,在全国宣传思想工作会议上发表重要讲话

(4)要一手抓融合,一手抓管理,确保融合发展沿着正确方向推进。

推动传统媒体和新兴媒体融合发展,要遵循新闻传播规律和新兴媒体发展规律,强化互联网思维,坚持传统媒体和新兴媒体优势互补、一体发展,坚持先进技术为支撑、内容建设为根本,推动传统媒体和新兴媒体在内容、渠道、平台、经营、管理等方面的深度融合,着力打造一批形态多样、手段先进、具有竞争力的新型主流媒体,建成几家拥有强大实力和传播力、公信力、影响力的新型媒体集团,形成立体多样、融合发展的现代传播体系。要一手抓融合,一手抓管理,确保融合发展沿着正确方向推进。

——2014年8月18日,在中央全面深化改革领导小组第四次会议上发表重要讲话

(5)读者在哪里,受众在哪里,宣传报道的触角就要伸向哪里,宣传思想工作的着力点和落脚点就要放在哪里。

现在,媒体格局、舆论生态、受众对象、传播技术都在发生深刻变化,特别是互联网正在媒体领域催发一场前所未有的变革。读者在哪里,受众在哪里,宣传报道的触角就要伸向哪里,宣传思想工作的着力点和落脚点就要放在哪里。

——2015年12月25日,在视察解放军报社时指出

(6)对新闻媒体来说,内容创新、形式创新、手段创新都重要,但内容创新是根本的。

对新闻媒体来说,内容创新、形式创新、手段创新都重要,但内容创新是根本的。要多深入基层、深入一线、深入官兵,了解第一手材料。要善于观察,在众多材料中发现好材料,找到反映时代精神、反映官兵面貌、能够引起广泛共鸣的材料。要善于思考,深入发掘好材料的内涵,梳理和阐发好材料中蕴含的隽永的精神和深刻的道理,运用丰富的新闻语言、形式、方法、技巧创作出精品力作来。

——2015年12月25日,在视察解放军报社时指出

(7)推动各种媒介资源、生产要素有效整合,推动信息内容、技术应用、平台终端、人才队伍共享融通。

要研究把握现代新闻传播规律和新兴媒体发展规律,强化互联网思维和

一体化发展理念,推动各种媒介资源、生产要素有效整合,推动信息内容、技术应用、平台终端、人才队伍共享融通。

——2015年12月25日,在视察解放军报社时指出

(8)要顺应互联网发展大势,勇于创新、勇于变革。

要顺应互联网发展大势,勇于创新、勇于变革,利用互联网特点和优势,推进理念、内容、手段、体制机制等全方位创新,努力实现军事媒体创新发展。

——2015年12月25日,在视察解放军报社时指出

(9)要适应分众化、差异化传播趋势,加快构建舆论引导新格局。

随着形势发展,党的新闻舆论工作必须创新理念、内容、体裁、形式、方法、手段、业态、体制、机制,增强针对性和实效性。要适应分众化、差异化传播趋势,加快构建舆论引导新格局。

——2016年2月19日,在党的新闻舆论工作座谈会上发表重要讲话

(10)要推动融合发展,主动借助新媒体传播优势。

要推动融合发展,主动借助新媒体传播优势。要抓住时机、把握节奏、讲究策略,从时度效着力,体现时度效要求。要加强国际传播能力建设,增强国际话语权,集中讲好中国故事,同时优化战略布局,着力打造具有较强国际影响的外宣旗舰媒体。

——2016年2月19日,在党的新闻舆论工作座谈会上发表重要讲话

(11)融合发展关键在融为一体、合而为一。

——2016年2月19日,在党的新闻舆论工作座谈会上发表重要讲话

(12)尽快从相"加"阶段迈向相"融"阶段,从"你是你、我是我"变成"你中有我、我中有你",进而变成"你就是我、我就是你",着力打造一批新型主流媒体。

——2016年2月19日,在党的新闻舆论工作座谈会上发表重要讲话

思政元素

(1)从政策融合维度理解国家的媒介融合战略。中国是从国家战略、政治战略层面定位媒体融合目标、推动媒体发展的。党的十八大以来,习近平总书记在多个重要场合强调推动传统媒体和新兴媒体融合发展,并研究出台了推动媒体融合发展的政策文件。

(2)在2013年8月19日全国宣传思想工作会议的讲话中,习近平总书记

首次提及"传统媒体和新兴媒体融合发展"。他在讲到宣传思想工作创新时说,手段创新,就是"要积极探索有利于破解工作难题的新举措新办法,特别是要适应社会信息化持续推进的新情况,加快传统媒体和新兴媒体融合发展,充分运用新技术新应用创新媒体传播方式,占领信息传播制高点"。

(3)习近平谈媒体融合发展:"融合发展关键在融为一体、合而为一。"党的十八大以来,以习近平同志为核心的党中央高度重视传统媒体和新兴媒体的融合发展,习近平总书记多次在不同场合强调要利用新技术、新应用创新媒体传播方式。媒体融合战略在中国不仅是媒体行业的发展措施,而且已经成为一项国家战略。

教学安排

一、课前预习

提前布置学生分小组搜集习近平总书记关于推动媒体融合发展的重要论述。

二、导入

(1)各小组按照指定顺序在规定时间内,展示本组总结梳理的推动媒体融合发展的重要论述,展示内容分为论述时间、论述内容、论述背景三个主要部分。

(2)若在小组轮次陈述中,出现后一组与前一组内容雷同的情况,则仅展示补充新增部分的内容,重复部分不再一一赘述。

(3)各小组依照上述规则依次展示,直至无任何新增内容出现,全班陈述完毕。

(4)教师在小组陈述中,做好各组要点记录并保存各组原始陈述文本。

三、讨论环节

(1)教师完整展示思政素材《回顾习近平总书记关于推动媒体融合发展的重要论述》。

(2)教师示意各组自由讨论,讨论重点为比照思政素材,排查展示环节中的陈述是否存有缺漏,如有,查核出哪条论述未纳入汇报文本中。

(3)留出时间给各组做补充陈述,上台做补充陈述的小组自行在规定时间内准备好补充陈词,向全班再做一次论述解读。准备过程中,允许学生利用电子设备查阅资料。

四、教师点评

(1)教师首先对第一次陈述的各组做出基本总结点评,点评要点为容易被忽视的重要论述和它们为何容易被忽视。

(2)教师对第一次陈述和第二次补充陈述的小组做出深入点评,点评要点为总结完备和精准的小组陈词。

(3)教师在前两项点评的基础上,提出引导性发问,提问思政素材中出现了哪些高频词以及为何出现这些高频词,即它们多次重复出现的意义为何,允许学生做出开放性回答。

(4)教师记录上述回答,逐一做出回应性点评,结合上一章节学习的知识点引导学生理解为何推动媒体融合发展是一项国家战略。

(5)教师提示学生再次注意论述提出的时间和背景,同时强调"媒体融合"的核心战略意义。

五、教师总结

(1)教师结合编制的《中国新闻体制发展简况》,深入阐释媒体组织在融合中坚持党性原则,党和国家对作为意识形态工具的新闻媒体保持规制的重要性。

(2)教师结合编制的《中国媒体融合发展战略重大阶段》,让学生认识到为适应媒介技术的深刻变革、巩固宣传思想文化阵地、壮大主流思想舆论、确保意识形态安全,中国媒介融合发展战略正不断完善。

(3)教师总结媒体融合已经正式上升到国家战略、国家行动层面,成为党中央在全面深化改革的背景下做出的重大战略部署。

特色与创新点

(1)教师讲授媒介融合发展战略的渊源,强调中国从国家层面推动媒介融合发展,将媒介融合纳入顶层设计体系,中国的媒介融合发展因此具有了更为鲜明的特色。而中国形成媒介融合发展战略,与党和国家对媒体的管理、重视密切相关。

(2)教师讲授媒介融合发展的战略机遇时,强调指出在媒体发展的关键时刻重要节点,围绕重点工作、难点问题,习近平总书记亲自谋篇布局、着力推进,坚持立破并举,指明方向、指引路径、指导发展,为新闻舆论工作提供了根本遵循。

效果体现

通过对思政素材的学习,让学生理解中国当前媒体融合政策,是中国新闻政策的一个组成部分,是在总体新闻政策指导下兼具基本新闻政策性质和具体新闻政策内容的一个政策体系。这个媒体融合政策体系,从横向上看,是由党的政策文件、党的机关和国家机关发布的文件、国家法律法规及不属于法规的文件、领导人的重要讲话和报告文章以及代表党和国家意志的新闻媒体报道等构成的有机整体;从纵向上看,与中国的国家治理纵向结构相对应,是由中央政策、地方政策和基层政策构成的有机整体。

课程负责人:徐迪 副教授

"新闻报道策划"课程思政案例

主讲教师:闫 隽

章节名称

第四章 参与式报道策划　第一节 什么是参与式报道

课程目标

一、知识目标

了解参与式报道策划的内容、层级、基本前提、行动原则等;认识新闻策划者应该具备的素质要求;学习优秀的参与式报道策划案例的特点。

二、能力目标

熟练掌握新闻报道的设计与实施步骤,并能够结合不同媒体的特性进行统筹与执行,以马克思主义新闻观为指导提升新闻报道策划的能力。

三、价值目标

参与式报道是指新闻媒体根据报道需要,遵循事物发展和新闻报道的一般规律,派出记者以特殊的社会角色或公开体验,或隐蔽暗访,或参与报道的活动之中,对需要报道的对象或过程,采取接触、体验、感悟、催生或促成等方式予以反映的特殊报道方式。

鲜活优秀的新闻报道是体力加脑力劳动的结晶,那些脚踏实地、跋山涉水、反复采集的第一手材料,只有通过脑力加工,分析判断、谋篇布局、去粗存精,才能推出精品力作。参与式报道更加考验新闻记者践行"四力"的能力,该课程通过与思政的融合培养学生的脚力、眼力、脑力、笔力,从而在参与式报道中能够从国家集体利益和人民需要出发,践行马克思主义新闻观,记录新时代、书写新时代。

教学内容

一、教学方法

案例教学、课堂讨论、专家讲座。

二、教学学时

4学时。

三、主要内容

参与式报道策划的基本要求、原则,与其他类型新闻报道策划的区别与共性;进行参与式报道策划应具备的素质;容易出现的问题及解决措施;优秀参与式报道策划案例分享与解读。

思政素材

那位感动中国的"春运母亲",11年后找到了

这是一次11年的寻找。

2010年1月30日,当天全国进入春运的第一天。新华社记者周科在南昌火车站广场拍下了这样一张照片:

一位年轻的母亲,背上巨大的行囊压弯了她的身躯,手里的背包眼看拖地,但揽在右臂中的婴孩整洁而温暖。抬头前行的年轻母亲面色红润,一双大眼睛坚定有力。

就是在那一天,这张名为《孩子,妈妈带你回家》的照片被新华社摄影部的编辑含泪编发,在当晚海量春运照片中直击人心,被数百家网站和报纸选用。

2011年,该照片获得年度中国新闻摄影金奖和第21届中国新闻奖。

……

2021年春节前夕,在四川省凉山彝族自治州越西县瓦岩乡桃园村,围坐在火塘旁,伴随着跳动的火苗,周科终于结束了寻找,与11年前那名自己镜头里的年轻母亲相遇了。

"一次喧闹车站的陌生偶遇,到远隔数千里之外的重逢,苦苦寻找了11年的一名没有只言片语的陌生人啊。"周科感慨,这些年自己带着相机走过更多的陌生城市,然而,这名曾在自己镜头里出现的陌生人却成了11年的牵挂。

2010年1月30日,巴木玉布木背着大包、抱着孩子在南昌火车站匆忙赶车(周科摄)

"住上不漏雨的房子,是我儿时的梦想"

见到巴木玉布木时,她笑得灿烂,看不出岁月的沧桑。与11年前照片中一样,她盘起头发、背着孩子迎面走来,除了略显瘦削,依旧是那双明亮的眼睛,炯炯有神。

她的身后,是刚刚建好的新房,钢筋水泥结构,结实的板材门窗。"住上这栋大雨漏不进去、寒风吹不进来的房子,小时候做梦都想。"曾在土坯房住了30年的巴木玉布木,童年的家在半山腰,出嫁后家在山脚下,变的是海拔,不变的是土坯房。

住进新房,巴木玉布木偶尔还会做噩梦:害怕孩子们冻醒,更担心房子塌下来。

曾经,每到雨季,屋外大雨,巴木玉布木的土坯房里便是小雨。雨水落在地面不打紧,可时常会滴落在床上打湿被子,一家人都睡不了觉。脸盆放在床上接雨,一个不够,再加另一个,还不行就用木桶……

巴木玉布木回忆,那时候家里没有通电,漆黑的夜里,夫妻俩就在屋里摸来摸去,凭着感觉找漏点接雨水。整个晚上,就这样抱着熟睡中的孩子盼天亮。

日复一日,年复一年,屋顶的瓦片不知被翻弄了多少次,雨中的不眠之夜又过了多少回。

在未拆除的旧房前,记者推开几块木板拼成的房门,简陋的木板床,补了又补的被褥。从柜中翻出几件黑色的彝族察尔瓦(披衫),巴木玉布木说,"这些白天当衣服穿,晚上就是被子"。她说自己偶尔去集镇上淘衣服,2块钱一件,也有5块钱一件的,但家里人很少买,"更多是别人穿旧了不要的就捡回来"。

10年前,位于全国"三区三州"深度贫困地区之一的桃园村,苦日子并非巴木玉布木一家。

从她家门口放眼望去,村庄周围,一道道山梁、一级级梯田清晰可见,山上草枯叶黄。远处,一座座大石山高耸入云,根本望不见外面的世界。

"不外出打工,光靠几亩地能吃饱就算不错了。"桃园村第一书记刘剑说,"村里土地贫瘠,不少还悬在半山腰上,播下一颗种子不见得能长出一粒粮食。要是遇上洪涝干旱,一年的收成就没了。"

巴木玉布木家有6亩旱地,祖上一直以种植玉米、荞麦和土豆为主,每年的收成勉强维持一家人填饱肚子。想吃大米要到集镇上买,但家里根本没有钱。2007年大女儿出生,巴木玉布木偶尔会用节省下来的零钱去买几斤大米,与玉米粉混在一起,给女儿"加餐"长身体。

2009年,二女儿出生,嗷嗷待哺中,巴木玉布木感觉看到了自己重复的童年,她害怕孩子们会像自己一样永远走不出这座大山。

就这样,巴木玉布木做出了一个大胆的决定:出去打工!

"打工一个月能挣五六百块钱,比家里种地要强"

2010年1月30日,记者在南昌火车站拍摄的那位背负大包、怀抱婴孩匆忙赶车的年轻的母亲,正是巴木玉布木。她说,那是她结束在南昌5个月打工生涯,赶着返回大凉山老家的一幕。

她记得很清楚,那天一早,自己扛着大包小包,带着女儿从住处赶到南昌火车站,再乘坐两天一夜的火车抵达成都。在成都,她花了15元钱在一家小旅馆休息了一晚,又搭乘14个小时的火车抵达越西县,从县城回到大凉山的家里,已是深夜。这趟行程,巴木玉布木花了三天两夜。

如今，从南昌坐高铁到成都，最快只需要8个多小时，而从成都乘火车到越西，6个多小时就能抵达。

记者翻开那张曾震撼人心的"春运表情"照时，巴木玉布木惊讶又感慨。她告诉记者，当年自己背包中装满被子、衣物，手拎的双肩包里是一路需要的方便面、面包、尿不湿。她说，那一次，自己背的东西实在太多了，也引得不少好心人上前帮忙。

10余年过去了，中国的长足进步其实从旅客行李背囊的变化都能看出来。如今在车站码头，已经很难拍到像巴木玉布木满荷大包小包这样的"经典镜头"了。

在巴木玉布木的记忆里，那是她第一次走出大凉山，第一份工作便是在南昌一家烧砖厂搬砖。

"砖厂打工一个月能挣五六百块钱，不多，但比家里种地要强。"巴木玉布木说，白天上班，她就背着女儿一起搬运石砖。女儿在肩头睡着了，就把她放在一旁，自己一边干活一边看着她。

巴木玉布木没念过一天书，更不会讲普通话，连火车票也是同村人代买。霓虹灯下的招牌、路边的标识等，周边的一切对她来说都视而不见。在砖厂，她的活动范围很小，除了上班、带孩子和睡觉，砖厂就是她的全部。

巴木玉布木告诉记者，自己的童年是在高山上度过的。山下虽然有学校，但山高坡陡，下山的路要走上两个小时。像当地女孩子没有上学的习俗一样，巴木玉布木从没走进过学校。

童年的大多时光，放牛，照顾弟妹，日出日落，每天恒定。对于巴木玉布木来说，每天最开心的事情是等着父母干活归来。再大些，她便加入其中，学着种地。

初到南昌，巴木玉布木一边搬砖，一边练习普通话，努力融入陌生的社会。

此前，她从没见过奶粉和尿不湿。外面的世界，对巴木玉布木来说总是很新鲜。

在砖厂打工期间，巴木玉布木最头疼的事是二女儿经常生病。在老家遇到这种情况，她会带孩子去镇上医院看病。但只身在外，她不知道医院怎么去，唯一能做的就是回家。

"那张照片，正是我带二女儿回家的时候。"巴木玉布木说。

不幸的是，二女儿回家后不到半年就因病去世。自此，她再也没有外出打工。2011年,她的第三个孩子在出生后10天也不幸离世。

"那个年代,桃园村只有一条泥巴路通往外界,出行靠马车,医疗条件非常落后,不少孕妇都是在家里生产,小孩子生病很难得到及时救治。"巴木玉布木说。

"无论生活有多难,我们都要勇敢向前"

正当巴木玉布木和丈夫打算重新外出打工的时候,村干部反复提及的"精准扶贫"让夫妻俩看到了希望。

起初,巴木玉布木并不懂什么叫精准扶贫。但她看到,桃园村的土地上"长"出了许多烟叶大棚,不少村民忙前忙后。

从几亩地试种,到大面积铺开,桃园村一改往年习惯,开始种植烟叶、果树等经济作物。

巴木玉布木一打听,一亩烟叶能挣好几千块钱,这不比在外打工差。于是,她与丈夫把家里的6亩地全部改种了烟叶。

第一年,因技术不好、经验不足,夫妻俩仅挣了五六千元,但他们看到了增收的希望。第二年,扶贫干部上门摸底,送来一张建档立卡贫困户帮扶联系卡,巴木玉布木一家被列为扶贫对象。

随后,从县级联系领导到驻村农技员,再到具体帮扶责任人,大家为巴木玉布木搭建了脱贫平台。对口帮扶干部刘勇,隔三岔五往巴木玉布木家里跑,将烟叶苗送到田间地头、协调技术员手把手指导……

通过学习,巴木玉布木夫妇种植的烟叶产量成倍增加,年收入从几千元增加到几万元,种植面积也从当初的6亩增加到15亩。

与此同时,巴木玉布木还到半山腰上找荒地,在石头缝中辟出一块块试种地。她高兴地看到,烟叶从半山腰的石头堆里露出头来。

2020年,巴木玉布木家年收入达到10万元,其中工资性收入3万元、家庭生产经营性收入7万元,成功实现脱贫。

作为扶贫对象,巴木玉布木2018年获得国家4万元的建房补贴,她自筹7万元在宅基地旁盖起了一栋钢筋水泥结构的新房。三室一厅的房屋粉刷一新,干净明亮,还贴上了地板砖,电饭煲、冰箱、洗衣机等家电齐全。按照彝族风俗,新居落成,要邀请亲朋好友来家做客,巴木玉布木夫妇一口气宰了两头牛。

依照国家政策,巴木玉布木还享受到医疗和教育方面的资助。2013年以来,她又生育了三个孩子,全部在县城医院免费出生。目前,大女儿上初一,次女读小学一年级,儿子上幼儿园。

几个孩子很懂事,尤其是次女,成绩优异,还当上了班长。每当村民夸奖女儿,巴木玉布木总是咧开了嘴。

记者了解到,作为越西县北部的一所初级中学,新民中学学生人数已从2015年的873人增加到现在的2425人,其中女学生比例由15%增长到51%。在国家的援建下,学校不仅新建了几栋教学楼,还正在动工建设一个标准的运动场。

2018年,桃园村修建了乡村公路,电力、通信、自来水都通了,村口常遭水冲毁的那座小桥也修葺一新。曾经的上学难、看病难、通信难等问题基本得到解决。

走在宽阔平坦的水泥路上,桃园村孩子们的上学路已经缩短到十几分钟。

为了增加家庭收入,巴木玉布木夫妇还利用农闲时节外出打工。如今,顿顿都有大米饭,有蔬菜也有肉吃。看着孩子们一张张可爱的面孔,巴木玉布木说:"希望他们好好读书,平平安安。无论是生活的贫困,还是遭遇的不幸,我们都要勇敢向前!"

看着巴木玉布木甜美的笑容,记者已然看到了11年前镜头里年轻母亲笃定的目光。(来源:新华每日电讯;记者:周科、李思佳)

思政元素

1. 旗帜鲜明坚持正确的政治方向、舆论导向、价值取向

——2019年1月25日,习近平主持中共中央政治局第十二次集体学习时的讲话

2. 加强传播手段和话语方式创新,让党的创新理论"飞入寻常百姓家"

——2018年8月21—22日,习近平在全国宣传思想工作会议上的讲话

3. 保持人民情怀,记录伟大时代,讲好中国故事,传播中国声音,唱响奋进凯歌,凝聚民族力量

——2017年11月8日,习近平致中国记协成立80周年的贺信

4. 要转作风改文风,俯下身、沉下心,察实情、说实话、动真情

——2016年2月19日,在党的新闻舆论工作座谈会上的讲话

教学安排

(1)学期开始前联系相关媒体专家,邀请他们在线上课堂进行相关内容的分享。

(2)提前告知学生本节课的主题和内容,请学生结合自己的实践经历以及对媒体报道的观察等,准备好课堂要讨论的问题和内容。

(3)教师课堂讲授有关"参与式报道策划"的课程内容,专家分享在报道策划中的经验和感受。

(4)学生针对课程内容、专家分享以及自己在实践中发现的相关问题、感受等提问、讨论,教师和媒体专家进行解答、指导,进一步加强对参与式报道策划中政治意识、大局意识、人文意识重要性的认识。

特色与创新点

(1)校企结合,拉近业界与课堂的距离。通过邀请媒体专家走进课堂进行线上讲座的形式,使学生对业界现状有更加直观、全面的认识,更深刻地体会到思政课程学习的重要性。

(2)紧密联系热点,激发学习兴趣。扶贫工作一直以来都受到全国人民乃至世界人民的关注,以此为案例进行课堂教学更具有典型性,有利于引起学生的关注和重视。

(3)优秀案例数量多,更利于多方面学习和借鉴。在参与式报道中有很多优秀的报道策划案例,通过对它们的分析讨论,更有助于学生多方面地进行学习。且优秀案例充分反映了社会主义核心价值观和习近平新时代中国特色社会主义思想,有利于学生家国意识的培养,共塑"人类命运共同体"理念,从而能够更好地将其体现在新闻专业的学习和实践中。

效果体现

(1)从课堂交流的情况来看,学生对此次课程与思政融合的主题、内容和形式都比较感兴趣,课前准备充分,讨论比较热烈。

(2)在讨论的过程中学生对参与式报道中体现出的社会主义核心价值观、以人民为中心的理念进行了充分解读,更加深入了解了其满足受众需要、促进媒体自身发展、促进社会进步的目的和功能。

(3)课程作业中,有的小组选择以本次课程内容为主题之一,对主流媒体报道策划时体现出的优秀政治素养进行重点分析,并总结其在当前时代背景中的重要性,达到了引导学生自主学习、深入思考的效果,为以后参与新闻实践打好了相关基础。

课程负责人:闫隽 教授 新闻系负责人

"新闻编辑"课程思政案例

主讲教师:闫 隽

章节名称

第五章 新闻生产　第二节 把关人与守门员

课程目标

一、知识目标

理解"把关人"理论的由来及内容;了解新闻报道各个环节的基本要求,掌握"把关人""守门员"的角色定位、作用及演变。

二、能力目标

通过学习进一步了解新闻编辑过程中的"把关人"角色,学习如何在实践中,尤其是在"百年未有之大变局"的时代背景下,坚持马克思主义新闻观,做一位合格的新闻"把关人"。

三、价值目标

我国的新闻媒体应该坚持马克思主义新闻观,遵循习近平新时代中国特色社会主义新闻观;通过对比,认识到新媒体环境对"把关人"提出的新要求,深刻认识新闻编辑过程中"把关人"应尽的责任。

教学内容

一、教学方法

案例教学、课堂讨论。

二、教学学时

2学时。

三、主要内容

"把关人"理论——内容、源头、发展；新闻把关的内涵、标准；"把关人"的责任、意义；新媒体环境带来的新挑战。

思政素材

俄乌局势不断升级，引起了多方关注。然而，由于社交媒体"把关人"和把关机制的缺失，一些不实信息迅速传播。

1. 乌克兰父亲泪别女儿与俄军作战？

俄乌冲突过程中，一则标题为"乌克兰父亲在与俄军作战前，与女儿挥泪诀别"的视频被外媒广泛传播，随后国内有一些自媒体直接"搬运"，在社交网络上引起刷屏。

然而，这个视频的真相却与外媒所报道的内容截然相反。

从该视频最初发布者的介绍来看，视频中这位正在与女儿挥泪告别的父亲，准备把女儿撤离到俄罗斯的安全地区，自己则留下与"入侵"他家园的乌克兰军队战斗。

2. 中国驻乌克兰大使提前撤离？假！

俄乌局势紧张的当下，各类未经证实的消息广泛传播，有部分外媒恶意散播有关中国的不实言论。

目前仍滞留在乌克兰基辅的中国留学生表示，有基辅当地民众向中国留学生反映，乌克兰多家媒体在新闻报道中散布不实消息，称"中国支持俄罗斯入侵乌克兰"。此外，还有流传所谓"中国驻乌克兰大使馆提前撤离置同胞于不顾"的言论。

对此，中国驻乌克兰大使范先荣发布致全体在乌中国同胞的信，他在信中表示："我要明确地告诉大家，中国大使永远不可能抛下自己的同胞不管，先顾自己的安危。这不是中国大使的风格，更不是中国共产党人的风格！"

思政元素

(1) 准确、权威的信息不及时传播，虚假、歪曲的信息就会搞乱人心；积极、正确的思想舆论不发展壮大，消极、错误的言论观点就会肆虐泛滥。这方面，主流媒体守土有责，更要守土尽责，及时提供更多真实客观、观点鲜明的信息内容，牢牢掌握舆论场主动权和主导权。主流媒体要敢于引导、善于疏导，原则问题要旗帜鲜明、立场坚定,一点都不能含糊。

——2019年1月25日,习近平在十九届中央政治局第十二次集体学习时的讲话

(2)现在,国际上理性客观看待中国的人越来越多,为中国点赞的人也越来越多。我们走的是正路、行的是大道,这是主流媒体的历史机遇,必须增强底气、鼓起士气,坚持不懈讲好中国故事,形成同我国综合国力相适应的国际话语权。

——2019年1月25日,习近平在十九届中央政治局第十二次集体学习时的讲话

教学安排

(1)提前告知学生本节课的主题和内容,请学生课前查阅相关资料,了解事件主要内容。

(2)教师课堂讲授有关"把关人"与"守门员"的课程内容。

(3)学生结合新闻思想、理论以及新闻把关原则等对案例进行分析,并进行课堂讨论,探析虚假信息的传播机制和动因等。

(4)教师针对学生的讨论和发言进行指导与总结,指出新闻媒体的意识形态属性及新闻生产的专业性,加深学生对习近平新时代中国特色社会主义新闻观的理解。

特色与创新点

(1)理论与实践紧密联系。"百年未有之大变局"中,有机遇也有挑战,通过该事件将新闻"把关人"理论与时代背景相结合,帮助学生树立危机意识,认识到坚持马克思主义新闻观、做一名合格"把关人"的重要性和必要性。

(2)案例选取比较有代表性。该案例充分体现出了"把关人与守门员"在传播中的重要性,有助于加深学生对课程内容的理解。

(3)学生充分讨论交流,教师适当予以引导。在学习的过程中,学生通过查阅资料及互相讨论,从不同角度对反映的问题进行了解读,在此过程中教师进行适当引导,更有利于学生加深对事件的思考,进而更加牢固地树立习近平新时代中国特色社会主义新闻观。

效果体现

(1)在课堂和课后的讨论、答疑过程中,学生对新闻媒体的属性有了更深的理解,思考问题的大局观与站位也有所提高。

(2)随着对案例背景、事件脉络等了解的加深,学生激发起了自主学习马克思主义新闻观、"把关人"理论等的热情,有的学生将其作为课程论文的主题进行更加深入的讨论分析。

课程负责人:闫隽 教授 新闻系负责人

"新闻摄影"课程思政案例

主讲教师:周婷婷

章节名称

第九章 专题摄影的拍摄和编辑

课程目标

一、知识目标

理解专题摄影题材选择与切入角度的推陈出新,掌握专题摄影深入追踪与拍摄变化的方法,处理好专题摄影编辑的结构方式与图文配合问题。

二、能力目标

能够完整操作专题摄影项目,提出新颖且具有深度的选题,持续关注拍摄,在拍摄过程中不断反思、灵活调整,并最终编辑出易于理解又能启人思考的作品。

三、价值目标

培养政治意识、大局意识、人文意识和职业精神,树立家国情怀,牢记时代使命,做有理想、有追求、有担当、有作为、有品质、有修养的大学生。

教学内容

(1)专题摄影的含义与主要类型。

(2)专题摄影的拍摄与制作方法如下。

准备阶段:选择拍摄题材、撰写报道计划。

实拍阶段:多次拍摄、深入交流、灵活应变。

后期制作:确定主题、依照特定顺序展开报道。

思政素材

《新京报》摄影记者陈杰的脱贫攻坚专题摄影

陈 杰

自2016年起至2020年的4年间,《新京报》摄影记者陈杰多次深入大凉山,先后9次探访悬崖村——四川省凉山彝族自治州昭觉县支尔莫乡阿土列尔村。他用影像见证了悬崖村从藤梯到钢梯再到易地搬迁的历史性转变。长期的跟踪拍摄报道,引发了社会各界和政府的关注,也带动社会各界力量参与到悬崖村的改变中。无论是对悬崖村的宏观观察,还是对人、物的细节特写,陈杰的拍摄都成了摄影介入社会发展的又一代表性案例。

陈杰说:"我们报道的目的,也是想请大家和我们一起在那些被忽略的地方走一走,触及自己久违的痛点,看见人心的力量。"

跟拍孩子们爬天梯的放学回家路

我自恃体能好,也常爬山,不过这样险峻的路绝对从未经历过的,加上我背着相机和无人机,行动更是困难,模样笨拙。

孩子们穿的鞋都不太适宜攀登打滑地段的路,极少部分穿着球鞋,大部分是凉鞋,还有的穿的是拖鞋,问他们怎么不穿好点的鞋,他们说,只有这样的鞋子,也习惯了。

孩子们爬山动作娴熟,看不出有害怕,不过,一个男孩告诉我,一次,他前面的学生摔了,被藤条挡住,没掉下悬崖,他才害怕了一阵子。

3个小时的回家路上,我使用相机、便携摄像机,一路记录孩子们爬山过程。相对下山,上山比较容易些,拍摄时我通常站在稍微宽敞的地方,或者用脚勾着天梯的横杆,稳住脚后再进行拍摄。爬天梯的过程,我一只手抓天梯横杆行进,一只手持着防抖的便携摄像器材,进行了视频录制。

在孩子们上最后一段几乎垂直的天梯时,我找到一处平台,将无人机起飞,跟拍孩子们艰难攀爬最后一段高度约100米的天梯。画面中,孩子们小小的身体在位于绝壁的天梯慢慢移动,令人震惊。

晚上,我选了一张图片发在我的社交媒体上,并写道:"毫无疑问,我被眼前的场面震撼了,几天的极其艰苦、危机四伏的共同体验,再次面对如此痛楚的现实,内心仍被一次次猛烈撞击,我希望我镜头前惊心动魄的诉说最终能带来改变。"

聚光灯下的"悬崖村"

2016年5月24日,《新京报》推出《悬崖上的村庄》的图文报道,首次将"悬崖村"带到公众面前。

悬崖峭壁上攀爬藤梯的孩子、用背包带提着儿子的陈古吉、9岁的陈惹作奋力向上攀登的镜头……成为"悬崖村"标志性画面,尤其陈古吉一家被读者熟知。

报道发出当天,四川省根据中央要求,开始着手解决"悬崖村"的出行安全等问题。昭觉县领导带领工作组,攀爬天梯进入村子里开展工作。凉山州也成立了工作组。凉山彝族自治州州委书记林书成表示要先施工一条钢筋结构梯道,解决群众出行安全问题,接下来组织论证彻底解决方案。

在此期间,《新京报》首席记者刘旻发出了一篇万字的"悬崖村"及周边地理的考察调查报告,并对杨勇先生的考察结果进行了充分解释,传递了"悬崖村",乃至昭觉县及周边未来发展的自然资源优势。

同时,国内其他媒体也纷纷探访"悬崖村",令"悬崖村"置于聚光灯下。

虽然报道给地方政府带来了一定的压力,但是,我们不可否认这些年来地方政府也在积极寻找路径帮助村民。

光速进化的"悬崖村"

2017年7月,"悬崖村"的钢梯通畅后,村里的用电接上了国家电网,光纤把4G信号接到每户人家。

村民不仅用上了电饭煲、洗衣机、电冰箱,还会使用互联网与电商合作销售土特产。凉山州以"悬崖村"为圆点,向周边辐射的旅游项目规划和实施,也全面展开。

因为被多次报道,陈古吉成为"悬崖村"的"网红村民",很多到"悬崖村"的游客,慕名前来拜访。

借助微信平台,陈古吉把自己收割的野生蜂蜜,种植的花椒、核桃销售一空。短短一年时间里,通过自己的努力,实现了脱贫。

之后,陈古吉联合村里其他养蜂的村民,用自己的渠道进行销售。

虽然"悬崖村"借助媒体的连续不断的高曝光率,带来不少网络红利,但是因地理条件的限制,当地就医就学条件难以满足实际需求。另外,有限的土地上人口过载,发展制约太多。虽然政府引导村民发展农家乐和小卖铺,但是村民普遍缺乏旅游服务的意识,每年十几万的游客,能够在"悬崖村"上驻留的游客不过数百人。

凉山州副州长、昭觉县委书记子克拉格表示,四川脱贫看凉山,凉山脱贫看昭觉,昭觉脱贫看"悬崖村"。也就是说,"悬崖村"作为精准扶贫的一个样板,精准扶贫要达到更高标准。

2019年,"悬崖村"84户精准扶贫户被纳入易地搬迁。2020年5月12日到14日,也就是"悬崖村"被高度关注的第4年,"悬崖村"大部分村民易地搬迁到昭觉县城集中安置点,子克拉格说,易地搬迁点是昭觉县最高档的社区,相关配置也最为齐全,使得"悬崖村"彝族同胞实现了4年里跨越千年的目标。

"悬崖村"之外的公益行动

4年来,在持续报道阿土勒尔村的同时,我也把镜头对准了和阿土勒尔村周边类似的"悬崖村",在这些区域先后做了5次报道,把这些村落面临的困境带入公众视野。

2019年8月,我联合腾讯公益,发起了对46位贫困学生的资助行动,帮助贫困家庭减少学生就学负担,为孩子们创造更好的学习条件。

报道也推动了这些地方道路条件的改善,并接入国家电网、4G网络,村民与外界的交流更加频繁,每个村落都出现了自媒体达人,粉丝从几千到百万。到2020年5月,得益于精准扶贫的政策红利,这些地方有的整体搬迁,有的大部分搬迁,均易地搬迁到昭觉县城集中安置点。

在持续报道"悬崖村"的同时,2017年,我开始把一部分工作重点转移到对国内典型贫困地区的调研。我和我的同事,也就是我的妻子,《新京报》调查记者刘旻,先后对贵州毕节、甘肃定西、云南曲靖、新疆南部等地,走访了数十个村落,对其中一些典型的村落进行系统调研和长期追踪。

在报道一些地区因客观原因存在的现实困境时,我们积极和地方政府进行沟通,探讨一些棘手问题的解决方案,一起助力破解难题。

2019年,我们4次进入贵州毕节市威宁县"溜索村",连续报道了孩子们上学难,而学生家长不愿搬迁的困境。同时,溜索村的上学难问题,也牵动了中央到贵州省委的关切,促进了贵州省对溜索村所在的海拉镇的入学条件的全面普查,最后在各级财政的支持下,威宁县投入1000多万元资金,在海拉镇新建和扩建了7栋宿舍楼,解决了全镇1040位学生上学难的问题。

2020年,我们持续在贵州威宁县、云南会泽县报道脱贫攻坚中地方政府和当地群众为改善民生、建设家园所付出的努力。同时，我们引入助学、帮困的公益项目，实实在在为当地居民争取到了福利。

"悬崖村"改变的每一步，有媒体的报道发现需求和问题，也有政府、村民、网友、公益力量的积极参与，通过各方的协同努力，一点一点攻克难题。

思政元素

2015年11月27—28日，中央扶贫开发工作会议在北京召开。中共中央总书记、国家主席、中央军委主席习近平强调，消除贫困、改善民生、逐步实现共同富裕，是社会主义的本质要求，是中国共产党的重要使命。全面建成小康社会，是中国共产党对中国人民的庄严承诺。脱贫攻坚战的冲锋号已经吹响。立下愚公移山志，咬定目标、苦干实干，坚决打赢脱贫攻坚战，确保到2020年所有贫困地区和贫困人口一道迈入全面小康社会。

2020年是中国脱贫攻坚、全面建成小康社会决胜之年。习近平总书记指出，脱贫攻坚不仅要做得好，而且要讲得好。打赢脱贫攻坚战，意识形态工作不能缺席，选择时机讲好"如何攻坚"的故事也很重要，要以"强化脱贫攻坚的显政"营造凝心聚力的攻坚氛围。我们要认真总结中国脱贫攻坚的伟大成果和实践经验，讲好脱贫攻坚的中国故事，挖掘在攻坚克难中形成的中国力量、中国创造和中国精神，用中国经验推进人类反贫困进程。

在如今这样一个"读图时代"，一图胜千言的例子不胜枚举。一段时间以来，广大摄影人不忘初心、勇担使命，积极将镜头对准脱贫攻坚一线，聚焦全国各族人民生活的发展变化，脱贫攻坚题材摄影创作繁荣、精品频出，广大摄影人还积极将摄影与脱贫攻坚、乡村振兴实践相结合，交出一份时代的答卷。

习近平总书记在谈到扶贫工作队和驻村干部工作时指出："脚下沾有多少泥土，心中就沉淀多少真情。"这同样适用于文艺创作。在我国脱贫攻坚的进程中，一批又一批摄影人怀着舍我其谁的精神，长年累月深入火热的生活，将镜头对准脱贫攻坚。从他们的作品中，人们或能看到党和国家脱贫富民政策的落地结果，或能看到当地老百姓生活改善后洋溢的幸福笑容，或能看到当地还亟待解决的问题……在创作理念与方式上，许许多多的摄影人选择回归到摄影最基本的功能——记录，用平实、冷静、客观的方式去全方位记录脱贫攻坚的方方面面。

思政主题	思政元素
习近平新时代中国特色社会主义思想	全面建成小康社会:打赢脱贫攻坚战是实现中国全面建成小康社会目标的重大任务。在充分肯定中国扶贫开发工作取得成绩的同时,更要清醒看到扶贫开发任务仍然艰巨繁重,剩下的都是难啃的"硬骨头"。必须拿出硬办法,确保实现脱贫目标,决不让贫困地区和贫困人口在全面建成小康社会征程中落伍掉队
	习近平总书记对"主流媒体""主流舆论""主流价值"的论述:使主流媒体具有强大传播力、引导力、影响力、公信力,形成网上网下同心圆,使全体人民在理想信念、价值理念、道德观念上紧紧团结在一起,让正能量更强劲、主旋律更高昂
	引导学生了解世情、国情、党情和民情:将专业实践与社会调查有机结合,促进学生更好了解世情、国情、党情、民情,将理论与实践结合,运用所学的理论知识来解释社会现象、分析社会问题、回应社会难题,这对于大学生的成长成才、做人做事具有重要意义
职业理想和职业道德教育	主流媒体的责任和担当:主流媒体进军脱贫攻坚主战场,是我们共同的责任担当。在创新重要时政主题报道中实现价值引领和精神感召,不仅留下了珍贵的历史档案,还带来了团结奋进的定力与决胜全面小康的信心
	践行记者"四力"(脚力、眼力、脑力、笔力),采写"有思想、有温度、有品质"的新闻作品

教学安排

一、学时安排

课堂讲授 4 学时+拍摄制作实验 8 学时。

二、融入情况

(1)课前作业:请学生收集优秀的脱贫攻坚主题摄影作品,加以简单评析,形成 5~10 分钟的课堂展示,作为课程引入。

(2)课堂讲解:将《新京报》摄影记者陈杰的脱贫攻坚专题摄影案例作为讲解专题、摄影选题与拍摄时的主打案例。除了教师的讲授,也穿插播放陈杰的相关作品与陈述视频来增强讲授的生动性与形象性。

(3)课堂讨论:陈杰的专题摄影作品中令你感受最深的是哪些?他为什么能拍出这样的作品?

(4)课后思考:你打算选择怎样的专题摄影选题?准备如何操作?

(5)实验指导:抽出专门时间和学生讨论选题,对拍摄方案给出建议,回应拍摄中遇到的问题。引导学生选择社会意义重大、能较为深入了解社会、回应社会重要问题的选题。

(6)作品点评:学生相互评价与教师点评相结合。

特色与创新点

(1)具有较强的时代感和历史意义。引领学生通过新闻业务实践,深入了解国情社情民情,对事关国计民生的重大问题有自己的观察、思考、实践,充分理解自己作为未来的新闻工作者,在这一独特的历史时期所肩负的重要职责、使命。

(2)课程内容紧跟行业发展前沿,理论与实践密切结合。将新闻界新近的优秀摄影报道案例引入课堂,带领学生了解这一时期重大的报道题材操作思路和具体的操作技法,同时鼓励他们回应重大报道题材,从身边寻找到具体而巧妙的切入点,挖掘鲜活的故事。这样他们不会因为还在学校,就觉得自己与重大报道题材没有太多关系、不会着手尝试,也可以促进他们更加了解身边的人、事、社区。

(3)注重价值观和品格的培养。充分挖掘课程中蕴含的显性和隐性的思政资源,尤其注重培养学生的家国情怀,培养他们深入基层、脚踏实地的新闻工作者职业道德,不坐在办公室里靠拼凑完成稿件,而一定要争取多去现场、多去一线,观察、体验、探访、研究,不怕苦、不怕累,敏于思、勤于行。

效果体现

(1)通过"课前自主研学+线下课堂讲授+课后实验引导+作品评价总结",提升学生的学习体验。从学生前期准备、课堂参与、课后实践的情况来看,学生能积极参与到课程之中,最终将所学、所思较好地通过摄影报道作品体现出来,切实提高了专题摄影报道的选题策划、拍摄采访、后期编辑能力;并能够通过学习更好地关心时事、国情,更好地培养踏实深入的工作作风与吃苦耐劳的职业品格。

(2)通过QQ群交流、多种作品评价方式等增强课程黏性,激发学生的学习热情。将学生拍摄制作的优秀专题摄影报道,进一步向媒体平台推荐发表及转化为学科竞赛作品,达到了引导学生进行探究式与个性化学习的目的。

附录：学生脱贫攻坚主题专题摄影作品

一、湖底的贡品：丰收中国　大美嘉鱼

（新闻 2018 级　沈舒雅、陈心怡）

二、驻村六年：乡村振兴下巴石村华中大人的坚守

（新闻 2019 级 曹旭晨、戴紫欣、何燕淋、傅钰涵）

文字（有删减）：曹旭晨、戴紫欣、何燕淋、傅钰涵

拍摄：曹旭晨

整理：曹旭晨、傅钰涵

排版：傅钰涵

推文链接：https://v.xiumi.us/board/v5/4E3oi/341904696（秀米链接无法插入片段视频）

住在镇上的奶奶难得回村，和姐妹们拉着家常

农闲的午后，老爷爷们围坐成几桌打起花牌

华中科技大学扶贫采购有机优质红桃示范基地

东河村生态农产品预订(2021年12月)

东河村（由巴石、十里、黄城三村合并而成）生态农产品预购平台，农产品包括东河散养牛肉、散养土鸡、土鸡蛋、生态香米。本次先推出东河散养土鸡和土鸡蛋，供您选购。

取货时间和地址另行通知。

东河村生态农产品预订小程序界面

巴石村生态土鸡养殖基地

巴石村特色生态农业

据统计，自2015年华中科技大学对点扶贫巴石村开始，到今年转为乡村振兴工作，共投入资金500余万元，学校及在校教师购买巴石村农产品等共计200余万元。除了资金支持大之外，华中大对点扶贫的特色与创新之一就是驻村教师的延续性。六年来，前后六批工作队均采用特别的交接方式，前一任队伍的成员留任成为下一任队伍的队长，带着新来的教师一起熟悉工作，也从政策上保证了工作的继承性，避免"不同班子干不同事""今年种桃子明年种西瓜"的事情发生。

建设中的蔬菜大棚

与正在建设的大棚蔬菜基地相比,由村民自行投资建设的火龙果大棚的发展更是喜人。到达火龙果大棚基地后,村民热情地将旁边种植的草莓摘下来与我们分享。刚摘下来的草莓,个头虽小,但入口甘甜,让人忍不住想多来几颗细细品尝。

村民热情分享刚摘下来的草莓

东河村的人们记不清他们的村医陪伴了他们多久,就像村医自己也数不清有多少天他独自守在这间小小的诊所里等候着需要他的人。诊所就在湖北省孝感市大悟县东河村办公室下,多年前他从这里走出,成为一名医生,又在多年后回到这里,守候这片土地上的人们的健康。

火龙果大棚内景

黄女士正在分享火龙果种植经验

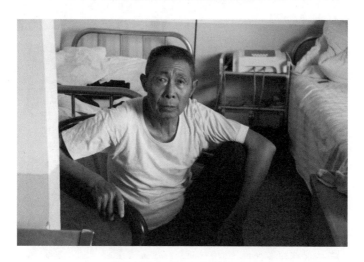

不算大的诊室里,病人坐在椅子上

村医接受采访

村医正在操作网络诊疗系统

村医娴熟地给完成输液的病人拔针

户籍人口三千，留存人口不足九百，其中还有近五百名老人，这是东河村的居民现状。正午时分，村里的小广场上很少见到嬉笑玩闹的孩童，藕塘小学的食堂里没有热腾腾、香喷喷的饭菜，也没有一群群的孩子，只有一排排落满了灰尘的桌椅。

藕塘小学今昔对比

小学合并前，趴在课桌上午休的学生

　　"久在樊笼里，复得返自然"，路过一户村民家门口，头发花白的老爷爷正在砍柴，老奶奶在拾着柴火，整整齐齐地按大小分类摆好。看着我们好奇地打量他们门前的菜地，热情地要拔两棵白菜给我们。

傍晚时分,村民正在劈柴收枝

脱贫攻坚工作以来,巴石村村容村貌焕然一新

课程负责人:周婷婷 副教授 新闻系负责人

"外国新闻传播史"课程思政案例

主讲教师:张 昆

章节名称

第十二章 新媒体时代新闻传播格局的转换
第四节 中国崛起与国家形象传播

课程目标

一、知识目标

了解当前的国际背景与中国国情,理解国家形象的内涵、演进脉络、存在的问题及改进途径,结合时代背景思考中国崛起与中国国家形象传播的关系。

二、能力目标

掌握国家形象的基本概念及传播特征,熟悉中国国家形象的战略定位与发展方向,自主思考中国国家形象的传播现状与问题,能够针对性、创新性地提出国家形象传播的改进策略。

三、价值目标

引导学生自主学习、善于思考、勇于创新,树立科学的新闻观、建构专业的知识观、培育高尚的人生观。培养学生的全球视野、爱国情操、文化自信,理解并树立家国情怀,增强使命感、责任感。

教学内容

第一部分为背景导入,阐释中国国家形象传播的演进变化,以及当前中国国家形象从封闭走向开放、从贫弱变为富强、从单一走向多元的取得根本改善的状况。引导学生了解国家形象的内涵以及中国国家形象的传播现状,培养学生的全球眼光、历史思维与家国情怀。

第二部分介绍中国国家形象传播中存在的问题,包括多头并举难成合力、过于依赖官方渠道、过于重视正面信息、过于重视硬实力宣扬、公信力与影响力有限等。引导学生深入思考,寻找根源,掌握人文社科思维方式,培养调查研究能力与批判能力。

第三部分探讨改进中国国家形象传播的途径,包括加强公共外交,充分利用目标国家或世界权威性媒介,整合各种传播渠道,发掘中华文化的深层魅力,全面阐明中国的政策目标和最高利益、实践专业精神和职业意识等。以小组讨论与课堂发言为主要形式,帮助学生以所掌握的新闻传播理论指导国家形象传播实践,培养应用实践能力与创新能力。

第四部分以"新闻传播与国家形象"为主题开展课堂辩论,引导学生在辩题解构、资料搜集、调查研究、论点梳理与辩论对抗等环节,进一步巩固国家形象的理论知识,并将其运用到国际传播实践中去。帮助学生在辩论中锻炼观点表达能力、团结协作能力、批判思考能力,全面提升课堂的育人效能。

思政素材

一、中国特色社会主义的"四个自信"

中国特色社会主义"道路自信、理论自信、制度自信、文化自信"是思考我国国家形象传播的立场起点与价值信念。引导学生在思考中国国家形象传播的问题与对策时,首先要树立民族自信心与自豪感,坚定理想信念。

二、习近平关于我国国际传播能力建设的重要论述

习近平总书记高度重视我国国际传播能力建设,并多次作出重要论述。他强调"讲好中国故事,传播好中国声音,展示真实、立体、全面的中国,是加强我国国际传播能力建设的重要任务"。习近平总书记的相关论述不仅能够帮助学生深入理解中国国家形象传播的现实状况与战略方向,也能够强化学生的时代使命感与社会责任感。

三、"人类命运共同体"理念

"共同构建人类命运共同体"是习近平总书记提出的中国方案,蕴含着传承千年的中国智慧,指明了人类文明的前进方向,也为中国国家形象传播提供了丰富而有深度的理念资源,能够帮助学生在思考国家形象理论知识的同时,具备更深厚的思想积淀,拓展更宽阔的理论视野,树立科学的人生观、价值观、世界观。

思政元素

教学内容	思政素材	思政元素
和平崛起与中国世纪 中国国家形象传播的变化 中国国家形象根本改善	中国特色社会主义的"四个自信"	1. 世界观、国家观 2. 理想信念 3. 家国情怀
中国国家形象传播中存在的问题	习近平关于我国国际传播能力建设的重要论述	1. 价值观、新闻观 2. 专业情怀 3. 自我意识
改进中国国家形象传播的途径	"人类命运共同体"理念	1. 责任感 2. 使命感 3. 职业理想 4. 批判思维 5. 道德修养
"新闻传播与国家形象"课堂辩论		

教学安排

一、背景导入

思政目标:培养学生的全球眼光与历史思维,引导学生坚定理想信念,培育家国情怀。

1. 和平崛起与中国世纪

引入网络素材,扩展学生对中国崛起与世界格局的认知与思考。分别从改革开放的进程、人民生活的全面改善、中国综合国力的全面上升、国际政治领域中国话语权的放大、中国时代与中国世纪等方面介绍中国国家形象所处的时代背景与国际环境。

" 以中国为代表的新兴大国崛起是当代国际社会的标志性政治经济现象。中国和平崛起为中华文明复兴提供了坚实的经济基础。中华文明复兴同时也是当代国际社会非西方文明复兴的主导推动力量和主要表现,有利于推动西方文明与非西方文明的均衡与和谐发展。

2. 中国国家形象传播的变化

通过民调数据和重点案例的呈现,引导学生了解中国国家形象传播从被动应付向主动出击、从单一渠道到全方位对外展示、由弱势声音转为强势话语、从自发零散宣传到整合传播的演变过程。

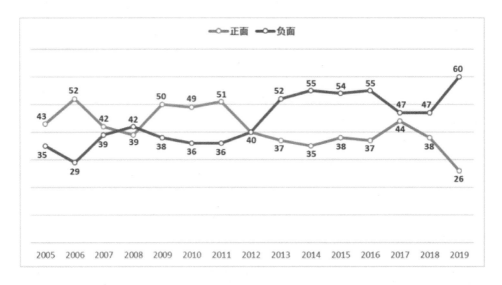

美国公众对中国的态度(%)

(数据来源:皮尤研究中心)

3. 中国国家形象根本改善

引入重点案例,帮助学生认识到中国国家形象从封闭走向开放、从贫弱变为富强、从单一走向多元的根本改善状况。

二、中国国家形象传播中存在的问题

思政目标：以马克思主义新闻观为指导，提升专业情怀，强化批判思维。

1. 习近平总书记关于国家形象和国际传播能力建设的重要论述

学习了解习近平总书记关于国家形象和国际传播能力建设的重要观点，明确我国在国际传播与国家形象建设上的重要战略布局。

2.中国国家形象传播中的问题与误区

以小组讨论为主要形式,引导学生归纳当前中国国家形象传播中的问题与误区,包括多头并举难成合力、过于依赖官方渠道、过于重视正面信息、过于重视硬实力宣扬、公信力与影响力有限等。

3.改进中国国家形象传播的途径

思政目标:培养学生的创新能力,理论与实践相结合,引导学生勇担时代责任。

以小组讨论、课堂发言为主要形式,结合案例,分别从公共外交、国际媒体、资源整合、战略目标等方面进行国家形象传播的路径探讨,引导学生以理论指导实践。

三、"新闻传播与国家形象"课堂辩论

思政目标:强化学生对教学内容的认知与理解,增强学生的独立研究与探索能力,全面提升课堂的育人效能。

以"新闻传播与国家形象"为题开展课堂辩论,培养学生科学探索、严谨论证、表达观点、批判思考的能力,培养专业精神,提升综合素养。

特色与创新点

(1)将立德树人贯穿教学全过程,将课程思政元素"五爱"巧妙融入整个教学过程,引导学生树立科学的新闻观,建构专业的知识观,培育高尚的人生观。

(2)坚持"双主体"的理念,尊重学生的主体地位,扩展教学空间和内容,形成课程张力。运用课堂辩论、头脑风暴、课后阅读等多种方法,引导学生自主学习、善于思考、勇于创新。

(3)鼓励学生在课堂讨论中更好地了解我国优秀的民族品牌、传统文化与价值观,展现正能量。

效果体现

本课程作为新闻传播类各专业的核心基础课程,面向新闻传播学类所有专业的本科生开设,坚持立德树人,将教学内容与价值导入有机联系,将社会主义核心价值观、时代发展主题融入对知识系统的讲解中。学生通过课程的学习,掌握了中外新闻传播演进的脉络,了解了新闻传播系统与社会环境的互动及新闻传播进化的内在规律,形成了合理的知识结构;同时能够以史为鉴,结合专业,树立强烈的责任感,塑造优良品格,更好地理解家国情怀,树立科学的新闻观、人生观、价值观。

课程负责人:张昆 教授

"媒介地理学"课程思政案例

主讲教师:袁 艳

章节名称

第六讲 媒介消费与地方再造

课程目标

一、知识目标

从人文地理学视角理解媒介与传播如何影响我们生活的地理空间,以及空间和地方如何塑造传播和媒介。

二、能力目标

培养跨学科思维能力,从空间性、物质性等一度被遮蔽的视角重新理解媒介与传播,应对地理媒介时代对媒介从业者提出的新的要求。

三、德育目标

跳出媒介看媒介,从更大的社会文化背景来理解媒介和传播的意义,以及青年人的担当。培养政治意识、大局意识、人文意识,树立家国情怀,牢记时代使命,做有理想、有追求、有担当、有作为、有品质、有修养的大学生。

教学内容

1. 理论基础

阐释关系性空间概念,空间和地方不是单纯的自然之物,也不是外在于社会实践的容器,而是社会生产的结果。所有的地方都不是固有的,而是地方制造的结果。媒介实践同样是编织不同地方的积极元素,它既受制于所在地方的空间和社会结构,又决定着地方的质地和特点。

2. 现代家居与电视机的驯化

回顾中国家居空间的变化历程,重点讨论电视机从20世纪80年代进入中国家庭后给中国家庭带来的变化。

3. 女排夺冠与邻里收看

借用女排夺冠直播这一历史事件,引导学生理解电视消费是如何与中国社会,特别是邻里空间的变化深入嵌套在一起的。

4. 武汉抗疫与微信进邻里

结合武汉抗疫经验,引导学生理解以微信为代表的社交媒介并未像人们所担心的那样,让人们脱离他们所生活的城市和邻里空间,思考如何在社交媒介时代进一步发挥新技术的力量,加强基层社区管理和凝聚力,提高社会抗风险的能力。

思政素材

疫情如何让微信进邻里?

在人类历史上,每次传染病的大流行都会带来一次城市基础设施的更新,这次的新冠疫情也不例外,从健康码在中国的普及到自行车在欧洲的回归,人类对抗疫情的许多措施都将在疫情过去之后以基础设施的方式沉淀下来,继续影响城市生活的方方面面。本文所要聚焦的是这次疫情如何改变了社交媒体和城市邻里空间的关系,使之成为邻里生活和社区管理的基础设施,从而在微观层面上深刻改造城市的日常生活。

为了理解这一变化,本文采取的是基础设施研究的视角和理论框架。所谓"基础设施研究"不等于"对基础设施的研究",它不是对某种既有的基础设施进行的社会研究,而是将"基础设施"作为一种元概念来说明技术如何以更加普遍、深层和持久的方式影响着社会生活。同时,它借助"基础设施倒置"(Infrastructure Reversion)的方式揭示不同技术和社会系统之间的共生关系,在一个更加复杂和动态的技术与社会生态中理解技术的社会变迁和由此产生的社会影响。这一视角彻底颠覆了以往对待媒体技术的功能主义范式,它不将媒介技术天然地视作社会交往的基础设施或工具,而是通过观察某些"边界物"的作用机制,描绘技术在特定时空中"成为基础设施"的过程以及这一过程所卷入的物质和社会关系。

以微信为代表的社交媒体一度被认为只是个体化的社交工具,但是近年来随着这些媒体的平台化发展,其正在某种程度上成为社会运作的基础设施,虽然这一趋势已经被不少研究所关注,但其在城市邻里空间的表现却处在研究的盲区。新冠疫情让这一问题变得不可回避。在相互隔离的状态下,由于人们绝大多数的线下资源都只能通过居住地而获得,小区内的交往从可有可无变得生死攸关,迫使人们的社交媒体使用也从云端下沉到邻里,这种线上与线下、虚拟与现实、远方与近处的独特碰撞为社交媒体进入邻里空间,并成为这一场域的基础设施创造了前所未有的契机,也为打破社交媒体平台基础设施研究的盲区提供了窗口。

本研究通过对武汉市三个不同类型的小区按下"暂停键"一年内的人类学调查,试图弄清楚以下问题:疫情如何改变了微信在邻里空间的基础设施地位?这一变化是如何发生的?其中调用了哪些旧的基础设施和隐形的劳动?它又给邻里生活和基层社会治理带来了哪些持久和深远的影响?

研究初步发现:

(1)疫情期间三个小区的邻里交往明显增多,城市恢复正常运行后,这一趋势虽然有所回落,但仍然明显高于疫情前的状态。同时,邻里交往也出现了明显的在线化趋势,居民间的交往、社区公共服务和社区管理工作都更多地依赖网格群、楼栋群、微邻里公众号,线下活动不增反减。社区原有的供水、供电、购物、门禁等基础设施系统也开始依赖微信进行操作和管理。在众多的社交媒体中,微信逐渐取代bbs论坛、微博等社交媒体成为首屈一指的邻里社交媒体,在邻里生活和社区管理中的基础设施地位从边缘走向中心,正在变得不可替代。

(2)微信在邻里空间的基础设施化过程除了得益于技术本身的可供性,更重要的是疫情推动下新技术和人员对邻里空间中原有基础设施的有效利用和嵌入,比如小区中原有的社区工作者、单位后勤力量、物业公司、业主委员会、居民团体以及从2013年开始的网格化管理系统。对原有基础设施的依赖也导致了微信在不同类型小区中扮演的角色和发挥作用的机制不尽相同,表现出社交媒体使用的邻里效应。

(3)微信在邻里空间的基础设施化过程包含着大量社区干部、物业工作人员和社区志愿者的隐形劳动,网格群和楼栋群的建立、维护和管理,微邻里公众号的更新等成为社区服务和社区管理的一项日常工作,即使在抗疫最紧张的时期也是如此。

(4)微信在邻里空间的基础设施地位的提升,对疫情后的邻里生活和社区管理都带来了深远的影响。包括:①技术素养成为邻里空间社会资本的主要因素,在技术上处于劣势的老年人在邻里生活中进一步被边缘化;②"无接触"正在成为社区服务的理想模式;③数字留痕成为社区服务和管理的规范动作,其数量和影响力成为评价社区工作的重要依据;④邻里成员的构成打破空间边界和居住关系,向没有居住权和门禁卡的家庭、市场等关系开放;⑤邻里生活更多地暴露在外部监视之下。

总之,正如历次流行病都会通过基础设施的改造带来城市空间秩序的重新协商和配置一样,这次疫情中所产生的微信进邻里现象也将是另一次城市空间的秩序调整和关系重构。在这一过程中我们看到的不仅是新技术的加入和扩散,更是新旧技术的相互嵌套所形成的更具渗透性和韧性的基础设施网络,它通过打破线上与线下、虚拟与现实的边界使得个体居民的地方性日常生活进一步融入超越地理边界的基础设施网络之中。

思政元素

(1)媒介地理学的核心内容是社会主义核心价值观和习近平新时代中国特色社会主义思想。

(2)本课程思政素材坚持新时期中国特色社会主义的思想导向,把握"讲好中国故事,传播好中国声音"的价值理念,培养学生的大局意识、家国情怀,共塑"人类命运共同体"理念。

教学安排

1. 第一部分:导入(专题讲授、案例讨论)

(1)地方:从空洞的容器到编织的质地。

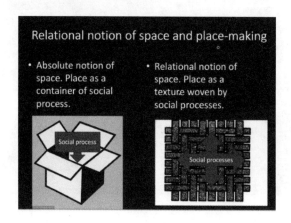

(2)地方制造:如何将一个房子变成一个家。

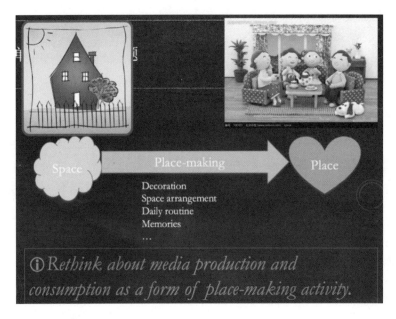

2. 第二部分:现代家居与电视机的家驯化

改革开放以来,中国人的居住条件发生了天翻地覆的变化,家居空间和家居环境得到彻底的重塑。在这一过程中,电视机广泛进入中国家庭,成为城市单元房客厅中的中心物件。

3. 第三部分：女排夺冠与电视的集体收看（专题讲授、案例讨论）

电视进入中国家庭的早期，并不是以家庭收看为主，而是基于单位和邻里的集体收看。20世纪80—90年代的电视对中国社会造成的影响与这一收看方式密不可分。

以电视《我和我的祖国》中《夺冠》段落为例，引导学生思考女排夺冠这一历史事件之所以在当时如此扬国威，除了这一事件本身的意义之外，也与当时邻里空间的集体收看方式有关。集体收看电视机作为当时中国社会独特的收看方式，决定了收看女排直播不是一个家庭或个体的行为，而是嵌套在邻里和单位空间的集体行为，女排夺冠的比赛结果直接点燃集体的狂欢，有些地方甚至有群众自发到街上游行，这才将这一历史事件的爱国主义效果推向高潮。这是今天在各家客厅或手机上看一个直播节目所不可想象的效果，特殊的收视行为塑造了特殊的邻里关系和国家民族身份认同。

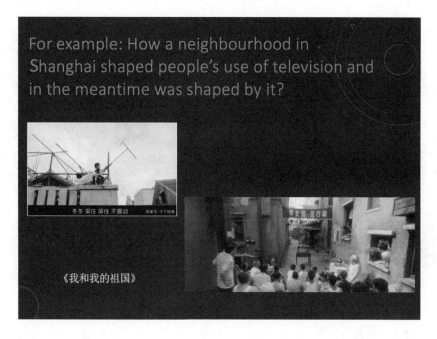

4. 第四部分：武汉抗疫与微信进邻里（专题讲授、案例讨论）

结合武汉抗疫期间对三个不同小区的调查发现，引导学生思考以微信为代表的社交媒介对中国成功抗击新冠疫情发挥了怎样的作用；在这一过程中，人们一度觉得无关紧要的邻里关系发生了怎样的变化；社交媒体究竟破坏了还是增强了人们对邻里的归属感；如何总结这次抗疫经验，让社交媒体进一步增强城市基层社区的凝聚力和抗风险能力。

新冠疫情：另一次城市基础设施危机和重塑

- 公共卫生、城市交通、社交距离……
- 邻里空间在社交媒体时代的重要性得以凸显，倒逼脱域性技术的疆域化，"在地"与"在线"彼此靠拢。

没事都宅在家里

初步发现

- 微信在邻里生活基础设施中的地位从边缘进入中心。
  - 居民间经由微信的交往增多
  - 社区管理工作更多依赖网格群、楼栋群、微邻里公众号。
  - 供水、供电、购物、物业等公用服务系统开始依赖微信进行操作和管理。

特色与创新点

实施课程思政的根本目标是培养有坚定理想信念的中国特色社会主义事业的合格建设者和可靠接班人。在课程思政的建设中要保障思政元素的实效性、亲和力和价值性，让课程思政的效果落到实处。为此，此讲的内容是以具体鲜活的案例揭示媒介消费行为如何参与家庭、邻里、社区、国家等地方的形成和维系，让学生跨越文本中心主义，从媒介与实体空间的关联中理解传播的实践意义。让学生认识到媒介对国家、社区的意义不仅仅在于文本呈现,更在于具身参与。使学生形成更为深厚的社会关怀与家国情怀,积极投身于中华民族伟大复兴的奋斗实践。

效果体现

(1)通过"课程讲授+视频观看+课堂讨论+课后答疑",提升学生的学习体验,从学生课堂讨论、课后测试、实践任务的情况来看,学生能积极参与课堂案例的分析,参与话题讨论,有自己独立的思考和见解,理解媒介实践不是孤立于自己所处的家庭和社区,而是家和社区构建的有机组成部分,增加了学习和研究媒介的兴趣,增强了专业意识和社会责任感。

(2)通过学习课后阅读材料和撰写课程论文,激发学生的学习热情。引导学生将学习的知识和技能融入学科竞赛和毕业论文中,引导学生进行探究式与个性化学习。

课程负责人:袁艳 教授

广播电视学

"视听文本批评"课程思政案例

主讲教师：李一君

章节名称

第一章 电视综艺节目的文化表达　第一节 央视春晚的历史、特质与民族共同体的荧幕建构

课程目标

一、知识目标

理解和掌握中央电视台春节联欢晚会的历史发展、创作原则、传播特征，以及其在国家政治和文化宣传中的特殊功能。

二、能力目标

认识包括央视春晚在内的主旋律文艺作品在国家发展进程中担负的特殊使命，能够从正确、理性而专业的角度对主旋律影视作品进行鉴赏、评论和分析。

三、价值目标

在影视文艺作品创作和评论中建立政治意识与大局意识，成为尊重科学、爱国爱民、恪守道德的文艺工作者。

教学内容

一、主要内容

课程以作品赏析、理论解读、话语分析为内容，将节目类型判别、视听语言分析、影视文化理论等领域的知识融会贯通，让学生掌握综艺晚会类作品文本解读的部分理论方法。在此基础上，通过回溯央视春晚的发展历程、比较作为

典型主旋律文艺作品的央视春晚与地方台同类节目在创作风格和话语表述上的差异，揭示央视春晚在国家政治和文化建设方面发挥的特殊作用，讨论在互联网环境中主旋律文艺作品的创作和改进策略。

二、教学重难点

(1)视听文本解读的主要理论方法。

(2)央视春晚在开展文化宣传方面具有的特殊功能。

三、教学方法

案例教学、课堂讨论、线上答疑。

四、教学学时

2学时。

五、课程结构

1.第一部分：导入

(1)"文本"概念的含义。

(2)解读视听文本的视角与步骤。

2.第二部分：电视综艺

(1)电视综艺节目的概念与特征。

(2)当前中国电视综艺晚会的类型。

3.第三部分："央视春晚"的文本分析

(1)中国"春晚"：作为政治和文化宣传的重要手段。

(2)从追捧到解构："春晚"大众评价的变迁史。

(3)话语漩涡中的春晚与主旋律电视节目的文化反思。

思政素材

一、认识"社会主义文艺"的特征与精神

党的十九大报告指出，"社会主义文艺是人民的文艺，必须坚持以人民为中心的创作导向，在深入生活、扎根人民中进行无愧于时代的文艺创造"。中央电视台制作的春节联欢晚会是社会主义文艺的典型之作。它跨越半个多世纪，始终追求并体现着社会主义文艺的高品位、高格调和责任感，是专业学生学习、分析和思考的对象。

二、弘扬主旋律，促进高雅艺术进校园

党和国家历来重视高校美育工作。党的十八大以来，"高雅艺术进校园"活动取得了较大进展，在弘扬社会主义核心价值观、传承中华优秀传统文化方面取得了显著成效。央视春晚是佳节里的视听盛宴，体现着我国综艺节目制作的最高水准。将不同年代的春晚节目作为分析案例，能够促进学生在学习专业知识的同时提升艺术品位，获得审美愉悦。

思政元素

一、1956年《春节大联欢》及其宣传属性

《春节大联欢》是春节联欢晚会的雏形。节目展现了社会主义建设时期各行业工作者满怀希望、热情洋溢的时代风貌，也记录了钱学森、梅兰芳、范文澜、华罗庚、舒庆春、郭兰英等爱国知识分子和人民艺术家的珍贵影像，在追溯春晚历史的同时，课程带领学生们领略社会主义中国成立初期生机勃勃的时代景象，体会社会主义美学的独特魅力，认识春晚作为政治宣传手段的特性，进而帮助他们了解国家历史、增进爱国情感、明确创作立场。

二、1983年的《春节联欢晚会》作为文化开放的先声

1983年的"春晚"不仅是第一档电视化的春节联欢晚会，也是我国社会和文化发生转折的重要信号。课程结合节目内容，引导学生思考，崇尚科学、容纳差异，了解认同个人价值的新的时代话语如何通过舞台传递给大众，进而认识主旋律文艺节目必然承担的社会责任与政治担当。

三、2016年的"春晚"与网络时代的话语漩涡

通过介绍和分析2016年"春晚"的内容构成和传播效应，引导学生认识网络时代多元驳杂的舆论环境对主旋律文艺的影响，思考宣传使命与艺术追求之间的关系，引导学生成为立场坚定而能力过硬的创作者和评论者。

教学安排

一、第一部分：导入

阐释视听文本批评的重要意义，让学生了解文本的意义以及视听文本的解析步骤与角度。

二、第二部分:电视综艺节目

(1)指出电视综艺节目的定义及其特点。
(2)提出当前中国电视综艺晚会的类型。

三、第三部分:央视春晚的历史、特质与民族共同体的荧幕建构

(一)中国春晚:作为政治和文化宣传的重要手段

从春晚的雏形——1956年的《春节大联欢》(图1)到1983年中央电视台《春节联欢晚会》的介绍,引导学生思考当时的"春晚"与当下的"春晚"的相似之处。

图1 1956年《春节大联欢》片段

结合影像展示,阐释1956年与1983年央视春节联欢晚会的定位与政治文化功能。作为春节庆祝仪式的组成部分,春晚构建了跨越民族、地域、阶层、代际、行业的全民狂欢场景,勾勒了一种统一的、繁荣的国家形象。1983年的"春晚"更在改革开放初期的新面貌与新期待中构建出一个包含不同群体的中华民族共同体形象。

在几十年的发展进程中,春晚在技术、审美、播出渠道等方面发生了很大的变化,但仍有一些特征一直保持到了现在,比如强调时代关键词,烘托跨年时刻的仪式感,构建国家共同体,展现国家特色,增强大众认同。央视春晚的功能,不仅在于为大众提供节日的审美享受,更在于呈现积极的国家形象,传递时代的主流价值,构建统一的国家共同体,达到宣传教化的作用。

(二)从追捧到解构:春晚大众评价的变迁史

在互联网时代,春晚既被忠实观众关注和喜爱,也被青年群体解构和异化,成为亚文化生产的素材来源。其中,2016年央视春晚是典型。一方面,2016年央视春晚有着空前的资源投入,其舞台效果绚丽,展现了视觉奇观,代表着当时国家电视文艺节目创作的最高水准;而在另一方面,在春晚节目播出后,不同受众群体对春晚节目褒贬不一。官方话语、精英知识分子话语与平民

话语在春晚评价上存在巨大反差,这使得2016年的央视春晚成为一档富有争议的、耐人寻味的文本。

1.2016年央视春晚对民族国家共同体的构建

(1)设立会场。

除了北京的主会场外,晚会还在内蒙古、泉州、广州、西安设立了4个分会场(图2),有东西南北、普天同庆的和乐景象,以及万象归一、万众同心的话语传递。

图2 2016年央视春晚主分会场

(2)公益广告。

《父亲的旅程》《梦想照进故乡》《门》的拍摄辗转河北、安徽、陕西、四川等十几个省份,呈现出祖国各地的壮丽景象,将家庭叙述融入国家表述之中。

(3)节目设置。

《在你伟大的怀抱里》《国家》《天山情》等少数民族艺术节目,将民族认同纳入国家认同的框架中,构建和传达了"华夏一家""天下大同"的思想。

《天地人和》《薪火相传》《中国骄傲》等节目,展现了秦腔、传统鼓乐、苏州评弹、黄梅戏、中华武术等传统文化风貌。通过对不同地域传统艺术的追溯,构建共同的文化记忆,将对地方文化的认同融入国家认同的体系之中。

2.春晚对国家话语和主流价值观的表达方式

(1)主持人的直接表述。

例如介绍抗战老兵的人生故事、讲述安徽"六尺巷"的美德传承等。

(2) 节目设置。

传递国家战略、国家发展成果和时代口号，如《春到福来》《继往开来军旗红》等。标榜忠孝仁义、谦和礼让的伦理道德，如《快乐老爸》《快递小乔》《六尺巷》《真情永驻》等。

3. 被解构的"春晚"

2016年央视春晚播出后，通过拼贴、戏仿、恶搞等方式解构"春晚"的行为蔚然成风。在当下，亚文化生产已经成为青年受众的"春晚"实践的重要组成部分。

在引导学生将央视春晚作为一种文本进行解读时，一方面要让他们认识到其天然赋有的政治宣传使命；另一方面也要引导其认识到，作为一种文本，"春晚"在当前媒介环境中的处境是复杂的，受众对它的评价并不仅仅基于节目本身，而是与它所表征的主流文化意志、普通个体在当下的生存境遇、媒介环境等紧密相关。

四、第四部分：学习评价

设置课堂讨论、课堂展示与课后交流，加大学生的课堂参与程度，活跃课堂氛围，加深学生对所学知识的理解程度。

评估步骤	评估目标	评估内容
课堂讨论	教师根据课程内容提出论题，学生进行开放式讨论	(1) 什么是电视综艺节目？ (2) 你看过哪些电视综艺节目？ (3) 哪些节目是你眼中的优秀电视综艺节目？为什么？ (4) 当时的"春晚"与当下的"春晚"有什么相似之处？ (5) 央视春晚中对参会来宾进行一一介绍的意义是什么？ (6) 央视春晚如何构建民族国家共同体，其方式和手段是怎样的？ (7) "春晚"以怎样的方式传达国家话语和主流价值，其效果是怎样的？ (8) 在当前媒介环境中，主旋律影视作品的创作要注意哪些方面？
课堂展示	向学生展示央视春晚中一些比较经典的片段	(1) 1956年《春节大联欢》片段； (2) 1983年、2016年央视春晚片段

评估步骤	评估目标	评估内容
课后拓展	学生在课后通过发邮件的方式与教师进行沟通	线上通过发送邮件的方式与学生进行沟通和交流

特色与创新点

注重价值观和知识素养的培养。充分挖掘蕴含于课程中的显性及隐性思政资源,引导学生正确、理性、专业地看待当下主旋律影视文艺作品,提升学生的文化审美素养。在线上互动环节,积极引导学生与教师沟通、解答课堂上产生的疑惑,形成线上线下同步教学。

效果体现

(1)通过"课程教学+视频观摩+课堂展示+在线答疑",提升学生的学习体验,从学生课堂讨论、课后答疑、课堂展示的情况来看,学生能积极参与话题讨论,有自己独立的思考和见解,能够理解不同时期相关影视文艺作品的定位与政治文化功能。

(2)通过课后线上答疑的方式,能够增强课程黏度,激发学生的学习热情。大部分学生能够通过邮件积极与教师交流,其中部分学生能对感兴趣的话题展开深入思考。

课程负责人:李一君 讲师

"普通话语音与发声基础"课程思政案例

主讲教师：龚　超

章节名称

第一章　普通话语音与发声概论

课程目标

一、知识目标

(1)语音学基本知识。

(2)电子传媒语境下的普通话语音及声音特点。

(3)播音员主持人使用汉语普通话的要求及规范。

(4)汉语普通话定义、特点及七大方言区介绍。

二、能力目标

(1)系统掌握普通话语音的理论知识，能够熟练、规范地使用汉语普通话，普通话达到一级乙等及以上水平。

(2)掌握有声语言传播相关知识与技能，提升有声作品创作的语言功力，满足其在大众传媒语境中进行有声语言表达创作的需要。

三、价值目标

(1)牢固树立播音员主持人是党的宣传思想工作宣传员的专业思想，全心全意为人民服务。

(2)树立马克思主义新闻观及职业使命感，投身中国特色社会主义新闻事业。

教学内容

一、课程简介

"播音主持语音与发声基础"是播音与主持艺术专业的基础课之一,也是本专业一年级学生的主要课程,为后续的播音主持创作基础和广播电视播音主持等课程奠定语音和发声基础。[①]

二、课程主要内容

这门课程包括普通话语音和播音主持发声两方面的内容,这两部分内容按照课程设计可相互穿插进行讲授和训练。

与普通话语音相关的内容包括:普通话声母发音,普通话韵母发音,普通话音节结构和拼合关系,声调发音,普通话轻声、儿化等语流音变,普通话水平测试简介以及普通话读音问题分析等。

与播音主持语音发声相关的内容有:发音器官和发音方法,呼吸与发声原理,发音基本状态,播音主持的吐字方式,播音主持的呼吸方式,播音主持的发声方式,播音主持的共鸣调解,情、声、气的关系及声音的把握。[②]

三、课程学习背景

1. 电子传播对播音主持声音的影响

口语的语言发声特点如下:

(1) 一般来说没有准备。

(2) 声音比较随意,人们不会过分注意自己的声音。

(3) 个性特征鲜明。

(4) 声音随环境变化而灵活改变。在音量和清晰度上尽可能节省,让人听清楚即可。[③]

2. 媒体节目的发展变化对声音训练的影响

[①] 中国传媒大学播音主持艺术学院:《播音主持语音与发声》,北京:中国传媒大学出版社,2014年版,第1页。

[②] 中国传媒大学播音主持艺术学院:《播音主持语音与发声》,北京:中国传媒大学出版社,2014年版,第1-2页。

[③] 中国传媒大学播音主持艺术学院:《播音主持语音与发声》,北京:中国传媒大学出版社,2014年版,第3页。

(1)声音类型由单一化到多元化转变。

(2)声音训练的目的由以播报为主到力求满足多样化需求。

(3)声音教学更加注重理论建设,强调理论与实践相结合。①

四、播音主持语音的声音特点

播音主持是大众传播的一种方式,说话较为正式,它的声音特点是准确、清晰、动听、朴实和富于变化。

国家相关法律法规明确规定,播音员、主持人的语言应标准、规范,且由于广播、电视的大众媒介属性,播音员、主持人的语言自然成为受众学习和模仿的对象,因而播音准确无误成为题中应有之义。但是要做到准确无误并不容易,需要经过严格的训练。

清晰是指语言的分辨率高,即使混入一些杂音也能够使受众听得清楚。清楚不光指听清每个字,而且要求听清整句话、整段话的意思。当然它的基础是字音的清晰。

动听,就是要有较好的声音色彩和吐字技巧。除了音色,掌握吐字的技巧也会使人感到声音圆润。

朴实,就是接近日常生活的讲述,接近生活口语,不在声音上做过多的夸张和修饰,不过分追求艺术效果。

变化,是为了避免单调。单调是指用相同的音高、音色、音量、节奏,造成听觉上的单一、重复。受众有主动选择权,没有必要忍受因单调而带来的折磨。尤其是广播,以声音为主,缺少视觉的刺激,所以更要强化语言表达的声音变化。②

五、汉语普通话

汉语普通话是以北京语音为标准音,以北方话为基础方言,以典范的现代白话文著作为语法规范的现代汉民族共同语。普通话是中华人民共和国通用

---

① 中国传媒大学播音主持艺术学院:《播音主持语音与发声》,北京:中国传媒大学出版社,2014年版,第3-4页。

② 中国传媒大学播音主持艺术学院:《播音主持语音与发声》,北京:中国传媒大学出版社,2014年版,第4页。

语言。①

六、汉语方言区

汉语有七大方言区,即北方方言区(以黄河流域为中心,分布于东北和长江流域中部以及西南各省)、吴方言区(分布于上海、江苏省东南部及浙江省大部分地区)、湘方言区(湖南省大部分地区)、赣方言区(江西省大部分地区及湖北省东南部地区)、客家方言区(广东、广西、福建和江西部分地区)、闽方言区(福建、台湾、广东潮汕一带及海南省部分地区)、粤方言区(广东中部及西南部地区、广西东南部地区)。②

七、普通话语音的特点

(1)北京语音音系比较简单,音节结构形式较少。

(2)音节中元音占优势,清声母多,听觉感觉清脆、响亮。

(3)声调系统比较简单,但变化鲜明。四个声调的调值高音成分多,低音成分少,使语音清亮、高扬,且具有高低抑扬的音乐色彩。

(4)音节之间区分鲜明,使语音具有节奏感。

(5)词汇的双音节化,词的轻重格式的区分以及轻声、儿化的使用,使语言表达更加准确、丰富。③

思政素材

一、宣传思想

2018年全国宣传思想工作会议上,习近平总书记为新闻舆论工作指明前进方向、提供根本遵循——"牢牢把握正确舆论导向,唱响主旋律,壮大正能量,做大做强主流思想舆论,把全党全国人民士气鼓舞起来、精神振奋起来,朝着党中央确定的宏伟目标团结一心向前进"④。

---

① 吴弘毅:《实用播音教程:普通话语音与播音发声(第1册)》,北京:中国传媒大学出版社,2002年版,第3页。

② 吴弘毅:《实用播音教程:普通话语音与播音发声(第1册)》,北京:中国传媒大学出版社,2002年版,第4页。

③ 吴弘毅:《实用播音教程:普通话语音与播音发声(第1册)》,北京:中国传媒大学出版社,2002年版,第5页。

④ 新华社:《习近平出席全国宣传思想工作会议并发表重要讲话》,http://military.cnr.cn/zgjq/gcdt/20180823/t20180823_524339916.html,2018-08-23。

二、文化认同

在 2021 年的第十三届全国人大四次会议上,习近平总书记参加内蒙古代表团审议时强调,"文化认同是最深层次的认同,是民族团结之根、民族和睦之魂。要认真做好推广普及国家通用语言文字工作,全面推行使用国家统编教材。要在各族干部群众中深入开展中华民族共同体意识教育,特别是要从青少年教育抓起,引导广大干部群众全面理解党的民族政策,树立正确的国家观、历史观、民族观、文化观、宗教观,旗帜鲜明地反对各种错误思想观点"。[①]

思 政 元 素

坚持立德树人,牢固树立播音员、主持人作为媒介人物的榜样示范意识,引导学生成为社会主义核心价值观的践行者与传播者,帮助学生形成正确的世界观、人生观、价值观。

激发学生学习主动性,使学生成为课堂的主体,用科学教育理念指导教学实践,尊重学生个性和个体差异,使学生充分参与教学过程,增强课堂教学获得感和课后学习的自觉性。

把政治性、思想性、教育性作为选取课堂及课后练习材料的重要标准,使学生在收获专业知识的同时获得精神的引领与塑造,在用耳用口的同时入脑入心,做到育人过程"润物无声"。

一、做大做强主流思想舆论

(1)自觉传播正能量,弘扬社会主义核心价值观,讲好中国故事。

(2)主动发挥鼓动性,为中国特色社会主义建设事业提供精神动力。

(3)不断提升传播艺术,在满足受众需求的同时实现传播目的、达到传播效果。

二、加强中华民族共同体意识教育

(1)做国家通用语言文字使用的示范者、引领者。

(2)传递、激发爱国热情。

(3)树立民族自信与文化自信。

---

① 新华社:《习近平在参加内蒙古代表团审议时强调:完整准确全面贯彻新发展理念 铸牢中华民族共同体意识》,http://www.gov.cn/xinwen/2021-03/05/content_5590762.htm,2021-03-05。

教学安排

一、课程导入

(1)播放殷之光朗诵作品《我骄傲,我是中国人》视频,唤起大家作为一名中国人的自豪之情。

(2)引发专业讨论,引导学生从普通话语音和艺术发声的专业角度分析作品。

二、课程讲解

(1)由朗诵作品存在的普通话语音问题,展开对汉语普通话相关概念及法律法规关于使用国家通用语言文字的规定的介绍,强调使用汉语普通话是法定义务,是播音员主持人的职业要求。

(2)结合2021年习近平总书记参加内蒙古代表团审议时的讲话精神以及相关案例,使学生认识到播音员主持人使用汉语普通话的重要意义和深远影响,在学生心中树立自觉使用标准汉语普通话的牢固意识。

三、课堂互动

播音员主持人使用汉语普通话进行语言传播是法定义务,这具有哪些现实意义?引导学生围绕中华民族共同体意识展开讨论。

四、课程讲解

结合中央人民广播电台的成立过程与著名播音员的感人故事,讲解播音员、主持人为什么是联系党、政府和人民的桥梁纽带,如何才能体现"三性三感",怎样才能在工作中传播正能量,在满足受众信息需要的同时引领和提升受众。

五、互动展示

学生分5组,每组学生选择红色经典诗文节选片段进行朗诵,每个作品限时3分钟,要求作品展示过程能体现课程内容,必要时可作出相关的说明。展示结束后,组与组之间互相点评。

特色与创新点

一、立足有声语言传播专业属性,重视情感共鸣在教学过程中的重要作用

(1)播音主持艺术专业兼有新闻性与艺术性,需要借助大量的文学作品朗

诵练习提高学生语言功力。

（2）文学作品所负载的情感能使学生产生较强的共鸣，从而发挥情感共鸣在教学过程中的重要作用，实现入情入理，入脑入心。

二、相关热点与课程经典内容相结合

（1）把最新理论热点融入课堂，让学生学习新的思想、新的观点、新的精神。

（2）为经典的课程内容增加具有时代气息的新的内容，使课堂充满时代气息，反映时代风貌。

效果体现

（1）学生在课程中听课认真、互动积极，课程整体评价好，学生学习积极性得到增强，能主动投入专业实践和社会实践中，有情怀，有担当，并能学以致用。

（2）学生在校内外专业比赛和专业实践中崭露头角，取得了一定成绩，并能将课程上掌握的相关内容传播出去，产生较好的社会反响。

课程负责人：龚超 副教授

"视听专题与专栏"课程思政案例

主讲教师：郭小平

章节名称

第十讲 娱乐型电视栏目创作

课程目标

一、知识目标

理解娱乐型电视栏目的特征、历史发展，在新时代背景下思考娱乐型电视栏目创作面临的机遇与挑战。

二、能力目标

掌握娱乐型电视栏目创作规律，熟悉娱乐型电视栏目创作策划流程，能够熟练掌握国家视听规制，在娱乐教育中弘扬主流文化，丰富群众的文化生活，讲好中国故事。

三、价值目标

培养政治意识、文化意识、人文意识，树立家国情怀，坚守节目创作的底线，提升节目创作的审美品位，传递真善美。

教学内容

一、教学原则

1.尊重课程思政教学过程的基本规律

"视听专题与专栏"课程的课程思政建设需要遵循教学过程的基本规律，即在教学实践中要考虑教学的内容和实践的结合程度。首先，视听专题与专栏教学离不开当下中国政治、经济、社会状况的影响，电视节目教学应当反映社会问题,映射社会现象,传递社会共识,体现出相应的时代性。其次,教学过程要顺应当下教学结构模式,在体现学科专业性与思政教育的同时,也应当培养学生自主思考的意识和思辨的思维方式,引导学生主动参与教学内容的讨论与生产中来。

2. 坚持视听专题与专栏知识体系的完整性

思政教育与广播电视教育的融合,不是对原有教育体系的破坏,而是将思政知识穿插在原有的教育体系之中,形成"你中有我,我中有你"的新格局。在保障原有课程系统性和完整性的同时,将生动、创新的电视栏目中的现实案例与思政重要内容相结合,使得课程内容焕发生机与活力,这是"视听专题与专栏"课程和思政教育结合的核心教学原则。

3. 体现思政内容的实效性、准确性和专业性

现代的课程教学,需要对教育、教材有深刻理解的专业化教师。在课堂的教学中,教师不仅仅担当着传授知识的角色,更要注重在教学实践中开发多元化的教学目标,培养学生自主学习的能力。而实施课程思政的根本目标是培养有坚定理想信念的中国特色社会主义事业的合格建设者和可靠接班人,因此结合实践体现思政内容的实效性、准确性和专业性成为教学原则的重中之重。"视听专题与专栏"课程注重实际案例与专业内容相结合,在课程讲述中培养学生的政治意识、文化意识、人文意识,引导学生树立家国情怀,对学生进行坚守节目创作的底线教育,提升节目创作的审美品位,传递真善美。

二、教学方法

案例教学、小组讨论、实践任务开展。

三、教学学时

2学时。

四、参考教材

石长顺,《视听专题与专栏:当代电视实务教程(第3版)》,上海:复旦大学出版社,2019年。

五、主要内容

娱乐产业全球化浪潮和新媒介的发展提升了中国人对娱乐的欣赏能力,生活压力的不断增大促使人们对娱乐休闲产生新的需求。电视娱乐产业作为文化产业的重要组成部分,不仅为人们提供各种各样的娱乐服务,也承担着一

定的社会责任,对国家的发展具有重要的影响。娱乐和教育是电视的重要属性,充分发挥电视的娱乐功能去吸引受众,通过寓教于乐的方式去传播科学知识,成为电视科学传播的可行路径。

1. 第一部分:电视娱乐节目的基本样式

将电视娱乐节目分为游戏类、公共舞台类、娱乐咨讯类、谈话类、真人秀类五大类,让学生了解电视娱乐节目的发展状况,具备分析目前社会娱乐潮流和价值取向的能力。

(1)列举不同电视娱乐节目案例,引出电视娱乐节目概念,并将其与中国国家形象建设联系起来。

(2)学习习近平总书记在主持召开文艺工作座谈会时的讲话,明确文艺创作对实现"两个一百年"奋斗目标、实现中华民族伟大复兴中国梦的重要性。

2. 第二部分:重点探析真人秀节目的形态发展

(1)探究真人秀节目的起源和发展路径,列举国内外关注度较高的电视真人秀节目案例,分析真人秀节目价值取向的偏失,如越来越重视经济价值和娱乐价值、收视率和话题关注度。这些要素开始成为节目制作方唯一的关注点,经济领域"先污染后治理"的不良现象也时有发生。

(2)思考泛娱乐化时代国内电视真人秀节目的发展困局,并引导学生以发展流变的思路梳理电视真人秀节目价值取向的演变,着力剖析其价值取向偏失的现状及原因,并提出相应的建构原则和策略,为我国电视真人秀节目的持续发展贡献力量。

3. 第三部分:真人秀节目的本土化

(1)引导学生站在国家战略角度思考电视真人秀节目如何进行本土化创新。一方面,真人秀节目不仅要在形态上创新,将纪录片、电视剧、游戏等多种节目样式融为一体,而且在电视理念上也要创新,即将纪实性和虚构性创作手法融为一体,满足人们通过电视获得日常经验和非日常、奇观化体验的需要;另一方面,真人秀节目需要解决多个价值主体间相互作用失衡的问题,正确建构电视真人秀节目的价值取向。

(2)指出真人秀节目本土化的核心突破点,就是必须在规则设计层面上置换掉西方真人秀节目中阴暗、消极的元素,转化文化价值取向,使之更符合中国人的社会观念。

(3)积极响应习近平总书记的讲话精神,电视真人秀节目必须把创作生产优秀的节目作为核心,不能为了"有意思"而变得"无意义",不能在市场经济大潮中迷失方向,不能成为市场的奴隶、沾满铜臭气。电视真人秀节目的创作应培育和践行社会主义核心价值观,以强化社会主义意识形态的凝聚力,警惕西方意识形态对我们的敌对分化。

思政素材

"视听专题与专栏"课程的核心内容是社会主义核心价值观和习近平新时代中国特色社会主义思想。在课程中引入娱乐教育的理念,抵制"泛娱乐化"现象,解构电视娱乐节目,引导学生理性思考和反思相关现象。同时在课程教学中坚持"讲好中国故事,传播好中国声音"的价值理念,通过赏析国内外优秀电视节目,培养学生的家国情怀和国际视野,增强学生传播中国国家形象的意识,引导学生担负起传承中华优秀传统文化的时代重任。

1. 讲好中国故事,树立文化自信

党的十八大以来,习近平总书记反复强调做好对外宣传工作的根本是坚持讲好中国故事,传播好中国声音。同时,习近平总书记指出:"我们要坚持道路自信、理论自信、制度自信,最根本的还有一个文化自信。"坚持文化自信,可以为建设对外话语体系提供深厚的文化底蕴,更好地向世界讲述中国故事。传统文化综艺节目将传统文化内核置于综艺外壳之下,主动契合大众心理并通过多种渠道进行传播,能够唤起大众的情感共鸣与文化认同,向世界讲述了中国故事,强化了中华民族的文化自信。

2. 电视娱乐节目应遵守政治底线,弘扬社会美德

电视娱乐节目在理念设置上应贴合党和政府的思想政治精神,紧跟政策步伐。在引进娱乐节目模式前,要严格把控其带有的政治导向,保留原有节目精髓中的可取之处,恰如其分地融入中国传统文化和民族特色,在尊重中国观众收视品位和习惯的前提下,力求做到节目原始寓意与中国节目特色的完美结合。在社会公益道德方面,电视节目要拒绝利益至上的节目创作理念,而要把商业利益与社会公益相结合。在我国,电视既要服从主流意识形态,又要服从市场逻辑。市场和意识形态因素的共同作用使得电视的观念和运作方式发生了很大变化,而且二者可通过策略化运作达到一种共谋,形成一种基本的策略:爱国、民族、集体主义精神+男女情感或复杂的人际关系模式。

3. 倡导娱乐教育，宣传优良的社会文化和价值观

娱乐教育不仅是宣传优良的社会文化和价值观的有效策略，也影响着观众的认知与行为。当下的娱乐节目正努力做到让观众在享受全方位娱乐体验的同时，加入社会规范、主流意识形态等方面的娱乐教育，以期通过寓教于乐的形式让观众在轻松的氛围中获得一定的知识和技能，从而使娱乐综艺节目也能够传递出更多积极的影响。每年的开学季会播出《开学第一课》，其采取娱乐的形式对学生进行人生观、价值观的教育和关心，邀请不同青年优秀代表来参加节目，让学生在欢声笑语中获得新的知识和感悟。

4. 传承我国优秀传统文化是新时代的重要事业

我国传统文化的传承不是一个人的事，不是一群人的事，而是我们每一个华夏儿女都需要参与其中的重要事业。21世纪初期，西方文化流入，并逐渐占据大量市场，对我国娱乐文化行业产生了巨大影响。如今，在文化自信的指导下，我国优秀传统文化的传播与传承大势已经开始，影视剧、电视节目、晚会节目等越来越多地出现传统文化的身影。河南卫视的《唐宫夜宴》《洛神赋》等节目成功"出圈"，使无数观众感受到了中华民族厚重的历史和文化，感叹中华文化的博大精深、源远流长。

思政元素

在"视听专题与专栏"的教学中，通过电视娱乐节目的实例分析，积极传导主流意识形态，始终加强政治引导和价值引领，引导学生理性思考和反思相关现象。

1. 传统舞蹈节目的文化创新——以《舞千年》为例

《舞千年》是哔哩哔哩和河南卫视推出的文化剧情舞蹈节目。《舞千年》将传统舞蹈与剧情综艺深度结合，穿越中国历史上四大最具代表性的文化盛世，找寻古今最美乐舞，用故事加24支舞蹈，开创了一种新型的文化剧情舞蹈综艺模式。《舞千年》运用创新的综艺形式，激发出中华优秀传统文化的生机与活力，在用舞蹈讲述动人的中国故事的同时，对相关的历史故事、文化艺术、服饰礼仪等进行科普，全面提升人民群众的文化认同。

2. "清朗·'饭圈'乱象整治"专项行动——以偶像选秀节目为例

近年来《青春有你》《创造营》等偶像选秀节目层出不穷，各大视频平台将粉丝打投与偶像出道捆绑在一起，导致"饭圈"粉丝群体在网上互撕谩骂、应援

打榜、造谣攻击等,对未成年人身心健康造成不良影响。2021年6月15日起,中央网信办在全国范围内开展为期2个月的"清朗·'饭圈'乱象整治"专项行动,重点打击"饭圈"乱象行为。电视娱乐节目应当遵守政治底线,勇担社会责任,将商业利益与社会公益相结合,弘扬中华民族传统美德,引导树立青少年健康追星理念。

3. 视听节目中的声音政治——以《声临其境》为例

声音在电视中承担多重身份,文化身份杂糅成为电视节目创作中亟待解决的问题。《中国好声音》《见字如面》《朗读者》等节目聚焦于听觉审美与社会主义核心价值观,在电视节目中重现国家声音,受到观众的一致好评。但由于声音传播具有瞬时性与抽象性,这些节目对声音感知的探索与呈现程度仍然不足。2017年,湖南卫视推出《声临其境》,以"经典再现+明星""艺术声音+消费主义声音"为特点,体现了对"声音魅力"的审美追求。节目以配音为主要技术手段,融合图像、文字、情感、音乐等元素,对听觉审美的特质进行进一步发掘,用声音激活时代记忆、展现艺术之美。

4. 美食节目内容的本土化创新——以《舌尖上的中国》为例

网络时代社会化媒体环境下的文化传播更加注重视觉层面的快感,利用新媒体的视觉特征对符号文化进行阐释。数字技术也让美食文化的视觉元素融入实际日常生活,呈现出本土化的表达方式。《舌尖上的中国》是国内第一次使用高清设备拍摄的美食类纪录片,给观众带来了全新的感官体验,成为中国纪录片制作的一个里程碑。其突出城市风貌与当地风俗特征,强调当地的社会风气与人文精神,宣扬了中国人的美食智慧,扩展了中国人的美食视野。

教学安排

一、学科计划

开学初进行安排,要求学生结合提供的方向自行选题,提前准备,在课程结束前进行小组研讨和展示,要求案例与论证相结合、论述清晰、观点鲜明。

课程提供的讨论方向有以下几点:

(1) 电视栏目中饭圈文化对流行文化的引导作用。

(2) 中国娱乐性电视节目中的本土化创新。

(3) 文化软实力在娱乐电视节目内容中的映射。

(4)文化与审美：电视娱乐节目中的画面表达与美学呈现。

(5)电视娱乐节目如何"讲好中国故事，树立文化自信"。

二、课堂讲授

教师课堂讲述"第十讲 电视娱乐节目"相关内容，包括介绍电视娱乐节目的基本样式，对电视娱乐节目进行案例分析与讨论，引导学生对电视娱乐节目的本土化创新模式进行思考。

三、选题交流

根据教师讲述的课程内容和课后的学习思考，各小组在自身选题的基础上进行汇报，经过教师指导和点评，对选题进行优化。

特色与创新点

(1)课程内容与时俱进，结合当下国家对饭圈文化的规制，从粉丝入手谈论流行文化的引导，摒弃"流量至上"、拜金主义的畸形价值观，引导学生树立正确的文化娱乐观念。

(2)在课程内容中讲述娱乐型电视栏目创作，具有较强的趣味性，贴近学生的文化生活，能够充分发挥学生的学习主动性。在课程内容中导入娱乐教育的理念，娱乐教育或许能够为荡涤泛娱乐化之风、弘扬社会主义核心价值观提供一个有效途径，既可以用娱乐化的表达方式赢得受众的青睐，又可切实履行新闻舆论工作"引领导向、成风化人"的职责和使命。

(3)注重学生价值观和批判思维的培养。鉴赏国内外优秀综艺节目，提升学生的文化与审美能力。在课程学习中，培养学生的"家国情怀、国际视野"，提升学生传播中国国家形象、传承中华优秀传统文化的主动性。

效果体现

通过对本课程专业知识的讲授和实践探索，本课程获得了以下效果。

(1)挖掘课程中的思政元素，将社会正能量和正确的思想渗透到课堂中，在实现专业知识与技能融会贯通的同时弘扬社会主义核心价值观，提升了学生的思辨水平和政治素养。

(2)课程内容凝聚了"命运共同体""一带一路""树立文化自信"等共识，培养了学生的行业情怀意识和人文素养，有效提高了学生的课堂积极性。

(3)学生在理论学习和实践活动中成长为兼具思想品质和新闻素养的新时代广播电视专业人才。

课程负责人：郭小平 教授 副院长

"视听节目编导"课程思政案例

主讲教师:胡 怡

章节名称

第二章 视听节目策划概述

课程目标

在了解视听节目不同形态之后就要开始编导创作环节,学生的作业作品是他们将理论知识运用于创作实践的成果体现,也是检验教学效果的重要依据。人类社会已然迈进数字时代,以互联网、移动通信网等为代表的新兴媒体与以广播、电影、电视等为代表的传统媒体同台共舞,新旧媒体的融合成为时代话语,而视听媒体及其产品则是最受大众欢迎且最为活跃的领域。视听产品创作伊始的基础环节和重要步骤就是策划,只有掌握了视听节目策划的理论、知识、规律和方法,才能更好地完成视听节目的编创工作。

一、知识目标

(1)理解视听节目策划概念,了解"策划"概念的历史渊源及其在视听节目编导领域中的特殊应用。

(2)掌握视听节目策划的原则、目标、要素方法等相关知识。

(3)根据科学流程,完成视听节目策划,撰写策划方案并进行课堂陈述答辩。

二、能力目标

1.专业能力目标

根据不同类型的视听节目需要,提出新颖的创意,撰写具有可行性的策划方案,最终将策划方案落到实处,编导制作出优良的视听作品。

2.方法能力目标

确定节目策划范围,运用直接调查法、资料收集法、实地勘察法收集信息,设计和实施策划方案,最终完成节目制作并反馈评估策划方案,从而螺旋式地提升知识水平和执行能力。

3.社会能力目标

通过运用所学知识,在众多社会生活现象中,以马克思主义新闻观、社会主义核心价值观为引领,以思想性、艺术性、观赏性的有机统一为美学追求,完成一档视听节目的策划、选题并制作完成。

三、价值目标

习近平总书记说:"人民既是历史的创造者,也是历史的见证者,既是历史的'剧中人',也是历史的'剧作者'。文艺要反映好人民心声,就要坚持为人民服务、为社会主义服务这个根本方向。这是党对文艺战线提出的一项基本要求,也是决定我国文艺事业前途命运的关键。"

按照习近平总书记的教导,本课程旨在引导青年学生深入生活,观察生活,以人民为中心,以中华民族五千多年的文明进步的历史为资料,追求真善美,向世界讲好中国故事,传播好中国声音,策划编导出既有艺术价值、社会价值,又具商业价值的优秀视听节目。

教学内容

(1)视听节目策划的由来及概念。

(2)视听节目策划人员的基本素养。

①具备时代感知力,顺应时代潮流。

用心感知时代所赋予的创作环境与创作方向,用好时代所提供的创作素材与创作条件,用对时代所倡导的创作理念与创作精神。

②具备专业能力与职业能力。

掌握视听专业知识,熟悉节目制作流程,拥有社交能力与资源配置能力。

③具备超前思维与创新思维。

一是理念创新。习近平总书记2014年10月在北京文艺工作座谈会上引用了清代赵翼《论诗》中的诗句"诗文随世运,无日不趋新",并强调"创新是文艺的生命"。

二是形式创新。运用新的技术手段,传播中华优秀传统文化。例如,河南卫视春晚节目《唐宫夜宴》的破圈效应背后的机制和理念。

(3)视听节目策划的原则。

①以人民为中心。

②坚持正确的舆论导向。

③坚持正确的市场导向。

(4)视听节目策划的基本要素。

①目标。

②创意。

③可行性。

(5)视听节目策划的一般流程。

①明确策划的方法。

②确立并解读策划的主题。

③设计并制定策划方案。

④预判测评策划方案并形成文字报告。

⑤信息反馈与修正。

思政素材

(1)理论学习,领会精神。指导学生认真学习领会习近平总书记2014年10月15日在文艺工作座谈会上的讲话精神。

(2)观摩优秀影视作品,了解背后的策划过程和策略。着重指导学生观看建党一百周年的相关影视剧和专题片纪录片,如《觉醒年代》《1921》等,优秀的电视文艺节目,了解优秀作品背后的策划过程和策略。

(3)利用接近性心理,解析往届学生优秀视听作品案例的策划和制作方法。

思政元素

一、案例解析1:2021年河南卫视春晚节目《唐宫夜宴》策划思路和节目制作

(1)坚持"于传统文化中汲取养分,在传承基础上不断创新"的策划总基调,立足兼收并蓄五千多年文明的黄河文化进行内容创作。

(2)将观众代入大美华夏独有的美学空间,彰显出华夏文明天然的自信心与自豪感。

(3)用技术活化传统文化资源,用艺术再现传统文化资源。

二、案例解析2:往届学生优秀作品策划思路和制作

视听作品《杆秤匠心》是获得2017年中国大学生计算机设计大赛一等奖和第一届讲好中国故事创意传播国际大赛一等奖的优秀作品,它讲述了全国道德模范、非物质文化遗产传承人、手工杆秤制作匠人江远斌制作良心秤的故事,通过分析这一案例,揭示出其杆秤制作背后所蕴含的"诚信""公平""良心"等中华优秀传统文化,契合了社会主义核心价值观的时代要求。

教学安排

开课初作安排,依照前述的策划与编导的原则,学生自愿分组,结合课程作业的要求,完成作业作品的创作,要求先写出小组策划案并进行课堂陈述,师生一起讨论,对策划方案进行把关,学生根据相关意见修改优化选题,使其更具可行性。

教师课堂讲授有关视听节目策划及编导的内容。

课程结束时,学生根据最初的策划方案,展播完成的作品,撰写实验报告,总结得失,为下次创作寻找新的起点。

特色与创新点

一、课程特色

1. 引导学生提高站位,扩大格局

本课程理论联系实际,将马克思主义新闻观和习近平总书记关于文艺创作的指示精神贯穿于教学过程各个环节。指导学生拓宽视野,提高站位,扩大格局,从个人的"小我"世界走出来,看向时代前沿,走向广袤的社会生活,启发学生进行深度思考的同时注重引导学生树立前瞻思维和宏观格局。

2. 提高难度,打造"金课",注重课程质量的过程管理

本课程内容紧跟创作前沿,将经典和前沿相结合,注重共时性和历时性的结合,以教育部打造"金课"的标准自我要求,强调综合性、挑战性和创新性,理论与实践密切结合。通过理论讲解、案例分析、课堂讨论、课下创作指导,进行课程质量的过程性管理,提升学生的审美能力、思维能力、运用知识和技术的实践能力,将课程思政内容熔铸于课堂教学和指导学生参与的各类大赛之中。

作业(作品)完成之后还安排展播交流和点评环节,让学生对比当初的策划方案,评估作品的完成度,自评和他评相结合,教师也给出切中肯綮的点评,使学生在这样一个既是课堂教学又是创作环节的过程中扎扎实实地学到知识,掌握方法,提升技能,创新思维。

二、课程创新点

1. 教学理念的创新

教师结合广电实务课程的教学实际,运用多种教学模式,以教育部"金课"的标准为目标,不断探索广电业务课程的教学理念和教学方法并在实践中加以运用、检验和完善。比如,课程提出了"把作业当作品"的理念,要求在互联网时代按照"作业—作品—产品"理念来策划创意制作视听产品,这一创新的理念获得了学生的广泛认同,大大激发了学生们的学习积极性,学生不仅有质量地完成了作业,还在国家级和省级大赛中获得多个奖项。

2. 育人实践的创新

课程在训练学生进行广电业务创作的同时,用党的理想信念鼓舞学生,用社会主义核心价值观培育学生,用中华民族伟大复兴历史使命激励学生,鼓励学生团队协作,互帮互助,克服困难,在集体主义精神的感召下完成创作任务,达成目的,完善人格,为成为堪当时代重任的社会主义事业建设者和接班人打下基础。

效果体现

(1)通过理论学习和实践创作,鼓励学生在"做中学"。学生提高了认识,掌握了知识技能,创作出来的作品导向正确、主题鲜明、制作规范,体现了良好的专业素养。

(2)课程倡导"把作业当作品"的教学理念,不仅提高了教学质量,也充分锻炼和激发了学生的创作能力。每一届学生都有结课作业直接参加全国高水平大赛并获得大奖的案例,还有作品上传网络平台之后获得十几万的点击播放量,也得到了校方的转发和肯定,教学效果优良。

本课程原创案例获奖证明如下。

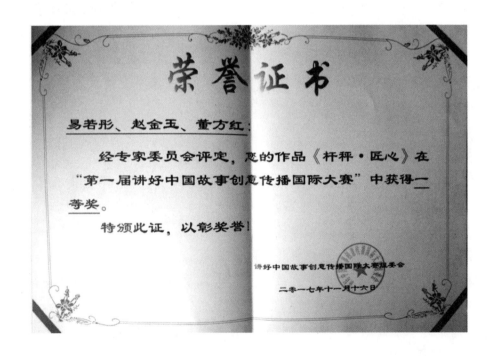

"视听节目编导"课程思政案例

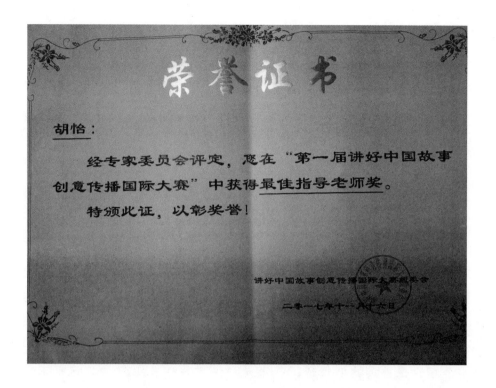

课程负责人:胡怡 副教授

"视听新媒体用户分析"课程思政案例

主讲教师:李雪莲

课程基本情况

"视听新媒体用户分析"是面向广播电视学、新闻与传播学学生开设的专业选修课。这门课立足视听新媒体前沿,运用社会调查与媒介调查相结合的方法进行课程创新与讲授,引导学生进行媒介分析实际练习和操作,切实掌握新媒体用户分析方法。新闻传播工作本质上是意识形态工作,培养具备正确意识形态和价值观的新闻传播工作者是新闻教育的重要使命。这要求将思政元素贯彻到专业课中,推动思政教育与专业教育协同前行、相互融合,打破思政育人与专业育人的界限。本课程作为重要的研究方法课,通过思政教学积极发挥课堂在思政育人方面的主渠道作用,努力丰富新闻专业课程中的思想教育内容,促进新闻专业教育和思想政治教育有机融合。

课程目标

一、知识目标

(1)新媒体用户分析:从传播结构与社会网络两个层面探究新媒体用户的连接、互动、圈层等现象,把握新媒体用户分析的本质及范式。

(2)新媒体社群运营分析:聚焦社群建设、维护与互动,深入分析优质运营案例,把握新媒体粉丝运营的底层逻辑。

(3)综合认知网络结构与用户行为:通过强调命运共同体建设的重要性,引导学生思考个体与家庭、社区、社会之间的共生共存关系,理解网络空间及自身行为之间的互构关系。

二、能力目标

(1)专业能力目标:通过对当前新兴媒体形式的分析与调查,培养更全面、深刻、综合地认识新媒体市场、解读社群运营本质的能力。

(2)方法能力目标:通过学习新媒体社群的运营手段、底层逻辑,了解和掌握新媒体市场分析的方法和手段,继而培养一定的传媒行业市场洞察力。

(3)社会能力目标:通过优质运营案例的分析,培养积极、钻研的学习态度、人生态度,强化认真负责、勇于担当的个人品质与社会能力。

三、价值目标

(1)培养立足实际、推陈出新的科学思维,筑牢扎实的理论基础,鼓励居安思危的学习品格。

(2)通过优质运营案例启智润心,培养理解、包容的文化心态,真正树立文化自信。

(3)树立科学的传播观、人生观、价值观及世界观,培养强烈的社会责任感,进而为网络空间建设作出贡献。

教学内容

(1)将立德树人贯穿教学全过程,引导学生树立科学的传播观,通过对社会调查和分析方法的系统学习,对当前网络空间中的一系列现象、群体特征产生深刻的理解和准确的把握。

(2)以现实为导向,尊重学生的实践性和能动性,运用课堂实验、前沿论文导读等多种方法,引导学生主动思考、主动学习、主动创新。

(3)采用教师讲授与学生研讨相结合的方式,以"课前前沿阅读—课堂讲授研讨—课后调查实践"的渐进式教学方法,利用丰富的多媒体教学手段,化解学生在新闻传播研究方法学习中的知识障碍和畏惧心理,帮助学生形塑正确的传播观。

思政素材

1. 以毛泽东的《寻乌调查》《长冈乡调查》等经典调查作为本章内容的思政素材之一,并作为课前阅读材料

了解毛泽东开展调查研究的方式方法,帮助学生更深刻地认识到调查研究是了解情况、认识现象的根本途径,是制定政策、解决问题的基础。通过对社会调查和分析方法的系统学习,让学生对当前网络空间中的一系列现象、群体特征有深刻的理解和准确的把握。这是互联网时代进行用户分析的必然

要求。

不仅如此,在教学过程中引入毛泽东的经典调查,还可以引导学生深刻领会"一切从实际出发,实事求是"的毛泽东思想的内涵;深刻领会中国革命道路是中国共产党立足中国国情开辟出的一条正确的道路,是历史的必然选择;深刻领会唯有共产党才能救中国。

2. 以调查者典型范例作为本章内容的思政素材之一,并作为课堂讲授材料

范例一:为帮助农民找到一条摆脱贫困、走向富裕的道路,费孝通三访温州、四访贵州、五上瑶山、六访河南、七访山东、八访甘肃,并27次回访家乡江村,撰写了著名的《江村经济》。

范例二:为了能够了解北京市底层平民的生活情况,李景汉以洋车夫、手艺工人为调查对象,每日风雨无阻地深入车夫、手艺工人当中,在大街小巷与他们谈话,花了4年时间,对他们的贫穷生活做了细致的描述。

范例三:严景耀为了解中国犯罪问题,志愿当一名"犯人",深入监狱"第一线",穿上囚服,与刑事犯人同吃囚饭、同住牢房、同去干活,亲自体验铁窗生活。

这些调查者以了解底层百姓的疾苦、促进中国社会发展为己任,不怕困难、不惧危险,深入实际开展调查。通过这些范例的讲授,不仅能将社会调查的专业知识教授给学生,还有助于引导学生树立正确的世界观、人生观、价值观,有助于增强学生的社会责任感和使命感。

思政元素

(1)借助毛泽东的《寻乌调查》《长冈乡调查》等经典调查,让学生了解开展调查研究的方式方法,引导学生深刻领会"一切从实际出发,实事求是"的含义。

(2)通过对调查者典型范例的学习,使学生透过范例掌握社会调查的相关知识和方法,让不畏艰难、求真求实的社会调查深入人心,引导学生增强社会责任感与专业使命感。

(3)以专业知识为载体,以相关实际案例为依托,将专业知识与思政元素有机结合,将教师讲授与学生研讨相结合,使思政教育"润物细无声"。

教学安排

1. 阅读教学法——知识积累（课前准备）

就教学而言，课前让学生对相关材料进行阅读，一方面能够让学生对课程内容有大致的了解，方便后续教学的推进；另一方面能够引导学生主动思考，激发学生的学习兴趣，达到良好的教学效果。

2. 范例教学法——价值塑造

在课堂上选取典型范例进行讲授，使学生透过范例掌握社会调查的相关知识和方法。在讲授"调查的准备工作"这部分时，可以引入一些调查者的故事作为范例。

3. 实践教学法——行动内化

让学生自选网络社区进行调查，在实践中熟悉并掌握调查的过程和方法，并在课堂上对调查的过程和结果进行汇报交流。一方面可以考查学生对专业知识的掌握情况以及时进行答疑解惑；另一方面可以通过交流和讨论引导学生思考个体与家庭、社区、社会之间的共生共存关系，强调在当今时代打造网络安全新格局、构建网络空间命运共同体的重要性。

学生汇报案例：《四川观察的"暴富"之路》。该组学生对"四川观察"进行了为期两个月的参与观察，归纳出其转型成功的原因有以下三个方面。

(1) 成为用户，关注用户。"四川观察"不只是信息发布平台，它也是用户，会参与用户的讨论，并关注其他抖音号的内容。

(2) 渠道差异化。"四川观察"账号遍及快手、抖音、B站，以及自己搭建的客户端，各渠道推送差异化内容。在同行们还在挖掘本地新闻的时候已然跳出圈层限制，发布多维度、多领域、跨地域的内容资讯，对于拓展受众、提高自身影响力自有不小益处。

(3) 成为MCN。大部分内容并非原创，只需整合内容，发挥平台优势进行分发。

在此基础上探索传统媒体在新媒体时代的转型之路，并提出：作为官方媒体，提高自身的内容传播力是理所当然的，但在这个过程中，更需要保证和强化自身的价值引领性，以期产生更强大的正面价值。可见该组学生在调查实践过程中不仅较好运用了专业知识，还对职业立场有了更加清晰的认知，增强了自身的专业使命感和荣誉感，真正做到了思行合一、扎根实践。

特色与创新点

本案例强调专业调研与思政教育相结合,深入挖掘用户分析背后的育人功能,帮助学生形塑正确的新闻传播观。

(1)我们发现新媒体市场发展、粉丝市场分析、新媒体用户画像等课程内容可以融入十九大报告、社会主义核心价值观、中华优秀传统文化等思政元素。为此,在课程导入、理论分析、案例选择、练习研讨等环节选择合适的节点将思政内容有机融入,引导当代大学生深入学习习近平新时代中国特色社会主义思想,使学生树立正确的历史观、民族观、国家观、文化观。本案例既有思政属性,又体现专业优秀品格。

(2)本案例强调课前前沿阅读和课后实践,引导学生将这些内容融入自己的日常生活之中,在学生心灵里埋下真善美的种子,培养学生的爱国情怀和社会责任担当意识,引导大学生在比较分析和思考中澄清价值观念,坚定政治信仰,塑造精神家园,实现大学生思想政治素质与专业素养的同步提高。

效果体现

(1)明确了课程的价值目标,增强了育人效果。将用户研究的方法知识融入相关范例中进行教学,化解学生在研究方法学习中的知识障碍和畏惧心理,帮助学生形塑正确的传播观,同时对于培养学生的家国情怀、社会责任感和专业使命感等具有积极的教育作用。

(2)注重课程设计,采用"课前前沿阅读—课堂讲授研讨—课后调查实践"的渐进式教学方法,较好地满足了大学生对有难度的高质量学习的需求,课程的挑战度上升了,学生的获得感也增强了。

(3)从知识积累、价值塑造与行动内化这三个维度,组织课堂教学、课下阅读与实践,同步实现知识传授、价值塑造、能力培养三位一体的教学目标,教学方法多样化且接地气,课堂互动感强,学生参与度高。

课程负责人:李雪莲 讲师

"广播电视新闻报道"课程思政案例

主讲教师:彭 松

章节名称

第二章 电视新闻报道也需要讲故事

课程目标

一、知识目标

理解电视新闻报道的内涵、历史发展、政策价值、传播特征,并站在时代发展角度思考融合媒介背景下传统电视新闻报道面临的机遇与挑战。

二、能力目标

掌握基本的广播电视新闻报道的基本手法,能够运用镜头语言清晰流畅地表达新闻事实,具备较强的新闻敏感。

三、价值目标

培养政治意识、大局意识、人文意识,树立家国情怀,牢记时代使命,在分析社会新闻的过程中,树立强烈的责任感,塑造优良品格,更好地形朔家国情怀。

教学内容

(1)本课程通过理论和实训相结合的方式,系统介绍广播电视新闻报道的基本原理以及电视新闻报道实务。

(2)主要采用案例教学、小组讨论、实践任务的方式,加大信息量;使用多媒体教学手段,观摩成功节目的特点,取长补短,注重实际效果。

(3)本章重点在于运用镜头语言清晰流畅地表达新闻事实,培养较强的新闻敏感。难点在于如何通过视听语言明晰、准确、生动、形象地传达事实信息，需要我们对视听语言的功能和意义有更加深刻的理解、把握，需要明白事实的核心是人，如何理解事件中的人，如何用视听形象呈现人的个性、情感并且融入信息的传达，以引发受众的分析与思考。

(4)新闻报道是非虚构的故事，是记者通过艰苦卓绝的深入调查后了解到的真实故事。好的新闻报道，首先应该是一个引人入胜的故事，而且更重要的是，它们是有意义的故事。广播电视新闻报道课程通过课堂教学这个主渠道，使各类课程与思想政治理论课同向同行，形成协同效应，让学生在接受专业知识教育的同时，不断提高自己的思想政治素养，从而提高学生的新闻职业素养。

思政素材

《新中国密码：15665,611612！》着眼宏大的发展主题，从具体、独到的视角切入，人文气息与现代感并存。15665611612既是一串密码，也是一段旋律，它带给我们无限的惊喜和感动，作为为祖国唱响的一段旋律让我们意犹未尽。一首流传至今的歌曲，为谁而作？一场特殊的战斗，为谁打响？一座孤独的桥墩，为谁保留至今？远方的游子，为何不管多远多难也要为她归来？特殊的生日，是谁给了她新生的勇气？《新中国密码：15665,611612！》带我们解开这一切的谜团。

这篇报道在叙事节奏上短小精悍，用一张能讲故事的脸，快速进入主题；人物选择上巧用典型人物，以自述的方式娓娓道来；叙事媒介上运用音乐、音效、影像等多种方式，构建视听场景。通过训练学生对社会现象的观察能力、发现社会问题的洞察能力、总结社会矛盾的分析能力，塑造学生高尚的人生观、科学的新闻观。在新闻报道的制作过程中，让学生们通过实践感受应当如何传播中华民族优秀传统文化，讲好中国故事，传播好中国声音，促使学生们在今后从事新闻工作时树立对外传播良好形象的意识。

思政元素

第一，坚持正确舆论导向，坚持正面宣传为主。

"高举旗帜、引领导向，围绕中心、服务大局，团结人民、鼓舞士气，成风化人、凝心聚力，澄清谬误、明辨是非，联接中外、沟通世界。"习近平总书记用这

48个字概括了在新的时代条件下党的新闻舆论工作的职责和使命。习近平总书记强调,要承担起这个职责和使命,必须把政治方向摆在第一位,牢牢坚持党性原则,牢牢坚持马克思主义新闻观,牢牢坚持正确舆论导向,牢牢坚持正面宣传为主。

习近平总书记指出:"团结稳定鼓劲、正面宣传为主,是党的新闻舆论工作必须遵循的基本方针。做好正面宣传,要增强吸引力和感染力。真实性是新闻的生命。要根据事实来描述事实,既准确报道个别事实,又从宏观上把握和反映事件或事物的全貌。舆论监督和正面宣传是统一的。新闻媒体要直面工作中存在的问题,直面社会丑恶现象,激浊扬清、针砭时弊,同时发表批评性报道要事实准确、分析客观。"

第二,接地气,推出有思想、有温度的作品。

在党的新闻舆论工作座谈会上,习近平总书记鼓励新闻工作者要更加接地气,多采写群众喜闻乐见的新闻报道,并对新闻工作者提出要求:"媒体记者要因势而变,转作风改文风,俯下身、沉下心,察实情、说实话、动真情,努力推出有思想、有温度、有品质的作品。""一些主流媒体在宣传党和政府方针政策时往往比较教条式,这与当代青年的阅读习惯格格不入,归根结底是没有说到老百姓的心坎儿上。"新闻工作者到底应该扮演怎样的角色?习近平总书记在新闻舆论工作座谈会上给予了这样的回答:"引导广大新闻舆论工作者做党的政策主张的传播者、时代风云的记录者、社会进步的推动者、公平正义的守望者。"

教学安排

1. 第一部分:导入

2020年11月2日,第三十届中国新闻奖评选结果揭晓。本届媒体融合奖项特别奖作品是新华社的《新中国密码:15665,611612!》。它为何能获得该奖?又是如何在内容融合、用户思维等方面体现融合创新的?透过这个实例,引导学生认知什么是电视新闻报道中的讲故事。

2. 第二部分:好的新闻报道与"故事"

记者讲故事的意识很强,引导学生形成共识:写新闻就是讲故事。在一些非事件性新闻报道的写作中,以故事带新闻,用一个引人入胜、趣味盎然的人物或故事开头,通过气氛的渲染,将人带入新闻,使人身临其境;然后再自然过渡,借着小故事开启大主题,层层递进,如同剥笋般逐步把所要交代的新闻主题和盘托出。伴随5G高清、虚拟现实等带来的深度体验和情感共鸣,"草根"文化将继续,普通人的生活将被看见、被赞赏,"草根"阶层将获得更大的参与感;5G时代通过VR、AR进行新闻内容的报道,将受众置于现实感极强的媒体环境中,但同时信息获取和交往的便利可能带来情感危机,需要平衡真实与虚拟的关系。

(1)《新中国密码:15665,611612!》以《没有共产党就没有新中国》的作曲者曹火星的女儿曹红雯为主线,串联起响应脱贫政策、组织船民上岸并成立工程队的江城财、汶川地震中被困56个小时后获救的幸存者贾正娇、治沙英雄王友德等的事迹。

(2)一篇理想的新闻报道应该把观众带到现场,使他能看到、感觉到,甚至闻到当时所发生的一切。借助讲故事方式,可以将新闻视觉化、形象化,变刻板枯燥为鲜明生动。《新中国密码:15665,611612!》中作品人物的典型性不言而喻,这正是我们传统新闻报道中引人注目的对中心人物的运用,在报道中先放一张讲故事的脸,以现实的人和物生动地带出历史的记忆。作品很好地把握了点和面的关系、中心人物和群像的关系、细节和宏观背景的关系。

3. 第三部分:融媒叙事中的新"新华体"

媒体融合自2014年上升到国家战略层面以来,已经取得了显著成效。从"加快传统媒体和新兴媒体融合发展"到"构建全媒体传播格局",再到如今的"推进媒体深度融合",融合进程不断加快。2020年9月25日,中共中央办公厅、国务院办公厅印发《关于加快推进媒体深度融合发展的意见》,明确媒体深度融合发展的总体要求。2020年11月3日,《中共中央关于制定国民经济和社会发展第十四个五年规划和二〇三五年远景目标的建议》发布,文中明确提出"推进媒体深度融合,实施全媒体传播工程,做强新型主流媒体,建强用好县级融媒体中心"。

媒体深度融合将是未来发展的主流方向,体现在:第一,万物互联。当今传媒生态中,文字、图片、音频、视频等不同的媒介形态互相交融为一体,5G时代,万物互联将进一步创新媒介形态,未来以短视频为主的视觉化传播将更受用户青睐。第二,移动优先。未来,新兴技术在媒体融合过程中将会发挥更大作用,因此强调互联网思维,坚持移动优先是未来媒体融合发展的关键。第三,跨界融合。随着新兴技术的不断发展,各行业间的边界变得模糊,媒体要充分利用自己的资源优势不断向文旅、文创、游戏、教育等领域拓展,实现媒体＋政务、媒体＋服务、媒体＋商务等功能的延伸。

作品《新中国密码:15665,611612!》通过平面的五线谱符号、动态的数字符号以及流动的声音旋律,以《没有共产党就没有新中国》的旋律串起3D投射图片、历史影像和人物口述,从而把视听各种媒介表达融为一体。作品格局宏大、主线明确、人物鲜明、节点典型、故事讲述精彩,作品以快闪的形式集聚了中国近期经济、科技、外交等成就的画面,从而整体展现了国家在党的领导下从站起来、富起来到强起来的历史性飞跃。

特色与创新点

(1)具有较强的时代感和历史意义。在庆祝中华人民共和国成立70周年之际,《新中国密码:15665,611612!》设计出一串数字作为新闻标题,巧设悬念,引导用户去微电影中寻找"新中国密码"。在标题和文字的巧妙引导下,用户的好奇促成了点击、观看行为,最终在史诗般的韵律中,重温了中国共产党的初心和使命,生发出高维的家国情感。

(2)课程内容紧跟行业发展前沿,理论与实践密切结合。通过扎实的理论、独到的观念和精彩的案例,开拓学生在数字融媒体时代讲好中国故事、坚持正面宣传为主的新视野,增强了课程的趣味性。

(3)注重价值观和知识素养的培养。充分挖掘蕴含于课程中的显性及隐性思政资源,培养学生"家国情怀、国际视野",提升学生传播中国国家形象的主动性。在线上互动环节,结合新冠疫情期间中国品牌形象传播等问题,让学生认识到宣传国家形象也是体现国家综合实力的重要表现,以此增强学生对教学内容的价值认同。

效果体现

(1)从学生课堂讨论、实践任务的情况来看,学生能积极参与课堂案例的分析,参与话题讨论,有自己独立的思考和见解。学生在课堂讨论中说:现在微博、微信里的消息满天飞,人人皆有麦克风。一些媒体或为了个人、小集团利益,或为了争夺受众眼球,热衷于挖一些花边新闻或负面新闻,故意制造舆论热点,散布不负责任的谣言。通过学习分析,学生认识到"媒体行业这些不良的风气会使得媒体失去应有的价值底线,甚至会对社会稳定造成破坏。媒体应多多为人民群众真正关心的事发声,为主流价值观发声"。

(2)通过实训拍摄,激发学生的学习热情。学生将学习到的电视新闻视听元素融入实践中,将学习到的基本技能融入学科竞赛中,部分学生的作品还获得了省级新闻教育实践大赛的奖项,达到了进行探究式与个性化学习的目的。

(3)作为广播电视学专业的核心课程,课堂教学需要加大信息量,尽量使学生掌握更多知识;尤其是需要不断更新实例,结合最新的获奖作品引导学生展开全方位分析,及时传递最新的新闻拍摄理念,也为学生提供更多激发创作灵感的兴趣点。

课程负责人:彭松 副教授 广电系负责人

"播音创作与表达"课程思政案例

主讲教师:彭 媛

章节名称

国学经典诵读方法

课程目标

一、知识目标

(1)掌握"国学经典诵读"的方法技巧。
(2)明确创新表达方法的目标。
(3)把握经典诵读表达的动态过程。
(4)了解经典诵读的思想政治教育因素和作用机制。

二、能力目标

(1)运用所学方法激发对于有声语言诵读艺术的兴趣,提升表达自信。
(2)理解经典篇章的思想内涵,强调稿件的价值引导作用。
(3)训练逻辑思维能力和鉴赏播音作品的能力。

三、价值目标

(1)充分挖掘和运用国学经典篇目中的思想政治教育资源,提升表达主体的文化艺术修养和诵读水平。
(2)经典诵读方法课程是"传承文化记忆、强化文化认同"隐性教育的重要载体。

教学内容

本课程在第二模块——国学经典的诵读方法和技巧部分设计了三个国学

篇章诵读主题,分别是家国·乡愁篇、仁爱·精神篇、挚爱·真情篇。

一、经典诵读主题:家国·乡愁

(1)课程讲解"家国情怀"内涵。家国同构是中国古代社会的重要特征。传统社会的共同体可以从家、国延展至天下。在此基础上形成的家国情怀,指向的是个体对家庭、家族以及邦国共同体的认同、归属和维护,并自觉承担责任的一种情感与意志。

(2)教师传授诵读方法和技巧。内容包括表达语气和节奏技巧的重要性、传播对象与传播方式的选择以及语气节奏的"自然之美"。比如,"为什么我的眼里常含泪水,因为我对这土地爱得深沉……"(艾青《我爱这土地》,见图1),诵读时要借助音节的变化,来加强语气的热爱、深沉、绵延等情感,抒发出强烈的爱国情感。

1. 小声试读,体会诗作的意境和感情,并尝试划分诗的节奏和重音。

我爱这土地

假如/我是一只鸟,

我也应该/用嘶哑的喉咙/歌唱:

这被暴风雨/所打击着的/土地,

这永远汹涌着/我们的悲愤的/河流,

这无止息地/吹刮着的/激怒的/风,

和那来自林间的/无比温柔的/黎明……

——然后/我死了,

连羽毛/也腐烂在土地里面。

为什么/我的眼里/常含泪水?

因为/我对这土地/爱得深沉……

图1 朗诵篇目"备稿"示范

(3)课程组织学生观看建党100周年庆祝大会、《1921》等相关视频资料,结合演播作品进行课堂讨论(见图2)。在实现师生探究性合作学习的同时,激发学生的爱国主义情感。

二、经典诵读主题:仁爱·精神

(1)课程首先结合权威媒体播出的优秀原创文化节目(《典籍里的中国》《朗读者》《国家宝藏》),探讨有声语言创作与社会文化传承需求之间的关系。

(2)考虑到思政元素挖掘与课程体系建构的关联性和整体性,在对国学经典作品的选择上倾向于经典性和可读性。同时,考虑到当下大学生的知识结

图 2　课堂讨论：建党百年庆祝大会朗诵视频

构与生活经验，在选择作品时强调作品表达的审美性、哲理性、趣味性。比如，"衔远山，吞长江，浩浩汤汤，横无际涯，朝晖夕阴，气象万千，此则岳阳楼之大观也，前人之述备矣……"（范仲淹《岳阳楼记》），表达时需要使用"情景再现"内部技巧，在脑海里浮现出生动可感的画面。

（3）学生就"仁爱精神"主题发表1分钟即兴演讲（见图3），将国学经典诵读的内容融入个体发展的思考中，教师针对性点评，引导学生在价值观多元化的当下保持理性思辨精神，树立正确的价值观念和审美价值取向。

图 3　即兴演讲题目：我对《道德经》的解读

三、经典诵读主题:挚爱·真情

(1)讲解优秀国学经典,并进行示范表达,提高学生对古典诗文的鉴赏能力。《琵琶行》是唐代白居易创作的一首长篇叙事诗。全篇叙事与抒情紧密结合,塑造出完整鲜明的人物形象。通过课堂研讨,学生们认为文章中的"真情"可以是作者对琵琶女的深切同情,可以是对自己无辜被贬的愤懑之情,也可以是对封建社会不合理现象的忧患之情。通过教师的文本解读、示范朗诵,学生感受到这首作品表达了与"同病相怜、同声相应"一致的深沉、隽永、激烈的情感;通过"翻转课堂"的介入,学生以"体验者"的身份品评经典,现场朗诵,体会汉语言的音韵、节奏、意境之美,继而形成对中华优秀传统文化的认同感。

(2)学生以小组课堂展示的形式讲解诵读文本,厘清"真情"类别与创作基础。比如,杜甫《春日忆李白》表达了诗人对李白的真诚敬慕和思念,舒婷《致橡树》正面抒发了诗人自己理想的爱情观(见图4)。

图4 名家赏析:中央人民广播电台播音指导雅坤朗诵作品

(3) 小组总结,学生表达对"真情"的理解,分享自己成长道路上有情感的故事,深化对教学内容的理解,更加热爱生活。

思政素材

党的十八大以来,党中央高度重视中华优秀传统文化的传承发展,将创新发展优秀传统文化作为实现"两个一百年"奋斗目标和中华民族伟大复兴中国梦的根本性力量。2014年教育部印发的《完善中华优秀传统文化教育指导纲要》指出,培育和弘扬社会主义核心价值观必须立足于中华优秀传统文化。

"播音创作与表达"课程将内容设计的重点放在把中华优秀传统文化教育融入课程思政教学的实际问题中,充分挖掘和运用国学经典篇目中的思想政治元素,提升学生的文化艺术修养和口语表达能力,实现大众传播和人际交流的"信息共享、价值共识、愉悦共鸣"。

思政元素

课程为了体现"有声语言创作"这个核心概念,促进专业学习与文化自信的同向同行,在教学设计中引入了名篇朗诵、文艺播音、解说词配音等实践环节,调研考查学生对个体与国家关系、个人发展与民族发展等家国问题的认识,以及对中国优秀传统文化的理解和接受状态。

一、借助国学经典引导学生理解中国传统文化中的仁爱精神

国学经典是中华民族的"文化记忆",沉淀着中华民族的精神品质,蕴含着中华民族的价值观。通过对"上善若水,水善利万物而不争""天行健,君子以自强不息;地势坤,君子以厚德载物""先天下之忧而忧,后天下之乐而乐"等诗句的诵读,潜移默化地塑造大学生的个性及审美趣味。

二、厚植家国情怀,培养学生的国家民族意识

习近平总书记指出,加强中华民族大团结,长远和根本的是增强文化认同,积极培养中华民族共同体认识。"播音创作与表达"课程内容也应结合弘扬民族优秀传统文化的国家战略目标,在选择篇目上注重"家国情怀"作品的影响。另外,教师组织学生结合时事新闻进行课堂讨论,在听讲、讨论、诵读的过程中,激发学生强烈的爱国主义情感。

三、加强学生主体人格精神培养,坚持正确价值导向

通过中国经典文学作品影响和塑造学生主体精神、理性精神和道德精神等人格精神,引导学生在价值观多元化的当下社会中保持理性思辨精神,树立健康、正确的价值观念和审美价值取向。此外,还要注意对稿件中思政元素的挖掘和教学设计的整体性和关联性,在对稿件题材的选择上兼顾多样性和可读性,使对播音创作与表达的学习切实与社会文化传承需求、个人职业发展需求和个人素养提升需求相契合。

教学安排

一、"播音创作与表达"课程拟打破线性教学内容的结构,代之以模块化内容设计

创新性地将8周理论教学时间分成三大模块。

1. 理论基础部分

通过开展关于"播音正确创作道路的内涵""语言表达的内外部技巧"等知识点的教学实践,激发学生对有声语言诵读艺术的兴趣,提升学生的表达自信。

2. 国学经典诵读方法与技巧的实训部分

采用稿件分析和表达技巧相结合的方式,帮助学生掌握诵读技巧,理解稿件思想内涵,发挥课程积极的价值引领作用。

3. 逻辑思维能力和鉴赏播音作品能力的训练

结合弘扬中华优秀传统文化的国家宏观战略、华中科技大学新闻传播人才培养的中观战略以及课程教学的微观战略,引导学生领会国学经典独有的文学意境之美。

二、学习评价

设置课堂讨论、课堂检测与课后拓展,一方面帮助学生巩固所掌握的知识内容,另一方面进一步强化学生对国学经典与人文情怀的认同感,提升学生的社会责任感和文化自信。

评估步骤	评估目标	评估内容
课堂讨论	教师根据课程内容设计讨论题，学生根据选题的内容进行开放式讨论	(1)你对哪次国学经典朗诵的感触最深？什么精神打动了你？ (2)你对哪些视听文化类节目感触最深？结合具体表达环节进行分析。 (3)你认为国学经典诵读对当代青年的教育意义是什么？ (4)如何恰当表达经典篇目中的人文情怀？
课后拓展	结合教师线上课程与线下教学的情况，将所学习的传统文化理念转化为学生个人创新实践能力	结合MOOC教学与线下教学资源，对相关内容进行延伸思考

特色与创新点

(1)找准播音主持专业教学融入"思政"的切入点，通过实践凸显"课程思政"整体育人功能。

(2)注重拓宽艺术专业课程育人路径，促进空间维度的全方位教学。

①将"互联网+"思维引入课堂教学中，借助多媒体技术使教学手段多元化。

②在教学内容方面，除教材外，补充学术论文、名家著述等资源。

③引入"翻转课堂"教学法，结合户外街采、舞台朗诵演出等实训内容，实现空间维度的全方位教学。

(3)教学设计贴近当下学生实际，实现了时间维度的全程性。

①强调知识点的针对性和融合性，引入能解开当下青年成长中的困惑、满足个体发展需要和未来人生期待的稿件，做到全方位立德树人。

②构建情境、交互、体验、反思为一体的深度学习场域，促进情感演绎、亲身实践、协同教学、反复操作、主动作业等教学方法的落实，保证学生有收获感。

效果体现

通过"线下实训教学+线上课程视频+专题讲座+项目研究"，提升学生的专业技能体验。从学生课堂讨论、课后测试、实践任务的情况来看，学生能主动分析诵读稿件,参与话题讨论,有自己独立的思考和见解,能够理解中华优秀传统文化的内涵与意义,同时增强了关怀社会的责任感,掌握了相关知识技能。

课程负责人:彭嫒 讲师

"互联网心理学"课程思政案例

主讲教师：吴曼丽

章节名称

第二章 网络个体心理

课程目标

一、知识目标

(1) 理解网络环境下个体心理相关的概念、理论。

(2) 了解个体心理研究中相关研究方法的使用。

(3) 掌握个体心理相关理论在特定网络场景中的应用。

二、能力目标

(1) 将互联网心理学个体心理相关的理论和实证发现应用到对相关互联网现象的理解中。

(2) 思考特定的互联网现象，并学会解释网络现象背后的成因。

(3) 运用互联网心理学相关知识开展专业实践、践行社会职责。

(4) 发展思辨能力和学术思维。

三、价值目标

(1) 更好地理解个体在互联网中的心理和行为，增强网络意识形态安全意识。

(2) 提升媒介素养。

(3) 坚持社会主义意识形态的思想指导地位。

教学内容

一、教学原则

1. 以思政教学贯穿专业知识传授

这节课将从认知心理学、社会心理学、发展心理学等视角来探讨网络对个体的影响,以及当互联网把整个社会联结成为一个群体时其表现出来的群体心理和行为。现今,互联网已经成为人们生活中必不可少的一个场景,在这样的一个场景中,我们应树立怎样的价值观,应塑造怎样的网络自我,应在互联网中承担怎样的社会责任,都要受到关注和值得思考。本课程将思政教学贯穿在专业知识传授的每个阶段,旨在加强对学生的政治引导和价值引领,帮助学生适应时代发展,发展创新观念,形成创新思维。

2. 以具体案例突出思政教学

为了突出思政教学的属性,注重思政元素的时效性,确保思政教学的效果,课程将结合特定的思政元素选取特定的互联网事件作为案例,从专业和思想的角度对案例进行分析,生动形象地传授思政知识。例如,以孟晚舟回国这一事件引发的一些网络行为为例,对事件本身及网民行为进行分析,让学生认识到国家综合实力的提升,增强民族自豪感和作为双一流高校学生的社会责任感。

二、教学重难点

(1)网络个体心理相关理论和方法的介绍。

(2)网络个体心理相关案例的讲授。

(3)作为内容的生产者、传播者和使用者,应如何规范自己的网络行为、践行自己的网络责任。

三、教学方法

(1)互动性教学。

(2)案例教学。

(3)小组讨论。

四、教学学时

2学时。

五、参考教材及文献阅读

1. 参考文献

①雷雳等，《互联网心理学：新心理与行为研究的兴起》，北京：北京师范大学出版社，2016年。

②周宗奎等，《网络心理学》，上海：华东师范大学出版社，2017年。

2. 阅读文献

①郭慧. 基于网络自我呈现的行为预测及反思[J]. 现代传播：中国传媒大学学报，2018(9)：148-152.

②Saiphoo A N, Halevi L D, Vahedi Z. Social networking site use and self-esteem：A meta-analytic review [J]. Personality and Individual Differences，2020，153：109639.

③Zimmerman B J. Investigating self-regulation and motivation：Historical background, methodological developments, and future prospects [J]. American Educational Research Journal，2008，45（1）：166-183.

④陈兴蜀，常天祐，王海舟，等. 基于微博数据的"新冠肺炎疫情"舆情演化时空分析[J]. 四川大学学报（自然科学版），2020，57(2)：409-416.

⑤毛太田，蒋冠文，李勇，等. 新媒体时代下网络热点事件情感传播特征研究[J]. 情报科学，2019，37(4)：29-35.

⑥Stieglitz S, Dang-Xuan L. Emotions and information diffusion in social media—sentiment of microblogs and sharing behavior [J]. Journal of Management Information Systems，2013，29(4)：217-248.

六、主要内容

互联网心理学是一个全新领域，没有现成的教材，没有确定的结论，我们须在探索中去发现和学习。通过本课程的学习，一方面让学生了解网络个体心理的基础概念、理论、相关研究所使用的方法；另一方面也让学生思考如何运用网络个体心理相关理论和方法解释网络现象，帮助学习在新闻传播实践中运用互联网心理学的知识，探索如何从内容生产者的角度促进优质内容的传播，如何从内容用户的角度甄别、吸收优质的互联网内容。

1. 第一部分：导入

(1)介绍网络个体心理的含义，引入网络个体心理的概念，结合互联网典型案例进行阐释。

(2)介绍网络个体的相关理论,讲授相关的研究方法,培养学生的学术思辨能力,帮助学生更好地理解互联网现象。

2. 第二部分:网络自我

(1)认识真实自我和网络自我之间的区别和联系,了解网络自我呈现背后所体现的心理机制和理论解释。讲授网络自我和自尊之间的联系,帮助学生培养良好的自我认同感。

(2)思考网络自我呈现和媒介之间的关系,了解不同的媒介类型对网络自我呈现的影响,帮助学生利用媒介树立积极的网络形象,传播积极的价值观念。

3. 第三部分:网络媒介使用中的个体心理

作为新闻传播学类专业的学生,在做新闻内容生产、传播和消费的过程中离不开媒介的使用,因此,了解网络媒介使用中的个体心理,有助于学生更好地规范自己的媒介使用行为,更高效地使用媒介进行积极的内容传播,更有效地践行媒介责任。

思政素材

在互联网心理学课程的教学中,通过对国家领导人的重要讲话和相关政策的学习,以及对纪录片的解析,引导学生树立正确的人生观和价值观。

一、树立正确的价值观,促进网络环境的价值传承

习近平总书记指出,"青年的价值取向决定了未来整个社会的价值取向,而青年又处在价值观形成和确立的时期,抓好这一时期的价值观养成十分重要"。近年来,移动互联网在我国呈现井喷式发展,青少年作为"数字原住民",在受互联网影响的同时,也成为推动互联网发展的新生力量。利用互联网的优势,因势利导,可以培养青少年的爱国主义意识,帮助青少年践行社会主义核心价值观,实现网络环境的价值传承。

二、观看互联网纪录片,加强对互联网内涵和外延的认识

《互联网时代》是中国第一部,甚至是全球电视机构第一次全面、系统、深入、客观解析互联网的大型纪录片。全片以互联网对人类社会的改变为基点,从历史出发,以国际化视野和面对未来的前瞻思考,深入探寻互联网时代的本质,思考这场变革对经济、政治、社会、人性等各方面的深远影响。该作品能够引导学生更准确、全面地认识和理解互联网,更深刻地思考互联网,有准备地迎接一个新时代的到来。

《创新中国》是由中央电视台联合深圳市委宣传部于2018年推出的一部纪录片,该片主要讲述了最新科技成就和创新精神,用鲜活的故事记录中国伟大的创新实践。在互联网时代,信息和数据无处不在,人类社会正在经历一场巨大的社会变革,大数据、物联网、人工智能、量子通信等热点领域的探索带来了最前沿的科技突破。青少年要理解和适应这种变革,形成个人的互联网思维,以开放的思想拥抱创新。

思政元素

一、加强网络伦理与法制

党的十八大以来,以习近平同志为核心的党中央不断强化网络安全顶层设计和总体布局,以网络安全法为核心的网络安全法律法规和政策标准体系基本形成,网络安全"四梁八柱"基本确立,"互联网不是法外之地"观念深入人心。当代大学生作为网络原住民,是互联网用户的重要组成部分。在教授青年学子互联网心理学的过程中,也应将法律、伦理、道德、社会规范纳入学生价值观体系的培养中。

二、推进网络强国建设

2016年4月,习近平总书记主持召开网络安全和信息化工作座谈会并发表重要讲话,为推进网络强国建设、促进网信事业发展指明了方向。习近平总书记在讲话中提出,"推动我国网信事业发展,让互联网更好造福人群"。五年来,我国互联网产业蓬勃发展,网络用户规模不断扩大,互联网普及率不断攀升。如何利用互联网推进国家发展、社会治理成为网络使用中的关键问题。青年学子在其中扮演怎样的角色、承担怎样的社会责任应被纳入课程内容的讲授中。

三、勇担媒体工作者的责任

习近平总书记高度重视新闻舆论工作,曾在多个场合发表重要讲话,深刻阐述了做好新闻舆论工作的重大意义、职责使命、方针原则、创新发展等一系列问题。做好党的新闻舆论工作,营造良好舆论环境,是治国理政、定国安邦的大事。对于新闻传播专业的学生来说,应理解新闻舆论的重大意义,明确自己在舆情传播中担当的职责使命。现阶段的舆情主要通过互联网传播,理解舆情传播问题需要大学生具备良好的信息素养和深厚的网络心理学相关知识储备。因此,在互联网心理学这门课程的教授过程中,要注重培养学生的信息素养和职业素养。

教学安排

一、课前

(1) 提前将与本节课相关的核心参考文献(参见前面阅读文献中的②、③、⑤)发给学生,请学生阅读。

(2) 布置互联网心理学的热点话题,请学生提前思考。

① "如果信念有颜色,那一定是中国红"——孟晚舟回国事件中网络用户的参与和情感表达。

② 新冠疫情以来,涉及病毒来源、疫情防控、疫苗接种的假新闻层出不穷,干扰了疫情防控政策的有效实施。世界卫生组织指出应将抗击信息疫情作为全球抗疫工作的另一个主战场(Zarocostas J. How to fight an infodemic[J]. The Lancet,2020,395(10225):676.)。面对互联网中如此多的假新闻,我们该如何做?

二、课中

(1) 讲授自我、网络自我、网络自我呈现、网络人格、网络情绪表达等相关概念。部分讲授情况见下图。

网络自我概念	最优中间相似性原则
· 网名 · 头像 · 性别　　我是谁? · 年龄 · 职业 · 所在地 · 签名档	预测了线下和线上自我间存在的最优差异度。 · 线下自我与线上自我的行为*差异明显*会造成缺乏认同感,会妨碍人们的归属感,以及学习和发展的机会。 · 一个与线下*过于相似*的线上自我,会降低线上自我单纯地对现实生活的模仿程度。 为了追求沉浸其中的感觉,必须要有一定阈值水平的线上和线下自我之间的相似性。
自我差异理论(Self-discrepancy theory) · 真实自我:对当下自我的真实反映 · 理想自我:个体渴望形成的完美自我 · 应该自我:个体角色规定的自我  --Higgins 1987	潜状态-特质理论(Latent State-Trait Theory) · 个体的认知、情绪和行为是个体特质、情景特征以及特质与情景共同作用的结果。 · 个体在网络上的人格特质是人格特质(特质潜变量)与网络情景(情景潜变量)的整合。 · 人格是理解人们网络行为的主导因素。 · 理解人格对网络行为的影响,要同时考虑网络环境的特点。

(2)学生就对相关概念的理解进行阐述,对课前思考问题展开讨论。

三、课后

阅读文献,撰写读书笔记(分小组完成)。

特色与创新点

一、注重理论知识教授和专业能力培养的结合

"互联网心理学"作为一门理论性很强的课程,概念的介绍、理论的讲授、方法的理解必不可少。本课程通过扎实的理论、生动的案例、严谨的方法,拓展了学生在互联网时代对互联网心理和行为的理解,提升了课程的趣味性。通过案例教学将学生置于特定情境中分析问题,培养学生的思辨能力;通过实践教学锻炼学生的实践能力;通过案例撰写任务,让学生不仅会自己分析案例,还会自己发现案例,加深对互联网心理学的理解,实现理论知识传授和专业能力培养的结合。

二、注重思政元素和教学案例的结合

结合课程内容和国家政策导向,提取合适的思政元素,并将其结合在课程的案例教学中。授课教师精心选择与特定思政元素相关度较高的教学案例,课前将案例发放给学生。课上组织小组讨论,授课教师给予一定的引导和解读,让学生在案例的学习、理解和分析中感受到思想的熏陶。

三、注重课程时代感与心理学经典知识的结合

心理学是研究人的心理和行为的科学,在发展过程中形成了很多经典的概念和理论。在互联网环境下,很多经典的概念和理论仍然有用,但使用场景

的变化激发我们去思考如何更好地使用心理学经典理论解释网络心理和行为,引导我们对理论进行拓展和革新,让我们站在巨人的肩膀上更好地去发展理论。因此,"互联网心理学"这门课是将心理学经典知识与互联网现代环境结合起来的一门课程,具有鲜明的时代性。

效果体现

(1)通过"线下课程教学+专题讲座+实践任务+在线答疑+研究课题",提升学生的学习体验,不仅让学生了解、理解、思考,还让学生将所学内容呈现出来。从学生课堂讨论、课后作业以及实践任务的完成情况来看,学生能很好地参与到课程中,具有独立思考的能力,能够理解自身在网络社会中承担的职责,理解作为新闻传播学学生应该在网络中履行怎样的专业职责。

(2)通过微信内容制作和推送、案例的撰写、专题讲座的开展等方式激发学生的学习积极性和学以致用的热情。"互联网心理学"作为一门探索性质的课程,能够很好地激发学生的创造力,发展学生的批判性思维。从学生的作业和作品完成情况来看,学生能够将课程所学知识很好地运用到专业领域中来。

课程负责人:吴曼丽 讲师

"视听传播概论"课程思政案例

主讲教师：余奇敏

章节名称

第六章 视听媒体传者的素养　第二节 视听媒体传者的专业素养

课程目标

一、知识目标

建立视听传媒人的专业素养概念，在媒体融合和建设新型主流媒体的宏观背景下，侧重了解我国广播电视视听媒体人才要求，与时俱进，在学习与实践中不断提升个人的政治理论水平和综合学科底蕴，逐步靠近成为一位合格视听传媒人才的目标。

二、能力目标

在前期的学科知识学习与专业实务的训练基础上，着力展现学科知识的统合与综合能力，在小组作业演示和视音频作业展映等具体的学习任务中感受视听传播的专业素质要求。

三、价值目标

在专业素养构建中确定正确的党性观念，自觉做党的政策主张的传播者、时代风云的记录者、社会进步的推动者、公平公正的守望者。

教学内容

1. 视听媒体传者素质界定

素质，是人们先天具备和后天习得的各类禀赋和涵养。不同职业对个人素质要求不尽相同。

广播电视视听媒体是由各个专业部门和机构组成的复杂系统，就参与新闻内容生产、直接与大众交流的较为集中的群体（有人称之为媒介的界面人物，包括记者、主持人等）来讲，视听传媒人的素质大体上包括理论素养、专业技能和职业道德素质等。

2. 视听媒体传者素质构成

理论素养方面，要求具备较高的政治理论水平、综合的学科知识结构和扎实的专业理论知识基础。

在理论素养方面，首先强调传媒人的政治理论素养。广播电视视听媒体有着意识形态属性或阶级性。在我国，广播电视等大众媒体始终被看作是党、政府和人民的喉舌，这是我国社会主义新闻传播事业的性质所决定的。因此，广电传媒人必须具备过硬的政治素质，必须学习和掌握马克思主义基本原理，坚持党性原则，坚持正确的舆论导向，更好地为党和人民服务。其次，掌握博而专的综合学科知识，建立合理的知识结构，包括人文社科知识和自然科学知识，能够应对各类题材与信息内容的生产与传播。最后是专业理论知识。在信息社会和媒介泛化时代，传媒人更需要打牢学科理论底座，成为自觉运用传播规律和探索传播创新领域的专业人才，用专业理论涵养自己在信息选择、生产和传播等方面的专业眼光、专业水准。

专业技能方面，强调视听传媒人的笔头、口头、镜头的表达能力，在融合媒体背景下，做一个跨屏传播的全媒体人才。

专业技能方面，广播电视视听媒体从业人员不仅要具备大众传播者基本的专业技能，例如新闻敏感和社会活动能力，掌握一般性的采写编评等技能，还要符合视听媒体的传播特性对从业者的要求，尤其是对直接与大众交流的传媒人（主要是记者、主持人等），这些要求简单概括就是笔头表达能力、口头表达能力和镜头表达能力。笔头表达能力，即要求在视听节目采制中能够胜任各种文字写作，例如节目策划案、解说词和文字评论等。口头表达能力，即能"出声""出镜"，在广播（音频类）、电视（视频类）节目中吐字清晰、用语准确、语流顺畅，能够胜任现场（主持）报道、连续报道、即时评论等。镜头表达能力，则是熟悉镜头和画面表意方式，能够运用各类镜头语言传情达意。

职业道德方面，要求遵守新闻道德准则，发扬敬业精神，坚持"双为"服务原则。

职业道德方面，即在视听传播职业行为与活动中必须遵循的规范与要求。

包括敬业精神,即能够认同视听媒体的社会责任与传媒人的职业使命,视传媒职业为神圣,投入满腔的工作热情,践行专业理念,自觉要求自己的工作和一切行为符合新闻职业道德准则,秉持"双为"原则,将自己的工作融入为人民服务、为社会主义服务的活动中去。

思政素材

运用案例教学和问题导向教学法,选取切合教学内容的优秀视听作品和优秀传媒人作为案例分析,包括每年全国"两会"报道、近年来的改革开放40年主题宣传、中华人民共和国成立70周年宣传报道中涌现出来的优秀作品,以及2018年以来中国新闻奖获奖作品(视听类作品),通过具体案例阐述我国新闻宣传基本原则、新闻传媒人的政治素养和专业能力等,同时引导学生在媒体观察经验和案例学习中提出问题,展开讨论,加深学生对本章重点内容的理性认识(见表1)。

表1 部分视听案例目录

序号	视听案例	来源	时间
1	《四川省雅安芦山县发生7.0级地震》	成都电视台:蒋林	2014.4.20
2	《李克强勉励凤凰卫视:你们在传递中国的声音》	凤凰卫视:柳怡	2014.6.30
3	《山东平邑石膏矿垮塌事故救援发现被困矿工增至8人 1人遇难》	央广网:王成林	2015.12.30
4	《首届中国国际进口博览会记者观察》(系列报道)	央视:黄慧馨	2018.11.8
5	《全国两会·刷新2019——"点击、刷新"的隐藏功能》	央广网:集体	2019.3.1
6	《在火车站,我原本只想找到一个桶,没想到听了满满一桶故事》	上海人民广播电台:盛陈街、常洛、杨黎萱	2019.2.3
7	《坐着高铁看中国》主题系列报道	中央广播电视总台联合多家媒体报道	2020.10.1—8

思政元素

一、视听传媒人必须要有高度的政治觉悟和政治素养

传统广播电视在新型主流媒体建设中发挥着重要的舆论引领作用,这要求传媒人具有高度的政治意识和新闻敏感,能够在重大事件、重要议题等方面发声,积极宣传党的路线、方针、政策,体现主流媒体在新闻宣传领域的有力引导作用。例如2020年国庆长假期间,中央广播电视总台联合多家地方媒体推出大型系列报道《坐着高铁看中国》,用新颖的多元视角、缤纷多样的节目形式展现疫后重振、山河无恙、家国安康的主题,取得了很好的传播效果。

二、视听传媒人必须具备全媒体传播的专业技能与职业素养

视听媒体在当今正向融媒体转型,越来越多地采用多样态的视听(节目)产品,多渠道分发,跨屏传播,因而要求传媒人能够熟悉全媒体采制流程,具有融媒思维与视听表达能力,做一个全媒体人才。例如首届中国国际进口博览会上,央视记者一连几日完成现场评述报道,能说,会评,还能自己拍摄,展现出了电视媒体人全面的专业素质(见图1)。

图1 央视记者黄慧馨报道

三、视听传媒人需要保持坚定的职业信念和专业激情

每一次成功的采访,每一篇优秀的稿件,都可以看到传媒人的敬业精神和专业激情。只有在理性上认识到这份工作的社会责任与使命,只有内心燃烧着对这份职业的热情,才可能在困难时全力以赴,在犹疑时做出正确的选择。比如,央广记者王成林带着刚刚做完手术的身躯坚守矿难现场,第一时间发回救援突破消息。比如原成都台记者蒋林在雅安地震时进行了超过60次的电视、电话连线,向全国受众作出了"首次震中全景式报道"(见图2)。

图2　成都电视台记者蒋林报道

教学安排

一、启动

在导论课上从融合传播和建设新型主流媒体的背景下观照当下,广播电视(视听)发展出现的新态势,引出视听传媒业的发展需要高素质全媒体人才的现实命题,让学生对课程学习的现实意义和专业培养目标有初始的认识。

二、全程推进

一方面建立各章知识的逻辑关联,帮助学生形成相对系统的视听传播学科知识框架。以此为基础,在第一、二周即布置两个课程作业,引导学生在小组研究报告撰写和个人音视频采制中动脑、动手,深度体认视听传播的专业素质要求。比如在讲授视听节目形态和视听内容生产时,有计划地带学生走访湖北经视新媒体部门或参加湖北综合频道《电视问政》录制,增强学生对视听媒体内容产制变化的感性认识,引导学生了解节目采制流程中传媒人应具有的政治意识与专业素养。

三、重点总结

本课程既是视听传播学科知识体系中的重要构成部分,也是学生从传者主体方面对前面知识与经验的再认识与再总结,比如党性原则是我国视听媒体的社会属性的根本体现,引导学生认识到专业技能训练与养成的重要性(具体见"思政元素")。

特色与创新点

一、精选视听案例

跟进视听媒体新发展和新成果,选取重大主题报道和中国新闻奖获奖作品,包括全国"两会"报道、改革开放40年主题宣传、中华人民共和国成立70周年宣传报道中涌现出来的优秀作品,以及《中国新闻奖精品赏析》(近年来获奖的视听媒体作品)、《广播电视新闻典型案例评析》、《新闻传播职业道德典型案例评析》等,用好作品和优秀视听传媒人作引领,增强学生情感上和理念上的专业认同,引导学生在政治意识、学科理论素养和视听传播技能等方面主动提升自己,将自己逐步塑造成一位符合时代要求的专业传媒人才。

二、鼓励学生参与并指导学生实践

课程教学设计上贴合视听传播学科综合性、实践性强的特点,有意设计多个作业,鼓励学生动脑、动手,培养学生实际运用学科知识与技能的能力。比如贯穿整个教学过程的两次作业,随着教学内容不断深化,进一步引导学生参与课堂,进行主动性学习。同时,任课教师一直坚持带团队,指导各类学生实践项目,通过项目实践方式,激发学生提升专业素养的动力,强化学生的专业信念。

三、全程实施"知、情、意"一体教学方法

在课程讲授与专业实践指导中,帮助学生建立视听传播学科知识框架,初步体验视听传媒人角色要求,激发学生专业激情,在"学"与"做"中形成视听传媒专业理念和专业理想。本课程着重从知识统合、专业技能提升和传媒人的政治理论素养方面进行教学安排,强化学生专业素质构成与专业素质养成方面的认知与体验。

效果体现

本课程是在大一年级上学期开设的学科平台课,与教学目标相切合,在教学效果上表现为直接效果和持续性效果两方面。

直接效果,即学生课堂表现活跃,参与度高,在平时作业与期末测试方面

显示出对课程知识掌握得较好,对课程有着较为积极正向的反馈。

持续性效果,则是指学生在第二学期的专业班级选择上,表示这门课程激发了他们的专业学习兴趣,有意愿选择广播电视专业。课程结束后,仍有学生(包括后来非广播电视专业的学生)主动参与全国大学生计算机大赛、暑期社会实践等活动,愿意继续在专业教师的指导下提升专业素养。

课程负责人:余奇敏 副教授

"广播电视评论"课程思政案例

主讲教师:何志武

章节名称

第九章 切中要害:广播电视评论的观点提炼　第三节 观点提炼要契合公共精神

课程目标

一、知识目标

了解广播电视评论的观点提炼为什么要契合公共精神,理解公共精神的基本内涵,认识到所提炼的观点要维护社会公共利益,引领社会主流价值观,致力于解决问题和推动社会全面进步。

二、能力目标

掌握观点提炼的方法和技巧,创作出符合公共精神的广播电视评论,提升搜集、分析、处理信息的能力。

三、价值目标

深刻领悟公共精神,培养家国情怀和使命意识,坚定社会主义核心价值观,提升明辨是非的能力,树立正确的新闻观和从业观。

教学内容

一、教学原则

1. 坚持讲授性和启发性相统一

科学理解"广播电视评论"思政课程的灌输性与启发性的科学内涵是正确贯彻落实思政教育的基础和前提。一方面,学生不会自发产生公共精神,必须从外部对学生循序渐进地进行公共精神的科学讲授,拒绝填鸭式的"硬灌输",使学生系统性地了解和掌握观点提炼要契合公共精神的原因和方法;另一方面,在知识讲授的过程中,积极地引导学生主动地发现问题、分析问题、思考问题,激发学生自己来"讲"的动力,使学生在自己的讲述中提高课堂的参与度,在不断启发中让学生水到渠成地得出结论。

2.坚持理论性和实践性相统一

理论性是广播电视评论思政课程的基本属性,重视理论性是课程性质和教学目标的内在要求。通过讲清讲深讲透讲活广播电视评论的观点提炼要契合公共精神的框架体系,帮助学生树立正确的世界观、人生观和价值观。广播电视评论既是理论课,更是以实践来支撑理论的课程。通过生动鲜活的案例研讨和实践活动,把教学小课堂同社会大课堂结合起来,贴近社会、贴近生活、贴近实际,让理论照进现实,提高学生运用理论分析问题、解决问题的能力,使学生在参与、体验教学实践活动中将公共精神更好地内化为自身的个人思想意识,深化对公共精神的领悟,并化知识为行动,做到知行合一。

3.坚持主导性和主体性相统一

课程思政教育是在学生的头脑里"搞建设"。教师作为课程教学的主导者,一方面要充分尊重学生在课堂教学中的主体地位和需求,搞清学生认知习惯、接受方式和审美特点,知其所想,做到有的放矢;另一方面,让师生处于平等对话的沟通状态,使课堂成为学生展现自我真实思想、实现思想交锋与纠偏的场所,避免出现"台上的自我陶醉、台下的麻木昏睡"的尴尬境地。

二、教学重难点

(1)公共精神的基本内涵。

(2)观点提炼要如何契合公共精神,即观点提炼要如何维护社会公共利益,引领社会主流价值观以及推动社会全面进步。

三、教学方法

问题导学法、课堂讲授法、案例讨论法、任务驱动法。

四、参考教材

何志武,《广播电视评论》,北京:高等教育出版社,2020年。

思政素材

本课程的核心内容体现了社会主义核心价值观和习近平新时代中国特色

社会主义思想。课程通过理论结合实际的思政素材,引导大学生树立高尚的人生观、科学的新闻观。

(1)认真学习习近平总书记在2018年全国宣传思想工作会议上的讲话内容,"聚民心,就是要牢牢把握正确舆论导向,唱响主旋律,壮大正能量,做大做强主流思想舆论,把全党全国人民士气鼓舞起来、精神振奋起来,朝着党中央确定的宏伟目标团结一心向前进"。

(2)武汉是一座英雄之城。在抗疫期间涌现了大量令人敬佩的人和事,是敢于拼搏、追求卓越的"九头鸟"精神在新时代的重新诠释。课程通过组织学生了解和观看抗疫期间做出突出贡献的人物和典型事件,撰写相关评论,让思政教育更好地融入学生的心中。

思政元素

教师应根据专业课程内容体系与授课对象特点,将课程思政建设做到位,把专业课程所蕴含的思想政治教育元素,把做人做事的基本道理、社会主义核心价值观的要求、实现民族复兴的理想和责任融入专业课程教学中,让课程思政更有温度,让学生们看得见摸得着,能够入脑入心。

序号	思政元素
1	对社会主义核心价值观的感知和认知
2	公共精神的基本内涵解读
3	广播电视评论中的道德约束及社会责任感
4	新时代中国特色社会主义思想
5	有理想、有道德、有文化、有纪律的四有青年
6	爱国精神

教学安排

教学实施路径主要分为三个阶段:课前、课堂、课后。课程使用"MOOC+现实课堂"的线上线下互动教学模式,用相关案例串联知识点、技能点、思政元素点,分阶段递进式实现教学目标。

一、课前阶段

布置课程学习任务清单,发布相关案例、文献。请学生结合中国大学MOOC上的配套视频,完成课前自主学习,并完成在线习题以及反馈自主学习中遇到的问题。

二、课堂教学

1. 课程导入(案例引入、知识讲授)

(1)案例导入。

案例1:"火星人入侵地球"。1938年,美国哥伦比亚广播公司播出了一部关于火星人入侵地球的广播剧,引起了全社会巨大的恐慌,无数市民因惊吓纷纷逃离。无独有偶,数年后,火星人入侵地球的故事又在智利和秘鲁重演,广播的威力可见一斑。

案例2:美国22岁青年贾森·鲍蒂斯塔被加州圣安娜法院判决一级谋杀罪成立,他承认受到电视剧《黑道家族》的影响,于2003年1月残忍地杀死了自己的母亲。"我想起了曾经看过的《黑道家族》中的一个片段,电视中的人物就是这样摆脱某人的。"鲍蒂斯塔说。可见电视对人的影响潜移默化。

(2)知识讲授。

通过两个案例的解读,阐释了广播电视突破时空限制,具有广泛受众,对受众有着显性和隐性影响的特点。一方面,受众会模仿广播电视中的行为;另一方面,受众的认知会受到广播电视的强化。鉴于这一原因,广播电视评论特别强调在观点提炼中契合公共精神。

2. 公共精神的基本内涵(知识讲授)

所谓公共精神,"指的是一种关心公共事务,并愿意致力于公共生活的改善和公共秩序的建设,以营造适宜人生存与发展条件的政治理念、伦理追求和人生哲学"[①]。换句话说,广播电视评论要以公共事务为中心,关心公共生活,增强大众的公共意识。

3. 观点提炼要维护社会公共利益(知识讲授、案例讨论)

(1)知识讲授。

电视评论是一种意见信息,其提炼观点时必须尊重客观事实,站在公正立场上说话,不能因个人好恶而扭曲事实,更不能沦为利益集团附庸。只有这样,广播电视评论才算得上是公允的,其对公共利益的阐释和维护才是令人信服的。

每个群体都有诸如健康、安全、幸福、和谐等共同追求。广播电视评论要维护社会公共利益,就要从这些共性出发,维护社会全体成员的共同追求,努

---

① [美]罗伯特·帕特南:《使民主运转起来》,王列、赖海榕译,南昌:江西人民出版社,2001年,第56页。

力化解不同群体之间的矛盾,要减少评论的伤害性,倡导和谐共生。

(2)案例讨论。

案例1:2020年1月20日,北京朝阳医院眼科主任医师陶勇在出门诊时,被一名患者拿着菜刀追砍,导致左手骨折、神经肌肉血管断裂、颅脑外伤、枕骨骨折,失血1500 mL,两周后才得以脱离生命危险。

案例2:2020年12月24日,北京市朝阳区民航总医院发生一起暴力医疗伤害事件。遭到袭击的杨文医生因伤势严重,于25日0时50分死亡。

(3)教师总结。

近年愈演愈烈的医患冲突引起了全社会的关注。评论者如果仅仅站在医生或者病人及家属的立场进行阐释,就会把批判的矛头一味地指向对方,其结果就是全然不顾事实究竟如何,继续加剧医患矛盾,恶化群体关系。教师应引导学生以维护公共利益、维护健康的医疗环境和医患关系这个角度来重新审视医患冲突,这样就不会主观地预设报道框架和评论观点,避免非此即彼式的偏斜,从而培养学生的全局观,维护社会公共利益。

4.观点提炼要引领社会主流价值观(知识讲授、小组课堂讨论)

(1)知识讲授。

遵循社会主流价值观,提高广播电视评论的"四力"。社会主流价值观是人们的价值共识,是一定时期内人们价值观的集体反映,比如偷盗可耻、救死扶伤、助人为乐等。广播电视评论理应抛弃个人狭隘的偏见和极端的情绪,遵循社会主流价值观。只有这样,提炼的观点才能符合公众预期,才具有吸引力和感染力,其影响力和公信力才会不断扩大。

肩负舆论导向的重要职责,明辨真正的社会主流价值观。处于社会转型时期,人们思想自由、价值观念多元,借助发达的新媒体,各种各样的观点意见都能获得广泛传播,有的还产生了较大的社会影响。但是,这也在一定程度上加剧了某些观念的极化,造成了社会主流价值观的混沌。此时,广播电视评论就更应肩负起舆论导向的重要职责,在提炼观点的过程中将新闻事实的是非曲直阐释清楚,澄清公众的模糊认知,引导学生学会判断和理解什么是真正的社会主流价值观。

(2)小组课堂讨论。

将学生分成若干小组,围绕"在他们心目中什么样的价值观才是新时代真正的社会主流价值观以及如何去践行"进行讨论,并派一名代表总结发言。通过话题的讨论,培养学生的时代责任感、使命感,立志做新时代有理想、有道德、有文化、有纪律的四有青年。

5.观点提炼要推进社会全面进步(知识讲授、案例讨论)

(1)知识讲授。

评论不是图口舌之快,不是插科打诨、哗众取宠,更不是讥讽挖苦,扰乱社会情绪,而是要通过建设性的观点揭示事实本质和发展趋向,引导社会健康发展。

具体目标:使问题得到有效解决。

长远目标:通过歌颂真善美、鞭挞假丑恶为民众立言,以观点表达推动社会进步。

(2)讨论辱母杀人案。

案例简介:2016年4月14日,山东青年男子于欢在目睹母亲遭受催债人极端侮辱后,用水果刀捅向催债人,造成1人死亡,3人受伤。随后,于欢以故意伤人罪被判处无期徒刑。三种评论角度见表1。

表1 辱母杀人案三种评论角度

机构	题目	观点
凤凰网	《辱母杀人案:不能以法律名义逼公民做窝囊废》	法律应该保护人们做一个道义上的正常人
《新京报》	《刀刺辱母者案上亿条评论:请珍惜民意对法制的"助推"》	法律与普通民意不应该冲突
《人民日报》微信公众号	《辱母杀人案:法律应该如何回应伦理困局》	法律要回应人们对公平正义的期待

(3)教师总结。

可以发现,这三种评论虽然角度不同,观点各异,但在维护社会公平正义、保护公民权利、推动社会进步方面,它们的理念是高度统一的。而且通过对这三种评论的解读,能够引发学生对社会问题和政策制度的思考,培养学生做有眼界、有担当的中国青年,以及在未来工作中更游刃有余地提出建设性观点,推动社会全面进步。

三、课后拓展

1.评论撰写

给一个案例,让学生根据所学知识撰写一篇广播电视评论。一方面帮助学生巩固所掌握的知识内容,另一方面让学生通过实践将公共精神更好地内化为学生个人思想意识,深化对公共精神的领悟,并化知识为行动,做到知行合一。

2. 线上答疑解惑

课后学生若有疑问,可以在课程微信群进行线上提问,教师帮助其答疑解惑,再次提升学生对所学知识的理解和掌握。

特色与创新点

(1)增加了社会热点新闻穿插于课程的频率,自然引出教学任务,增强课堂活跃性,激发学生学习兴趣。

(2)重视实际案例与课程内容相结合,加深学生对广播电视的了解,使学生认识到观点提炼契合公共精神的重要性,破解专业知识传授和价值引领"两张皮"的难题。

(3)案例库及教材实时更新常态化,对旧案例做到及时分类和适时删除,形成每次开课都有最新案例及社会热点加入的局面。

(4)教学方式多样,注重教学的时效性。及时对课程知识点进行更新,通过"案例分析、问题启发"等多种教学方法的应用,以及与线上MOOC配套视频相结合,形成师生积极互动的局面,使得思政教育更加有效。

效果体现

(1)丰富多彩的线上线下教学方法和教学手段,让学生求知欲望"强"起来。

(2)课程学习任务清单规定课前课内课后任务,让线上线下教学"转"起来。

(3)"案例式+讲授式+小组讨论"的教学组织形式,让沉闷理论教学"活"起来。

(4)"学生课堂发表同题评论+教师对比式点评",让课程思政元素"用"起来。

课程负责人:何志武 教授

传播学

"新媒体经典产品赏析"课程思政案例

主讲教师：鲍立泉

章节名称

主要内容：中国互联网崛起 30 年

课程目标

一、知识目标

了解我国互联网崛起 30 年中的关键案例及其时间节点，掌握我国互联网发展的行业特征以及相关影响因素。对比东西方互联网行业发展进程，感受互联网在我国国力发展中的战略意义。

二、能力目标

结合互联网快速发展 30 年的不同时代背景，运用互联网产品分析框架分析不同时期我国代表性互联网产品的特征，初步掌握互联网产品发展的时代规律。

三、价值目标

对比中国和西方发达国家互联网行业发展的历史，体会我国国力发展推动互联网行业呈现出学生打败教师的进击过程，提升学生的行业自信心和国家自豪感。

教学内容

一、教学原则

1.尊重课程思政教学的客观基础与主观意识

在教学实践中要考虑互联网发展的全球化环境。互联网已经成为全球文化、经济、政治博弈的核心阵地,基于互联网的新媒体产品发展必然体现出全球竞争的特征。同时,由于互联网是我国当前自主创新的核心领域,教学也应注重培养学生的自主创新意识,引导学生主动参与思政元素与教学内容的智慧生产。

2. 坚持互联网产品赏析课程知识体系的完整性

思政教育与新媒体产品课程的融合,是将思政的重要内容贯穿新媒体产品赏析课程、把思政的相关内容融入课程之中,保障新媒体产品赏析课程知识体系的系统性和完整性。

3. 保障思政元素的实效性、亲和力和价值性

为达到课程思政教学的根本目的,在课程思政的建设中要保障思政元素的实效性、亲和力和价值性,让课程思政的效果落到实处。为此,新媒体产品赏析传播课程采用历史、客观的案例进行教学,以具体鲜活的案例揭示其所蕴含的深刻道理。

二、教学重点

(1)中国新媒体产品的模仿、创新与国际背景。

(2)中国新媒体产品的崛起与西方的打压。

三、教学方法

课外阅读、案例教学、小组讨论。

四、教学学时

4学时。

五、参考教材

林军、胡喆,《中国互联网沸腾三十年》,北京:电子工业出版社,2021年。

六、主要内容

(1)模仿中萌芽的中国新媒体。

(2)互联网梦想崩溃的2001年,从时代宠儿到纳斯达克的垃圾股。

(3)Web 2.0时代的奋起直追——我们曾经追捧《复制互联网之2:2011年全球最值得模仿的100个网站》。

(4)中国电商与视听直播——学生打败老师。

(5)短视频互动,西方急眼了。

思政素材

1. 起步相对较晚的中国互联网迎来了美国企业的集体抢滩

2001年,中国加入WTO。对中国互联网行业来说,这绝对是一个重大事件。此前,外资介入中国互联网的主要通道是风险投资。随着2000年纳斯达克崩盘,来自硅谷的风险投资有所退潮,但中国加入WTO后,放松了外资介入互联网经营领域的政策限制,新的投资势力跨洋而来。2003年前后,硅谷的互联网巨头们相继撑过了最艰难的时刻,雅虎、eBay等通过"毒丸"计划击退了一波波的恶意收购,股价也开始回升。与此同时,网易、搜狐开始告别垃圾股行列,股价重回1美元/股之上,"中国概念"开始炙手可热。在股东大会上,互联网巨头们常常面临来自股东的提问:公司对中国市场有什么打算?在中国市场做了什么?

当时,电脑还是中国人的奢侈品,上网主要通过电话线拨号上网,打电话和上网只能二选一,速度也仅有56 KB/s。尽管网络基础设施落后,但中国网民数量增长迅速。根据CNNIC数据,2000年时国内网民数量为2250万,到2003年达到8630万,4年时间增长了2.84倍,增速冠绝全球。

同时,中国的本土互联网企业还没有实现盈利,大家还在比拼烧钱,市场正处于野蛮生长时期,对美国的互联网巨头来说,正是通过收购快速布局中国市场的最佳时机。

①2003年6月,eBay以1.5亿美元全资收购邵亦波创办的易趣网;

②2003年11月,雅虎宣布以1.2亿美元收购周鸿祎创办的3721公司;

③2004年8月,亚马逊以7500万美元收购雷军、陈年创办的卓越网。

除收购外,互联网巨头还通过合资或开分号的形式直接抢滩登陆。

①2005年5月,上海美斯恩公司宣布与中国本土九家企业合作,正式推出MSN中文网站与MSN Messenger即时通讯标签服务,标志着微软MSN服务正式进入中国;

②2005年7月,谷歌宣布成立中国研发中心。

至此,短短3年时间内,美国互联网巨头几乎悉数抢滩登陆中国市场,涵盖门户、电商、社交和搜索等主流行业板块,与中国本土互联网企业形成对垒之势,市场争夺战随即爆发。

2.美国企业低估了中国企业的创造力和战斗力

eBay收购易趣后,曾在中国C2C市场占据超过90%的份额;MSN占据国内高端社交市场,正式进入中国市场,仅4个月时间用户就增长25%,成为商务社交的标配工具;卓越亚马逊在B2C市场份额最高的2008年,仅次于京东,在国内排第二;雅虎是所有互联网巨头中,在中国市场表现最差的,但2004年在周鸿祎的带领下,还是赚了1000万美元,盈利表现压过三大门户。

然而,2019年7月18日,亚马逊中国正式停止为第三方卖家提供卖家服务,在中国仅保留全球开店、海外购、云计算和Kindle等业务。换句话说,亚马逊在中国仅保留几个"观察哨",大部队撤出了中国。MSN在2014年退出中国,雅虎中国则在2013年9月1日停止提供资讯、社区服务和邮箱服务,随后关闭旗下的音乐搜索服务等业务。eBay则在2010年前后退出中国市场。

美国"老师"们在中国纷纷折戟,表面原因是中国市场竞争激烈,背后则是"美国老师"优越感爆棚低估了"中国学生"抵抗的决心和能力。

3.4G技术打通了中国互联网崛起的高速公路,学生开始打败老师

2013年,中国正式开启商用4G,一年后也就是2014年9月,李克强总理正式提出"大众创业、万众创新",要在960多万平方公里土地上掀起"大众创业""草根创业"的新浪潮,形成"万众创新""人人创新"的新势态。这一政策产生了两个影响:一方面,很多人创业首选互联网行业,众创空间在全国遍地开花;另一方面,互联网行业以"互联网+"的形式渗入经济的方方面面,传统经济被新经济改造。

结果就是中国的互联网找到新的演进方向,不仅帮助"工业制造4.0"、智能家居、智能硬件、AR/VR等硬件的智能化铺设了神经,还发展出共享经济和移动支付等创新优势,使中国成为和美国并驾齐驱的互联网大国。

2016年上线的抖音和2017年上线的TikTok是中国互联网发展的现象级产品,在全球互联网行业中,出现了势不可当的中国力量,甚至导致美国政府不惜动用行政力量打压我们的发展。

思政元素

(1)多角度了解中国互联网起步和发展初期面临的困境。

(2)对中国互联网行业崛起过程中关键社会背景进行分析,体会互联网发展与国家发展的互动关联。

（3）了解当前全球互联网竞争中的中国地位，深度分析西方政治势力对我国互联网行业全球发展的打压动机，探讨我国互联网行业对外发展的对策与趋势。

教学安排

第一部分：导入（专题讲授、案例分享）

一种来自美国的舶来品，中国人初识互联网。

第二部分：模仿期中国新媒体产品创新之殇（专题讲授，专题讨论）

蹒跚学步与资本喧嚣，中国开始有自己的门户网站。

《复制互联网之2:2011年全球最值得模仿的100个网站》（文飞翔、刘伟，北京：清华大学出版社，2011年）成为中国互联网创业工具书。

第三部分：从追赶到交手，中国新媒体产品自主创新的崛起（案例讨论）

社交崛起，电商起飞，视听狂想，中国互联网在模仿中形成特色。

第四部分：全球新媒体竞争中的中国力量（专题讲授，专题讨论）

TikTok为什么"牛"？西方政客为什么会针对一家民营互联网公司展开拙劣的表演？

中国互联网高速崛起，全球互联网行业中不断涌现中国力量，在行业自信的同时，我们的风险也依旧存在！

第五部分：学习评价与反思。

特色与创新点

（1）课程既体现了互联产品发展的历史脉络，更强调了我国互联网行业发展的艰难历程和伟大成就。

（2）课程资料丰富，大量的产品案例为学生对互联网行业认知奠定了坚实基础。

（3）从互联网行业全球竞争问题引导学生关注国家崛起过程中行业的责任担当，也激发学生关注行业前沿，增强投身国家建设的主人翁意识。

效果体现

（1）通过对中国互联网行业和典型产品的发展历程的介绍，增强了新媒体专业学生对中国互联网行业的自信心，以及对国家发展的自豪感。

(2)通过持续开展的讨论环节,学生更加关注中国互联网行业发展中的全球环境变化,提升了行业责任感和忧患意识。

课程负责人:鲍立泉 副教授

"网络信息管理"课程思政案例

主讲教师：陈少华

章节名称

第一章 网络信息管理概述　第二节 信息的社会作用和功能

课程目标

一、知识目标

理解信息的内涵和特征、信息在社会建设和治理中的作用，以及影响信息作用和功能的因素。

二、能力目标

了解国家对网络信息生产服务和管理的方针政策，了解社会大众对信息服务的要求，能够对网络信息生产、服务和管理提出建设性意见。

三、价值目标

培养正确的政治意识、大局意识，确立社会主义核心价值观，爱国、敬业、诚实、守信，遵守伦理、道德和法制，牢记时代使命，做有理想、守法律、有担当、有作为的大学生。

教学内容

一、教学原则

1. 遵循网络信息管理课程思政教学的基本要求

网络信息管理课程思政教育需要遵循教学过程的基本要求。一是网络信息管理与国家治理有密切的关系，因此网络信息管理教学必然体现出时代性和政治性；二是网络信息管理课程思政教育要注意培养学生的自主意识，引导学生主动参与思政元素相关的知识学习;三是网络信息管理课程本身旨在培养学生的网络舆情信息管理、网络信息安全管控、正能量信息传播等方面的意识和能力,这与思政教育的理念和目标是一致的。

2. 坚持网络信息管理课程知识体系的完整性

网络信息管理的目标是建立合法安全健康有序的社会信息环境,要求信息的生产者、服务者和管理者在思想上、行为上和目标上符合国家和社会的要求,因此,思政教育与网络信息管理教育的融合,要将习近平总书记关于信息化和网络安全论述的重要内容、社会主义核心价值观贯穿在网络信息管理课程教学之中,并保持网络信息管理课程知识体系的系统性和完整性。

3. 注重网络信息管理课程思政教育的实效性

实施课程思政的根本目标是培养有坚定理想信念和社会主义核心价值观的中国特色社会主义事业的合格建设者和可靠接班人。在课程思政的建设中要选取合适的思政素材、采取合适的教学方式。

在安排网络信息管理教学内容时,选择符合社会主义核心价值观的网络信息管理理念、目标、原则和方法作为重点教学内容,使学生在深入理解社会主义核心价值观的同时,自觉地将其应用于知识学习中。同时,也使学生深刻认识到科普信息、工农业和服务业信息、社会舆情信息,以及信息网络化和智能化服务的重要作用和价值。通过讨论网络谣言、网络黑客、电信网络诈骗、侵犯公民个人隐私、流量造假等违法行为的危害性及其原因,让学生认识到网络信息管理的艰巨性和紧迫性,认识到大学生身上的责任。

在教学方式上,注重案例教学、讨论式学习,以保证课程思政教育的实效。

二、教学重难点

(1)网络信息的传播特征及其带来的社会影响。

(2)网络信息的科学功能、经济功能、教育功能、舆情功能、社会协作与治理功能及其实现的条件。

(3)社交网络和人工智能时代如何做好网络环境下信息生产和传播的管理。

三、教学方法

理论教学、案例教学、课堂讨论、课外作业。

四、教学学时

2学时。

五、参考教材

（1）人民网舆情监测室，《网络舆情分析教程（初级）》，北京：人民日报出版社，2015年。

（2）陈少华，"网络信息管理"课件，2021年。

六、主要内容

"网络信息管理"作为时代性和政治性较强的课程，一方面要让学生掌握网络信息的内涵、特点、形态等基础知识；另一方面也要让学生思考如何解释我们所处的信息环境的复杂性，如何治理信息环境，进而实现良好的社会治理。在本节课程中，主要讲授以下内容：网络信息具有数量巨大、内容丰富、类型多样等特征；网络信息具有科学、经济、教育、管理、文化和社会协调等方面的社会作用和功能；网络信息实现其社会功能需要一定的条件。

但是，网络信息存在来源繁杂、质量不齐、算法推荐和供需偏差等问题，比如，出现信息茧房、信息冲突、流量造假、网络沉迷、网络诈骗、隐私信息泄露等问题，这些问题会导致网络信息功能出现偏差，需要建立合法、科学和有效的网络信息评价和管理体系。社会主义核心价值观是评价和管理网络信息的重要价值标准。

思政素材

网络信息管理课程思政的核心内容是习近平总书记关于信息化和网络安全的系列论述，以及社会主义核心价值观。

习近平总书记指出："党中央重视互联网、发展互联网、治理互联网，统筹协调涉及政治、经济、文化、社会、军事等领域信息化和网络安全重大问题，作出一系列重大决策、提出一系列重大举措，推动我国网信事业取得历史性成就，走出一条中国特色治网之道。"习近平总书记提出了一系列新思想新观点新论断，形成了网络强国战略思想。

社会主义核心价值观是我国当代价值观的统领。"富强、民主、文明、和谐"是我国社会主义现代化国家的建设目标和价值目标。"自由、平等、公正、法治"是从社会层面对社会主义核心价值观基本理念的凝练。"爱国、敬业、诚信、友善"是公民基本道德规范，是从个人行为层面对社会主义核心价值观基本理念的凝练。

新时期的网络信息管理应当有多重目标、多种渠道、多种方式,其目的是实现有利于我国经济社会发展和管理的国际国内信息环境,提高信息的可靠性和质量,提高社会交流和协作的正能量和有效性。党的十九大以来,以习近平同志为核心的党中央要求不忘初心,牢记使命,高举中国特色社会主义伟大旗帜,决胜全面建成小康社会,夺取新时代中国特色社会主义伟大胜利,并从战略高度,系统部署和全面推进网络安全和信息化工作,开创我国互联网发展和治理新局面,网络空间日渐清朗,信息化成果惠及亿万群众,网络安全保障能力不断增强。

1. 突出网络信息管理课程思政建设的目标导向

要突出信息环境的重要性,让学生知道良好的信息环境的重要性,并塑造出负责任、高质量的信息环境,实现更多的交流与合作。因此,在网络信息管理课程的教授中,应当努力突出青年学子的时代责任,激发学生对网络信息管理知识学习的积极性。

2. 充分挖掘提炼网络信息管理的思政素材

网络信息管理的理论知识与众多思政元素有着结合点,任课教师应增强寻找和设计结合点的能力,充分挖掘蕴含于课程中的显性及隐性思政资源。比如,在"网络信息的社会作用和功能"的讲授中,提到从社会发展史看,人类经历了农业革命、工业革命,正在经历信息革命。农业革命增强了人类生存能力,使人类从采食捕猎走向栽种畜养,从野蛮时代走向文明社会。工业革命拓展了人类体力,以机器取代了人力,以大规模工厂化生产取代了个体工场手工生产。而信息革命则增强了人类脑力,带来生产力又一次质的飞跃,对国际政治、经济、文化、社会、生态、军事等领域发展产生了深刻影响。信息化为中华民族带来了千载难逢的机遇,我们必须抓住信息化发展的历史机遇,加强网上正面宣传,维护网络安全,推动信息领域核心技术突破,发挥信息化对经济社会发展的引领作用,主动参与网络空间国际治理进程,自主创新推进网络强国建设,为决胜全面建成小康社会、夺取新时代中国特色社会主义伟大胜利、实现中华民族伟大复兴中国梦作出新的贡献。由此可以引导学生深刻认识网络信息的社会作用,激发学生的爱国热情和社会责任感。

思政元素

以习近平同志为核心的党中央从发展中国特色社会主义、实现中华民族伟大复兴中国梦的战略高度,系统部署和全面推进网络安全和信息化工作。我国互联网发展和治理不断开创新局面,网络空间日渐清朗,信息化成果惠及亿万群众,网络安全保障能力不断增强,网络空间命运共同体主张获得国际社会广泛认同。

2016年2月19日,中共中央总书记、国家主席、中央军委主席习近平在北京主持召开党的新闻舆论工作座谈会并发表重要讲话,强调:"坚持党的领导,坚持正确政治方向,坚持以人民为中心的工作导向,尊重新闻传播规律,创新方法手段,切实提高党的新闻舆论传播力、引导力、影响力、公信力。""在新的时代条件下,党的新闻舆论工作的职责和使命是:高举旗帜、引领导向,围绕中心、服务大局,团结人民、鼓舞士气,成风化人、凝心聚力,澄清谬误、明辨是非,联接中外、沟通世界。要承担起这个职责和使命,必须把政治方向摆在第一位,牢牢坚持党性原则,牢牢坚持马克思主义新闻观,牢牢坚持正确舆论导向,牢牢坚持正面宣传为主。"

2016年4月19日,习近平总书记在网络安全和信息化工作座谈会上发表重要讲话,要求大力推动我国网信事业发展,让互联网更好造福人民。我国经济发展进入新常态,新常态要有新动力,互联网在这方面可以大有作为,建设网络良好生态,发挥网络引导舆论、反映民意的作用。他指出,互联网是一个社会信息大平台,亿万网民在上面获得信息、交流信息,这对他们的求知途径、思维方式、价值观念产生重要影响,特别是会对他们对国家、对社会、对工作、对人生的看法产生重要影响。实现"两个一百年"奋斗目标,需要全社会方方面面同心干,需要全国各族人民心往一处想、劲往一处使。如果一个社会没有共同理想,没有共同目标,没有共同价值观,整天乱哄哄的,那就什么事也办不成。我国有13亿多人,如果弄成那样一个局面,就不符合人民利益,也不符合国家利益。网民来自老百姓,老百姓上了网,民意也就上了网。凝聚共识工作不容易做,大家要共同努力。为了实现我们的目标,网上网下要形成同心圆。什么是同心圆?就是在党的领导下,动员全国各族人民,调动各方面积极性,共同为实现中华民族伟大复兴的中国梦而奋斗。网络空间是亿万民众共同的精神家园。网络空间天朗气清、生态良好,符合人民利益。网络空间乌烟瘴气、生态恶化，不符合人民利益。谁都不愿生活在一个充斥着虚假、诈骗、攻击、谩骂、恐怖、色情、暴力的空间。互联网不是法外之地。形成良好网上舆论氛围，不是说只能有一个声音、一个调子，而是说不能搬弄是非、颠倒黑白、造谣生事、违法犯罪，不能超越了宪法法律界限。要尽快在核心技术上取得突破，特别是在互联网创新能力、基础设施建设、信息资源共享、产业实力等方面还存在不小差距，其中最大的差距在核心技术上。还要正确处理安全和发展的关系。网络安全和信息化是相辅相成的。安全是发展的前提，发展是安全的保障，安全和发展要同步推进。古往今来，很多技术都是"双刃剑"，一方面可以造福社会、造福人民，另一方面也可以被一些人用来损害社会公共利益和民众利益。从世界范围看，网络安全威胁和风险日益突出，并日益向政治、经济、文化、社会、生态、国防等领域传导渗透。要树立正确的网络安全观，加快构建关键信息基础设施安全保障体系，全天候全方位感知网络安全态势，增强网络安全防御能力和威慑能力，增强互联网企业使命感、责任感，共同促进互联网持续健康发展。在我国，9亿多人上互联网，肯定需要管理，而且这个管理是很复杂、很繁重的。企业要承担企业的责任，党和政府要承担党和政府的责任，哪一边都不能放弃自己的责任。网上信息管理，网站应负主体责任，政府行政管理部门要加强监管。主管部门、企业要建立密切协作协调的关系，避免过去经常出现的"一放就乱、一管就死"现象，走出一条齐抓共管、良性互动的新路。聚天下英才而用之，为网信事业发展提供有力人才支撑。网络空间的竞争，归根结底是人才竞争。建设网络强国，没有一支优秀的人才队伍，没有人才创造力迸发、活力涌流，是难以成功的。

2017年12月3日，中共中央总书记、国家主席习近平向第四届世界互联网大会发出贺信。习近平在贺信中指出，当前，以信息技术为代表的新一轮科技和产业革命正在萌发，为经济社会发展注入了强劲动力，同时，互联网发展也给世界各国主权、安全、发展利益带来许多新的挑战。全球互联网治理体系变革进入关键时期，构建网络空间命运共同体日益成为国际社会的广泛共识。我们倡导"四项原则""五点主张"，就是希望同国际社会一道，尊重网络主权，发扬伙伴精神，做到发展共同推进、安全共同维护、治理共同参与、成果共同分享。习近平总书记强调，中共十九大制定了新时代中国特色社会主义的行动纲领和发展蓝图，提出要建设网络强国、数字中国、智慧社会，推动互联网、大数据、人工智能和实体经济深度融合，发展数字经济、共享经济，培育新增长点、形成新动能。

由此可见,网络信息管理具有显著的课程思政属性,在讲授过程中融入课程思政元素能够促进学生更加全面深入地理解网络信息管理的专业知识。

思政主题	思政元素
习近平关于信息化与网络安全的论述	建设网络良好生态,发挥网络引导舆论、反映民意的作用
	网络空间是亿万民众共同的精神家园。网络间天朗气清、生态良好,符合人民利益
	互联网不是法外之地,不能搬弄是非、颠倒黑白、造谣生事、违法犯罪,不能超越宪法法律界限
	网络安全和信息化是相辅相成的。安全是发展的前提,发展是安全的保障,安全和发展要同步推进
	树立正确的网络安全观,增强互联网企业使命感、责任感,加快构建关键信息基础设施安全保障体系,共同促进互联网持续健康发展
	发挥信息化对社会经济发展的驱动引领作用
	以信息化推动国家治理体系和治理能力现代化
	破除信息孤岛,实现信息共享、智慧社会
	以信息化培育新动能,以新动能推动新发展
社会主义核心价值观	富强、民主、文明、和谐
	自由、平等、公正、法治
	爱国、敬业、诚信、友善

教学安排

一、第一部分:导入(专题讲授、课堂讨论)

思政目标:组织学习习近平总书记关于信息化与网络安全的讲话,引导学生深刻认识网络信息管理的重要意义。

以习近平同志为核心的党中央坚持从发展中国特色社会主义、实现中华民族伟大复兴中国梦的战略高度,系统部署和全面推进网络安全和信息化工作。习近平多次发表关于网络安全和信息化的重要论述。

(1)推动媒体融合向纵深发展,巩固全党全国人民共同思想基础(2019年1月25日,中共中央政治局就全媒体时代和媒体融合发展举行第十二次集体学习,中共中央总书记习近平主持学习并发表重要讲话)。

(2)世界各国虽然国情不同、互联网发展阶段不同、面临的现实挑战不同，但推动数字经济发展的愿望相同、应对网络安全挑战的利益相同、加强网络空间治理的需求相同。各国应该深化务实合作，以共进为动力、以共赢为目标，走出一条互信共治之路，让网络空间命运共同体更具生机活力(2018年11月7日，习近平向第五届世界互联网大会致贺信)。

(3)加强领导、做好规划、明确任务、夯实基础，推动我国新一代人工智能健康发展(习近平主持中共中央政治局第九次集体学习时的讲话)。

习近平强调，人工智能是新一轮科技革命和产业变革的重要驱动力量，加快发展新一代人工智能是事关我国能否抓住新一轮科技革命和产业变革机遇的战略问题。

(4)敏锐抓住信息化发展历史机遇，自主创新推进网络强国建设(2018年4月21日，习近平在全国网络安全和信息化工作会议上的讲话)。

习近平强调，信息化为中华民族带来了千载难逢的机遇。我们必须敏锐抓住信息化发展的历史机遇，加强网上正面宣传，维护网络安全，推动信息领域核心技术突破，发挥信息化对经济社会发展的引领作用，加强网信领域军民融合，主动参与网络空间国际治理进程，自主创新推进网络强国建设，为决胜全面建成小康社会、夺取新时代中国特色社会主义伟大胜利、实现中华民族伟大复兴的中国梦作出新的贡献。

(5)实施国家大数据战略，加快建设数字中国(2017年12月8日，习近平在主持中共中央政治局第二次集体学习时的讲话)。

大数据发展日新月异，我们应该审时度势、精心谋划、超前布局、力争主动，深入了解大数据发展现状和趋势及其对经济社会发展的影响，分析我国大数据发展取得的成绩和存在的问题，推动实施国家大数据战略，加快完善数字基础设施，推进数据资源整合和开放共享，保障数据安全，加快建设数字中国，更好服务我国经济社会发展和人民生活改善。

(6)尊重网络主权、发扬伙伴精神，共同搭乘互联网和数字经济发展的快车(2017年12月3日，习近平致信祝贺第四届世界互联网大会)。

(7)集思广益增进共识加强合作，让互联网更好造福人类(2016年11月16日上午，第三届世界互联网大会在浙江省乌镇开幕。国家主席习近平在开幕式上通过视频发表讲话)。

(8)加快推进网络信息技术自主创新，朝着建设网络强国目标不懈努力

(2016年10月9日,习近平主持中共中央政治局就实施网络强国战略进行第三十六次集体学习时的讲话)。

加快推进网络信息技术自主创新,加快数字经济对经济发展的推动,加快提高网络管理水平,加快增强网络空间安全防御能力,加快用网络信息技术推进社会治理,加快提升我国对网络空间的国际话语权和规则制定权,朝着建设网络强国目标不懈努力。

(9)习近平总书记在网络安全和信息化工作座谈会上的讲话(2016年4月19日)。

二、第二部分:网络信息的社会功能(专题讲授、案例讨论)

思政目标:引导学生具体认识网络信息的社会功能以及实现条件,明确网络信息管理的要求。

1. 信息的科学功能

信息的内容常含有知识,信息传播实际上是知识的传播和扩散,能提高科学劳动水平和社会生产力。信息活动伴随着人类知识的产生、发展的活动和过程。知识含量、知识可达性、"好"知识和"坏"知识等因素影响信息的科学功能的实现。信息记载、积累、存储和交流是科学技术赖以发展的基础。(思考:网络上信息是否实现了科学记录、传播和服务功能?)

2. 信息的经济功能

信息的经济功能指信息在社会生产中的资源配置功能、效益放大功能。信息的内容含有新的科学技术,是第一生产力的基本要素。信息在社会生产过程中发挥着降低劳动力、原料、财力和动力等资源的消耗,提高经济效益等作用。同时,信息本身也是一种资源,比如经济基本信息数据、银行业务数据、电信应用数据等。(思考:哪些社会生产要素最容易受网络信息影响?)

3. 信息的社会协调功能

信息本身是社会交流的产物,在交流中实现社会的整合;信息是舆论的表现形式,是社情民意的存在方式;信息具有协调社会关系、动员社会资源、实施舆论监督的功能。这些功能的实现主要依赖于信息的传播。信息的社会协调功能还表现在信息媒体对于社会各种违法违规或者不负责任的行为的监督上,体现在传播媒介对于受灾群众或者社会弱势群体的报道和保护上。(思考:社会需要协调的根本原因是资源与需求之间存在差异,那么网络信息在社会协调中如何发挥作用?)

三、第三部分：学习评价

设置课堂讨论与课后作业，一方面帮助学生巩固所掌握的知识内容，另一方面进一步加深学生对网络信息管理的理解，培养学生的社会责任感。

评估步骤	评估目标	评估内容
课堂讨论	教师根据课程内容出讨论题，学生根据选题的内容进行开放式讨论	(1)社会需要协调的根本原因是：资源(产品)与需求(期望)之间存在差异。网络信息在社会协调中如何发挥作用？ (2)网络舆论是一个或者多个社会群体或集团的意见的反映，人工智能参与网络信息生产和传播后，会带来什么问题？ (3)网络游戏为何总是被人人"喊打"？
课后作业	结合教师线上课程与线下教学的情况，将所学习的网络信息知识转化为学生个人创新实践能力	(1)信息成为环境的标志是什么？信息成为环境意味着什么？ (2)是网络使信息成为环境了吗？ (3)如何解释网络倦怠、网络茧房、网络焦虑现象？ (4)从信息管理角度看，超过规模信息如何有效、安全存储和取出？

特色与创新点

(1)具有较强的时代感和历史意义。让学生了解到信息化为中华民族带来了千载难逢的发展机遇，网络信息管理是信息化过程中的重要组成部分，网络信息管理是信息发展和信息安全的支撑。

(2)课程内容紧跟互联网行业发展前沿，理论与实践密切结合。通过扎实的理论、独到的观念和系统的案例，开拓学生认识信息化、大数据、人工智能和网络安全的新视野，培养其反思能力及应用能力。

(3)注重价值观和知识素养的培养。充分挖掘蕴含于课程中的显性及隐性思政资源，让学生认识到网络信息管理的重要性，以此增强学生对教学内容的价值认同和学习主动性。

效果体现

(1)通过"线下课程教学＋专题讲座＋课堂讨论＋课后作业"，提升学生的学习体验。从学生课堂讨论、课后作业的实施情况来看，学生能积极参与话题讨论,有自己独立的思考和见解。

(2)通过课堂讨论等活动,学生的学习热情得到激发,能够将学习到的网络信息管理知识和能力应用到专业实践中。

课程负责人:陈少华 副教授

"新媒体应用模式创新设计"课程思政案例

主讲教师:李卫东

章节名称

第二章 网络与新媒体概述　第二节 新媒体应用模式创新设计的基本原则

课程目标

一、知识目标

了解智能新媒体时代智能新媒体的概念、发展趋势以及革命性影响,了解信息获取、电子商务、互动交流和网络娱乐四类一级应用模式的基本概念、发展现状,学习一级应用模式所包含的原子应用模式的基本原理和运营战略。

二、能力目标

培养应用模式创新设计能力,掌握和了解网络与新媒体的各种应用模式原理和发展全貌,培养新型应用模式创新设计能力、运营管理能力及战略规划能力,使自身更加符合网络与新媒体业界对创新能力和实践能力的要求。

三、价值目标

实现"知识传授"和"价值引领"相结合,牢记新媒体创新设计和产品运营中必须坚守的原则和底线。

教学内容

一、参考教材

李卫东,《网络与新媒体应用模式——创新设计及运营战略视角》,北京:高等教育出版社,2015年。

李卫东,《智能新媒体》,北京:人民邮电出版社,2021年。

二、教学方法

案例教学、小组讨论、实践任务开展。

三、教学学时

2学时。

四、主要内容

新媒体应用模式创新设计课程思政建设遵循教学过程的基本规律,课程坚持"知识、能力、素质、价值"四位一体的专业人才培养要求,将培养"网络与新媒体应用模式创新设计能力"作为贯穿课程始终的"一根红线",引导学生主动参与思政元素与教学内容的智慧生产,充分挖掘蕴含于课程中的显性及隐性思政资源。详细讲述各级应用模式所包含的原子应用模式的基本原理和运营战略,以期让学生全面掌握和了解网络与新媒体的各种应用模式的原理和发展全貌。

在课程思政的建设中要保障思政元素的实效性、亲和力和价值性,让课程思政的效果落到实处,例如引导学生既要遵循"以用户为中心",也要坚守"道德良知底线"。

思政素材

据2018年10月10日发布的全球公共数据泄露数据库——数据泄露水平指数(Breach Level Index)的最新调查结果显示,自2013年该指数开始对公开披露的数据泄露进行基准测试以来,近150亿条数据记录被泄露;2018年上半年发生了945次数据泄露事件,导致全球45亿条数据记录受到侵害;社交网络平台的数据泄露事件占被泄露记录的56%以上;个人身份盗用仍然是主要的数据泄露类型;脸书和推特大量的用户数据泄露,使得社交网络平台成为泄露记录数量最多的行业(56%),两家公司分别有22亿和3.36亿条信息被泄露。

思政元素

思政主题	思政元素
社会责任	坚守法律底线
	坚守道德良知
	兼顾商业利益和社会利益
	坚守赚钱有道
	自觉维护国家网络安全
以用户为中心	保护个人数据安全
	保护个人隐私
	不滥用个人数据
	不泄露个人数据

教学安排

一、导入（专题讲授、案例讨论）

以用户为中心就是指在网络应用模式的设计中把用户的诉求和感受摆在第一位。具体来说，以用户为中心的原则是指在设计中将人的利益和需求作为考虑一切问题的最基本的出发点，并以此作为衡量活动结果的尺度。创业团队在设计一种新型应用模式时，首先要瞄准一个用户需求作为功能开发重点和应优先满足的对象，这个需求就是用户对应用模式的核心需求。核心需求处于应用模式满足用户的所有需求的中心位置，也是用户关注的重点。如果新的应用模式能够找到一种比其他应用模式更优的全新方式满足用户的核心需求，那么就有机会开拓一个全新的领域，并取得竞争上的先发优势。在互联网行业，这点表现得尤为明显，每个领域都会不断出现新的应用模式，它们以全新的方式满足已有应用模式正在满足的用户需求。从众多互联网企业的成功实践来看，选准用户的核心需求，把握"人性"的真实需求且设法予以满足，进而挖掘更多的用户价值是其成功的重要策略。

以用户为中心不仅是网络应用模式设计的基本原则，也是总体战略制定、网络应用系统分析与设计、网络应用系统开发与实施的基本原则。在广义上来讲，以用户为中心作为一种思想，就是在进行产品设计、开发、维护时从用户的需求和用户的感受出发,以用户为中心进行产品设计、开发及维护,而不是让用户去适应产品。

但在倡导以用户为中心的设计原则的同时,更要强调"兼顾社会利益,履行社会责任"的重要性。

二、保护个人隐私:留住用户的底线(专题讲授、案例讨论)

个人数据是最重要个人资产之一,关乎公民个人的隐私、财产和生命安全。个人数据又对互联网经济特别是人工智能应用具有重要价值,个人数据被视为数字经济的"油",是智能涌现的源泉,已经成为各类智能新媒体争相抢夺的重要战略资源。在人工智能环境下,各类智能新媒体能集聚海量的个人数据,但这些个人数据的安全较难得到有效保障,个人数据泄露和滥用事件频发。

拓展案例:脸书的用户数据泄露案。

互联网诞生以来,个人隐私保护的话题不绝于耳,侵犯个人隐私的事件也时有发生。对用户来说,个人隐私能否得到有效保护是其是否选择使用一种网络应用的重要考量;对应用提供商来说,如果其要求用户提交很多隐私数据,但又拒绝承诺用户的数据永久不会泄露的话,就很难做到可持续发展。关键问题是在智能新媒体的应用模式设计中如何体现保护个人隐私的原则。

也许有人认为,个人隐私保护主要是依赖于应用系统的安全防护技术,与智能新媒体应用模式的设计并无直接关系。其实,在一种应用中的用户管理模式设计中贯彻个人隐私保护原则,在一定程度上,是解决个人隐私隐患的重要起点。例如,一种智能新媒体应用需要向用户提供什么样的智能服务,为了实现智能服务,智能新媒体需要采集用户的哪些隐私数据,应该有非常严格的限制,数据采集的范围应该以满足实际的应用需求为准则。换言之,采集哪些数据,如何采集,被采集数据的保存周期多长,如何使用这些数据,以及如何获得用户的采集授权等问题都应该有严格的规定。对于智能新媒体运营商来说,在应用模式建构、应用产品设计、应用系统开发和应用产品运营维护等各个环节都必须重视个人隐私保护,这样才能赢得用户的喜爱和社会的欢迎。

另外,保护个人隐私,不仅是智能新媒体自身发展问题,也是一个非常重要的社会问题。对于国家和政府来说,需要制定和完善有关的法律和政策,运用法治手段促使应用提供商承担起应有的社会责任。欧洲联盟《通用数据保护条例》于2018年5月25日在全体成员国正式生效,这部条例对信息技术

(IT)企业保护用户隐私的责任规范空前严格:任何机构获取用户个人数据,必须征得用户个人"明确同意";消费者对"本人隐私数据由谁处理、作何用途"有知情权;用户可行使"被遗忘权利",删除网络上的个人隐私数据。

三、兼顾社会效益与商业利益:"赚钱有道"是长久之计

智能新媒体产品的运营必须兼顾社会效益与商业利益,不能单纯地追求商业利益。在设计应用模式的战略定位、服务模式、盈利模式和用户管理模式中,要始终贯彻兼顾社会效益与商业利益的原则,二者不可偏废。换言之,应用模式本身的设计中就要充分考虑在该应用推向市场之后,如何产生相应的社会效益,也即智能新媒体运营商应该承担一定的社会责任。智能新媒体运营商的社会责任是指智能新媒体运营商根据一定的道德法则和法律规范所应履行的相应职责,包括常规状态下应尽的基本责任,以及出现问题以后应该追究的责任。在操作层面上,一般从信息生产、教育大众、文化传承、提供娱乐和协调关系等五个维度进行考量。或者说,智能新媒体应用模式在实现特定服务功能的同时,应该兼具信息生产、教育大众、文化传承、提供娱乐和协调关系等社会功能。

例如,某儿童网游自我设定规矩,以"健康、快乐、创造、分享"为主题,游戏内容基本做到绿色环保,视听感受相对舒缓愉悦,游戏环节设计丰富益智。它在国内首创为儿童定制限时开放策略;控制上网时间,防止儿童沉迷;强大信息过滤器阻拦不良信息;开设禁言服务专区;严格的实时监控机制;便捷的举报投诉措施。这些都为儿童安全上网提供了一个相对绿色健康的空间。因此,该网游深受家长与孩子的欢迎,其在积极应对同质化竞争,坚守社会责任的同时,也获得了极大的经济效益。

从更广泛的意义来看,智能新媒体正逐步成为新型的社会整合平台,扮演着推动建立智能社会的重要功能。只有当智能新媒体自身健康发展时,才能真正推动社会的发展和进步。

特色与创新点

一、培养目标特色

以培养应用产品的创新设计人才为目标。教师结合自己6年互联网创业实践经历(Web 2.0 的早期创业实践者之一),提出"网络与新媒体专业应以培

养新媒体应用的创新设计人才为目标",能否将一款应用产品从无到有设计出来,才是更重要的实践能力。网络与新媒体专业应该成为"设计师的摇篮",应该致力于培养新型新媒体应用的提出者、创造者和搭建者。

二、课程设置特色

创造性地按照应用产品研发的生命周期设置课程。按照"概念设计"和"详细设计"两个应用产品研发的关键环节设置相应的课程,能让课程学习和设计实践紧紧相扣,将实践课程与理论教学结合,加强课程设计、强化价值引导,注重学思结合、知行统一,紧跟媒介前沿的发展变化,增强学生的创新主体意识,激发学生的创新热情。

三、课程理念特色

注重培养学生的家国情怀和社会责任感,引导学生触摸社会脉搏,了解中国国情,自觉使用马克思主义新闻观思考当前国际国内问题,立足新形势,回应新问题,这是有效的思想教育、人生教育手段,同时也为课程注入了温度,使课程提升了高度。精心部署实践环节,发挥应用产品的创新设计的思政功能,引导学生科学看待技术发展,遵循舆论工作规律,让学生在课程学习中得到全方位的锻炼。

效果体现

"新媒体应用模式创新设计"课程深挖新闻传播专业课程的育人元素、育人内涵和育人功能,增强学生思考能力、开阔学生胸襟、激发学生家国情怀,将思想教育、情感教育和职业教育齐抓共举,培养能够不断适应媒体变化的应用产品的创新设计人才。培养具有坚定正确的政治方向,具有扎实的新闻传播理论基础、现代人职业素养,具有社会责任感、较高的综合素质的新媒体应用创新设计人才。思政课教师主讲的"思政课程"与专业课教师主导的"课程思政"相互配合、同向同行、共同发力,形成强大的教育合力。不断强化思想引领和价值塑造,构建思想政治教育、职业道德教育、专业知识教育"三位一体"的应用产品的创新设计育人体系。

课程负责人:李卫东 教授

"人工智能与数据科学"课程思政案例

主讲教师：王 然

章节名称

第三章 人工智能的典型算法　第四节 信息推荐技术的基本原理与应用

课程目标

一、知识目标

理解信息推荐的基本内涵、技术原理和应用价值，并站在我国主流价值观传播的角度思考信息推荐技术发展带来的现实问题及其解决路径。

二、能力目标

掌握信息推荐技术的算法逻辑和流程；分析目前我国主流价值观传播过程中存在的问题；从政策环境、平台建设、算法优化等多角度提出建设性意见。

三、价值目标

认识、理解并认同社会主义核心价值体系；通过马克思主义新闻观判断、识别信息的社会价值；诠释新时代新闻人的"铁肩担道义，妙手著文章"。

教学内容

一、教学原则

1. 尊重课程思政教学的基本规律

一是强化教学策略的引领，将社会主义核心价值观融入教学，注重"术"与"道"相结合，系统设计德育递进路径，并将其固化于教学大纲中；二是丰富学生评价的维度，从单一的课程学习效果的专业维度，向社会责任、人文素养、职业胜任等多维度延伸。

2. 保证课程知识体系的完整

课程思政与本课程的融合,并不是生搬硬套的临时拼凑,更不是对"人工智能与数据科学"课程知识体系的破坏,而应是将技术与思政巧妙地结合起来,让学生系统性掌握完整的技术知识的同时,对其背后的思政逻辑、原因和目的也能有深刻的理解和认识。

3. 提升思政元素实效性和价值性

课程思政的效果要想落到实处,就须在课程思政的建设中保障思政元素的实效性和价值性。为此,本门课程注意教学案例的选择与学生的生活贴近,与他们所处的时代贴近,能使学生产生共鸣甚至共情,并感受到案例背后的思想情感和深刻道理。

二、教学重难点

(1) 信息推荐算法的类型和原理。

(2) 信息推荐算法带来的科学问题和社会问题。

(3) 如何从政策、平台、个人和算法层面解决或缓解这些问题。

三、教学方法

案例教学、小组讨论、训练实践。

四、教学学时

2学时。

五、参考教材

杨正洪、郭良越、刘玮,《人工智能与大数据技术导论》,北京:清华大学出版社,2018年。

六、主要内容

本次课程将沿着理解科学方法、找出社会问题、提出有效建议的思路讲授,其主要内容包括以下三个部分。

第一,从自然科学的角度认识和理解信息推荐技术:介绍信息推荐技术的概念、分类与应用;基于用户、内容和协同过滤三种信息推荐算法的基本原理。

第二,从社会科学的角度认识和理解信息推荐技术:技术是一把双刃剑,它既为生活带来便利,但同时为人们接受、认识和理解信息带来了新的问题。

第三,从自然科学和社会科学两方面改进信息推荐技术:一方面通过植入价值观的方式改进算法；另一方面从环境、平台和个人等角度提出一些建设性意见。

思政素材

"人工智能与数据科学"课程思政的核心内容是社会主义核心价值观、精益求精的"工匠精神"以及华中科技大学校训"明德厚学，求是创新"。"人工智能与数据科学"的理论知识与思政元素存在着诸多"融点"，譬如：在信息推荐系统及其相关的技术发展过程中，我国科学家所付出的巨大努力以及近年来所取得的辉煌成绩；在技术公关的系统设计中科学家、工程师们所体现出的精益求精的"工匠精神"和坚韧不拔的意志品质；社会主义核心价值观的内容意涵，以及为什么在新时期更需要弘扬和传播社会主义核心价值观。本次课程主要包括的思政主题及相应的素材如表1所示。

表1 "人工智能与数据科学"课程思政素材

思政主题	思政素材
社会主义核心价值观	富强、民主、文明、和谐
	自由、平等、公正、法治
	爱国、敬业、诚信、友善
"工匠精神"	精益
	专注
	创新
华中科技大学校训	明德厚学
	求是创新

社会主义核心价值观是社会主义核心价值体系的内核，体现社会主义核心价值体系的根本性质和基本特征，反映社会主义核心价值体系的丰富内涵和实践要求，是社会主义核心价值体系的高度凝练和集中表达。党的十八大以来，中央高度重视培育和践行社会主义核心价值观。习近平总书记多次作出重要论述、提出明确要求，他在党的十九大报告中指出，"要以培养担当民族复兴大任的时代新人为着眼点，强化教育引导、实践养成、制度保障，发挥社会主义核心价值观对国民教育、精神文明创建、精神文化产品创作生产传播的引领作用，把社会主义核心价值观融入社会发展各方面，转化为人们的情感认同和行为习惯"。在讲授目前信息推荐技术存在的社会问题时，以自媒体为例，

指出信息内容、质量参差不齐，以用户偏好为导向的算法推荐以博取最大点击量作为唯一的价值取向并不可取，引导学生深刻理解将社会主义核心价值观引入信息推荐技术的必要性。

"工匠精神"是一种职业精神，它是职业道德、职业能力、职业品质的体现，是从业者的一种职业价值取向和行为表现。"工匠精神"的基本内涵包括敬业、精益、专注、创新等方面的内容。落在个人层面，就是一种认真精神、敬业精神。我国的制造业存在大而不强、产品档次整体不高、自主创新能力较弱等现象，这要求我们更要发扬"工匠精神"。国务院总理李克强2016年3月5日作政府工作报告时说，鼓励企业开展个性化定制、柔性化生产，培育精益求精的"工匠精神"，增品种、提品质、创品牌。树立对职业敬畏、对工作执着、对产品负责的精神，极度注重细节，不断追求完美和极致给客户无可挑剔的体验。将一丝不苟、精益求精的"工匠精神"融入每一个环节，做出打动人心的一流产品。在讲授以信息推荐技术为核心的新闻产品时，分析今日头条App的信息推荐和界面设计细节，可以发现其无一不透露出平台对用户习惯及其行为的观察和熟悉，这些正是设计人员"工匠精神"的体现。

华中科技大学的校训是"明德厚学，求是创新"，充分体现出科学精神与人文关怀的融合。校训既饱含文化经典的古朴敦雅，又散发与时俱进的时代气息，凝聚着学校的精神与灵魂，更与社会主义核心价值观一脉相承。"明德"，意为彰明伦理，完善品德。"厚学"，意为崇尚知识，学问渊博。提倡"明德厚学"，就是把涵养人文素质、培育道德品格、造就责任担当放在办学育人的首要位置。"求是"，实事求是是我们党的思想路线。"创新"，意为与时俱进，追求新高。提倡"求是创新"，就是要前瞻国家和社会需求，为国家现代化提供源源不断的智力支撑，引领社会进步。在讲授如何将社会主义核心价值观根植于目前的信息推荐系统时，要求学生创新性地思考如何提炼和量化社会主义核心价值观的主要内容，并从外部环境和内部算法等多角度来优化信息推荐系统。

思政元素

本课程思政坚持新时期如何更好地传递社会主义核心价值观的思想意涵，培养学生的大局意识、家国情怀、逻辑思维、意志品质，构建并传播国家形象的理念。因此，我们要充分挖掘提炼信息推荐这一技术性教学内容中的思政元素。

(1) 从数据、算法的角度出发,让学生了解知识形成发展的脉络和逻辑,以及我国在这方面所做出的卓越贡献,激发学生的爱国热情和求知欲望。

(2) 关注信息推荐系统所带来的社会问题,融合人文社科知识,希望学生能够从中体会自身肩负的社会责任和历史担当,而不仅仅局限于"独善其身"。

(3) 借助学习到的专业知识,依托相关的实际案例,将专业知识与思政元素相结合,让学生认识和理解何为正确的价值观,以及如何将其与技术有机结合。

教学安排

本次课程的流程主要包含课程导入、技术解构、问题分析和对策建议四个部分,下面将分而述之。

一、课程导入(背景知识介绍,技术产品体验,15分钟)

(1) 背景知识介绍:新闻生态系统中平台媒体的崛起,其中重要的动力来源于信息推荐技术,在这一技术的驱动下,信息的分发和流转方式发生了巨大的变化,极大便利和丰富了人们的精神生活和资讯需求。在这一过程中,向学生介绍在信息技术进步和产业发展中所涌现的关键人物和我国所取得的丰硕成果,从而激发学生们的家国情怀、爱国热情、求知欲望以及学习动力。

(2) 技术产品体验:今日头条这样的聚合媒体发展迅猛,它能够为用户推荐有价值和个性化的信息,是国内移动互联网领域成长最快的产品之一,在国外,TikTok这样的社交媒体也取得了令人瞩目的成绩。因此,我们在课堂上让学生根据某一主题不断地浏览相关内容,仔细观察今日头条、抖音推荐信息的规律,并体验该产品设计时的思路和细节。通过这种方式,一方面可以展示我国新闻信息行业的发展成果,增强学生高质量发展的意识,激励学生敢为人先的奋斗精神,培养社会责任感;另一方面通过对这些技术产品的体验,将"工匠精神"通过看得见摸得着的产品具象化,实现入脑入心。

二、技术解构(算法推荐的内在逻辑,推荐算法的技术原理,30分钟)

(1) 算法推荐的内在逻辑:算法推荐的出现让"人找信息"变为"信息找人",海量信息的价值从编辑判断变为机器判断,信息用户成了算法设计的核心价值,而"把关人"的角色则交给了算法。在这场信息革命中,大量的互联网公司和优秀的互联网产品让许多传统发生了"颠覆"性的变化,这些产品背后一个非常重要的驱动力就是创新精神,特别是年轻人的创新精神,作为网络原住民的学生,有更强的好奇心和求知欲,理应做出更多更好的产品,让我们国家的老百姓能够从中真正获益。

(2)推荐算法的技术原理:目前,除了以点击率、阅读量、转发量、评论数和点赞数为基础的推荐算法外,还有一些比较常用的推荐算法,即基于内容的推荐和基于用户的协同过滤推荐,前者主要根据用户的浏览记录进行推荐,后者主要根据"兴趣相投"的关联假设进行推荐。其中既有个体的特殊性,也有群体的普遍性,教育学生要用辩证的思维看待问题:矛盾无处不在,无时不有,要学会具体问题具体分析。只有在中国共产党的领导下,立足于中国国情,从中国的实际出发,走中国特色社会主义道路,抓住"中国特色"这个特殊性和"社会主义"这个普遍性,才能实现国家富强、民族振兴、人民幸福。此外,也要让学生明白,科技是第一生产力,人工智能作为一个关键技术,会影响一个国家的地位和国际竞争力。青年人是实现中华民族伟大复兴中国梦的中坚力量,是社会主义现代化建设事业的动力源泉和生力军,要更加关注科技的发展趋向。

三、问题分析(个体层面存在的问题,价值层面存在的问题,25分钟)

(1)在个体层面:"你关心的,才是头条",用于概括当前信息精准推送的核心算法逻辑十分恰切。但问题在于在这样的信息环境下,人们所表现出来的信息需求,常常是猎奇心重,对低俗内容较为敏感,这类低质量信息往往点击量较高。对公众趣味的过度迎合,会造成虚假和低俗信息的快速传播。显然,当前算法考虑了个体的时效性、接近性和协同性特点,但并未考虑信息的重要性。在这里,应强调我们的教育要培养学生的完整人格,引导学生摆脱低级趣味的信息枷锁和茧房效应,在平常的学习和生活中提升自己的人文素质,培育道德品格,造就责任担当。

(2)在价值层面:无论是在传播学还是信息管理学领域,都较为推崇香农所提出的"信息是用来消除随机不确定性的东西"这一观点。而霍顿则把信息定义为:通过加工处理数据,来为用户决策提供依据,使之得到满足。归根结底,信息主要是为用户提供辅助,帮助其作出正确判断和决策。信息的价值、重要性等取决于其对个人、社会决策的价值和影响。倘若信息精准推送没有社会主流价值观引领,会导致信息个人化情况的出现,很难形成社会共识。依托算法工具实现主流价值观,能够消除这种不良影响。在这里,课程将向学生重点介绍社会主义核心价值观的概念和意涵,以及它与新闻传播的密切关联。

四、对策建议(算法层面的优化改进,外部环境的对策建议,20分钟)

(1)算法层面:让有技术背景的学生以小组为单位讨论主流价值观算法实现需要考虑的因素,以及如何将其量化并加入已以有信息推荐算法模型。例如,将信息的重要程度、信息的质量、信息的主流价值评估等量化为数值型变量,而后通过标记样本送入机器学习模型进行训练。在这一过程中,不仅可以使学生对课程中讲过的推荐系统知识进行举一反三,还可以培养学生发现问题,并创新性地解决问题的能力。作为文工交叉、应用见长的学院,我们更应培养学生求是创新的科学态度和工程能力。

(2)外部环境:让有新闻背景的学生以小组为单位讨论主流价值观算法落地实现的外部环境因素,以及有何具体的对策和建议。例如,首先,网络并非法外之地,应制定相关的法律法规,约束平台和个人不当的网络言论,营造健康向上的网络生态;其次,平台应该担起责任,在算法的运用中注入正确的价值导向,加强算法对主流价值内容的分发;最后,意见领袖的作用不可忽视,平台可以塑造网络意见领袖,通过人工编辑的引导与算法的推送,强化主流舆论,利用粉丝间的黏性,实现对广大用户的价值引导。习近平总书记强调,"探索将人工智能运用在新闻采集、生产、分发、接受、反馈中,用主流价值导向驾驭'算法',全面提高舆论引导能力"。习近平总书记的话为算法推荐技术的运用指明了道路方向。

特色与创新点

(1)课程内容紧跟行业发展,聚焦学术前沿,理论与实践密切结合,以我国在信息推荐领域所取得的成就为引导,开拓学生的视野,增强学生的文化自信。通过讲授新鲜的知识、扎实的理论、丰富的案例和独到的观念,开拓学生在人工智能与数据科学领域的新视野,将艰深的科学理论通俗化,提升课程的趣味性,将学生引入时代场景中分析和研判问题,培养其反思和应用能力,形成历史的责任担当。

(2)注重学生价值观和知识素养的培养,加强专业理论教育与思政教育的深度融合,做到两者相辅相成,互为促进。充分挖掘蕴含于课程内容中的显性及隐性思政资源,引导学生牢固树立社会主义核心价值观,丰富学生看待客观事物的维度,增强他们的哲学思考能力,从而促进他们更好地探索和思考客观事物的本质。因此,结合专业知识,做好思政教育,能够有效增强专业理论教育的效果,也可以增强学生对教学内容的价值认同。

效果体现

(1)从学生课堂讨论、课后测试、实践任务的情况来看,学生能积极参与课堂案例的分析,参与话题讨论,有自己独立的思考和见解,能够理解当下的专业学习、技术发展与个人发展的内在逻辑与发展趋势,同时增强了对社会主义核心价值观、"工匠精神"、华中科技大学校训的认同感,以及社会责任感,也掌握了相关知识和技能。

(2)通过专题讲座、小组组会等方式增强知识黏度和深度,激发学生的学习和探索的热情。学生将学习到的技能融入学科竞赛中。学生组队参与国家级/省级大学生创新创业项目,同时先后获得中国数据新闻大赛、中国统计建模大赛,以及人工智能与未来媒体大赛的重要奖项,达到了引导学生进行探究式与个性化学习的目的。

(3)教学相长,在学生成长的同时教师也得到了锻炼和成长,积累了丰富的学生工作经验,获得了校青年教师教学竞赛二等奖、年度优秀班主任的称号。在这一过程中,教师也加深了对课程思政目标、内容、核心的认识和理解,也明确了今后教学改进的方向。

课程负责人:王然 讲师

"新媒体运营"课程思政案例

主讲教师:王一鸣

章节名称

第四章 新媒体内容运营

课程目标

一、知识目标

掌握当今新媒体领域最新行业动向、新媒体发展演变规律、个人或组织从事新媒体市场化运营管理的基本知识。

二、能力目标

重点培养战略思维、全局意识、媒介素养和内容创意、产品开发、营销策划、活动组织能力。

三、价值目标

使自身的各项知识和能力适应当今信息社会和媒体格局的发展变化,为建设习近平总书记提出的新时代全程媒体、全息媒体、全员媒体、全效媒体作出贡献。

教学内容

一、课程导入

回顾上一讲的知识点,以提问导入——现在是 UGC 的时代,内容由用户而不是平台或者企业生产,所以内容运营已经没有意义?——引导学生思考新媒体的内容生产机制、内容把关原则和内容运营策略。

二、内容运营的核心地位和基本原则

创意是一切产品开发的基础,是新媒体运营的源头,是新媒体产品运营、用户运营、活动运营等模块的前置环节,具有核心地位。

三、内容运营的主要内容

其包括以下四个方面。①源:内容从哪里来?生产者是谁?如何生产?②流:内容以什么方式分发?以什么逻辑和用户见面?③形:表现形式是文字、图片、视频、音频,还是其他?④调:调性是什么?特点是什么?定位是什么?

四、内容运营的基本流程

(1)选题策划:新媒体的选题来源;优质选题的评判标准;如何看待"标题党"。

(2)内容策划:内容定位、用户定位;STP战略;内容调性塑造的一般过程和方法。

(3)形式创意:好的内容需要好的表现形式,好的形式创意需要与内容类型相匹配。

(4)素材整理:微信公众号、抖音短视频等平台素材整理工具。

(5)内容编辑:新媒体文案写作。

(6)内容传播:全媒体传播矩阵;今日头条、抖音等平台的内容推送机制和算法模型;内容传播的时间策略和推送技巧。

思政素材

(1)习近平总书记在2016年2月党的新闻舆论工作座谈会上的重要讲话:"党的新闻舆论工作是党的一项重要工作,是治国理政、定国安邦的大事,要适应国内外形势发展,从党的工作全局出发把握定位,坚持党的领导,坚持正确政治方向,坚持以人民为中心的工作导向,尊重新闻传播规律,创新方法手段,切实提高党的新闻舆论传播力、引导力、影响力、公信力。"

(2)习近平总书记在2018年8月全国宣传思想工作会议上的重要讲话:"坚持提高新闻舆论传播力、引导力、影响力、公信力,坚持以人民为中心的创作导向,坚持营造风清气正的网络空间,坚持讲好中国故事、传播好中国声音。""必须科学认识网络传播规律,提高用网治网水平,使互联网这个最大变量变成事业发展的最大增量。"

(3)习近平总书记在2019年2月中共中央政治局就全媒体时代和媒体融合发展第十二次集体学习上的重要讲话:"全媒体不断发展,出现了全程媒体、全息媒体、全员媒体、全效媒体,信息无处不在、无所不及、无人不用,导致舆论生态、媒体格局、传播方式发生深刻变化,新闻舆论工作面临新的挑战。""要增强紧迫感和使命感,推动关键核心技术自主创新不断实现突破,探索将人工智能运用在新闻采集、生产、分发、接收、反馈中,用主流价值导向驾驭'算法',全面提高舆论引导能力。推动媒体融合发展,要统筹处理好传统媒体和新兴媒体、中央媒体和地方媒体、主流媒体和商业平台、大众化媒体和专业性媒体的关系,不能搞'一刀切'、'一个样'。要形成资源集约、结构合理、差异发展、协同高效的全媒体传播体系。没有规矩不成方圆。无论什么形式的媒体,无论网上还是网下,无论大屏还是小屏,都没有法外之地、舆论飞地。主管部门要履行好监管责任,依法加强新兴媒体管理,使我们的网络空间更加清朗。"

(4)国家互联网信息办公室2019年12月发布的《网络信息内容生态治理规定》。

(5)国家互联网信息办公室、工业和信息化部、公安部、国家市场监督管理总局2021年12月联合发布的《互联网信息服务算法推荐管理规定》。

思政元素

学习习近平总书记系列讲话精神,结合国家有关新媒体领域的政策法规,在授课过程中将微观层面的新媒体运营方式和策略与宏观层面的媒体生态格局变化联系起来,以解决当前全媒体发展中面临的主要问题为主线,贯彻立德树人、问题意识、创新导向的教学理念,设置如下思政元素。

(1)新媒体时代新闻传播格局的深刻变化。
(2)网络"标题党"的出现。
(3)新媒体内容的低俗化、庸俗化、媚俗化倾向。
(4)新媒体平台算法乱象:隐私泄露、大数据杀熟、信息茧房。

教学安排

一、课程导入部分

现在是UGC的时代,内容由用户而不是平台或者企业生产,所以内容运营已经没有意义?

思政要点:随着信息技术发展和"自媒体"时代的来临,人们由原先被动的内容接受者即受众转变为主动创造并分享内容的用户,内容生产机制和信息传播机制出现深刻变化。与此同时,互联网内容领域乱象频发,自媒体"把关人"的缺失导致虚假新闻、网络谣言层出不穷,从平台或者企业的角度,应当进行管理和引导。因此,新媒体时代内容运营不仅没有失去意义,而且其重要性愈加凸显。

二、内容运营的核心地位和基本原则

思政要点:内容是一切产品开发的基础,是新媒体运营的源头,只有在内容源头上坚持马克思主义新闻观、确保正确的舆论导向,才能保证在传播和运营层面不出现偏差。

三、内容运营的主要内容

思政要点:所谓好的选题就是制造对立、煽动情绪,然后一味讨好受众吗?如何看待"标题党"?引用《网络信息内容生态治理规定》对这些问题进行分析。

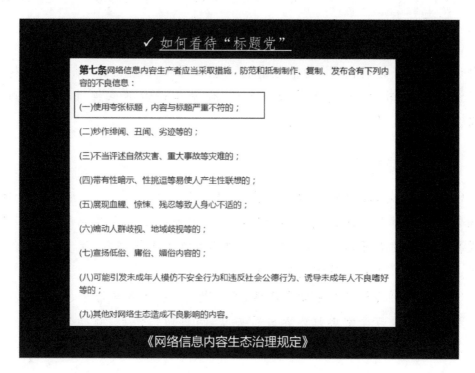

四、内容运营的基本流程

思政要点:如何看待新媒体时代的隐私泄露、数据滥用和大数据杀熟问题?《互联网信息服务算法推荐管理规定》规定,"算法推荐服务提供者不得将违法和不良信息关键词记入用户兴趣点或者作为用户标签并据以推送信息内容";"不得利用算法虚假注册账号、非法交易账号、操纵用户账号或者虚假点赞、评论、转发,不得利用算法屏蔽信息、过度推荐、操纵榜单或者检索结果排序、控制热搜或者精选等干预信息呈现,实施影响网络舆论或者规避监督管理行为";"不得根据消费者的偏好、交易习惯等特征,利用算法在交易价格等交易条件上实施不合理的差别待遇等违法行为"。

特色与创新点

(1)课程内容兼具理论性和实践性,以马克思主义新闻观为统领,穿插传播学、营销学、管理学等理论知识,同时联系社会热点、行业动向,剖析新媒体的内在发展规律。

(2)思政元素紧扣前沿性和问题导向,针对当前新媒体内容领域存在的若干问题,结合领导人重要讲话精神和相关政策,引导学生思考如何运用理论知识解决现实问题。

(3)教学方法与手段比较多元,首先以案例解析导入,用当前的社会热点事件调动学生兴趣,然后引导学生进行头脑风暴和小组讨论,辅以纸质材料、电子课件、应用软件、音视频等教学工具,使学生理解并掌握课程知识、思政要点。

效果体现

(1)课堂效果:通过将思政元素融入课堂教学的全过程,与理论知识点和新媒体领域的行业动向、社会热点相结合,一方面改变了学生对思政内容感到枯燥甚至抵触的心理,另一方面使理论和实践有了思想根基,课堂上学生发言踊跃、讨论热烈,总体上教学效果良好。

(2)课下效果:不少学生勤于思考、善于思考,主动将学习中、生活中、社会上的现象和问题与课堂思政内容进行关联,通过微信消息、到办公室咨询等方式与任课教师联系,尝试进行发散式、辩证式、批判性思考,取得了较好的延伸效果。

课程负责人:王一鸣 讲师

"游戏学导论"课程思政案例

主讲教师:熊　硕

章节名称

第二章　游戏与传播

课程目标

一、知识目标

理解游戏在传播学上的原理、内涵、历史发展、文化价值、传播特征,并站在时代发展角度思考全球游戏时代,我国面临的游戏文化输出机遇与挑战。

二、能力目标

掌握游戏传播模型,熟悉游戏的文化传播案例,能够通过游戏对国家形象文化价值与讲好中国故事提出建设性意见。

三、价值目标

培养人文意识、正确的游戏意识,树立家国情怀,牢记时代使命,做有理想、有追求、有担当、有作为、有品质、有修养的大学生。

教学内容

一、教学原则

1. 遵循教学过程的基本规律

"游戏学导论"的课程思政建设需要遵循教学过程的基本规律,游戏学教学离不开一定的社会政治经济的影响,游戏在近年来也成为我国重要的文化输出手段。游戏学教学有时代性,要引导学生主动参与思政元素与教学内容的智慧生产。

2. 坚持游戏学知识体系的完整性

思政教育与游戏学教育的融合,不是对原有完整体系的破坏,而是将思政的重要内容贯穿课程、把思政的相关内容融入其中,保障课程知识体系的系统性和完整性。

3. 注重游戏学导论课程思政教育的实效性

在课程思政的建设中要保障思政元素的实效性、亲和力和价值性,让课程思政的效果落到实处。例如,在介绍武汉形象传播内容时,结合光荣公司的《三国志14》问题,让学生认识到游戏具有宣传国家形象的作用,以此增强学生对学习这门课的价值认同,使学生具有更为深厚的社会关怀与家国情怀,积极投身中华民族伟大复兴的奋斗实践。

二、教学重难点

(1)游戏传播的内涵、历史、价值与社会影响。

(2)数字时代如何通过游戏传播构建国家形象,讲好中国故事。

三、教学方法

理论教学、案例教学、专题讲座、在线答疑、课堂讨论、研究项目、课外作业。

四、教学学时

2学时。

五、参考教材

熊硕,《游戏学导论》,https://www.bilibili.com/video/BV1ck4y1B7aX。

六、主要内容

"游戏学导论"是一门兼具时代性、政治性与实用性的课程。"游戏"这一人类社会普遍存在的交往形式,涉及社会学、心理学、传播学等多个研究领域,但"游戏研究"却长期被学界低估,其价值未得到充分的展现与运用。随着信息与传播新技术的发展,电子游戏以商业娱乐媒体的形态出现在人们的日常生活中,创造出巨大的商业与社会价值,其在构建国家形象、进行文化输出方面,也发挥出不可替代的重要作用,"游戏研究"的价值逐渐成为学界关注的焦点。

"游戏学导论"这门课一方面要让学生掌握游戏学的内涵、特点、价值等基础知识;另一方面也要让学生思考如何在新媒体时代发挥游戏传播的社会价值,如何通过游戏构建良好的国家形象,进而实现社会文化输出,增强我国的文化软实力。

思政素材

在理解游戏学内涵、价值与历史的基础上,如何在当今的数字时代运用游戏更好地传播中国文化是一个重要课题。近十多年来,我国通过一系列政策扶持,推动了游戏行业的健康发展。

(1) 2005年7月,我国文化部、工信部发布《关于网络游戏发展和管理的若干意见》,首次明确网络游戏享受软件产业优惠政策,重点支持网络游戏的创作和研发。

(2) 2007年3月,我国文化部、信息产业部发布《关于网络游戏发展和管理的若干意见》,表示支持网络游戏产业健康发展,使民族原创网络游戏产品尽快占据国内市场主导地位,打造一批具有中国风格和国际影响的民族原创网络游戏品牌。

(3) 2009年9月,我国国务院发布的《文化产业振兴规划》指出,动漫游戏企业是文化创意产业的重点发展对象之一,支持动漫、网络游戏等文化产品进入国际市场。

(4) 2017年,文化部在《文化部"十三五"时期文化产业发展规划》中表示,要培育一批具有品牌形象力和国际竞争力的骨干游戏企业,创作出一批内容健康向上、富有民族特色的游戏精品。

(5) 2019年5月,新闻出版广电总局发布《关于移动游戏出版服务管理的通知》,进一步明确移动游戏出版服务的管理规定以及具体流程。

随着信息技术的发展,近年来游戏形态逐渐丰富,游戏产业结构不断优化升级。不少游戏都蕴含着丰厚的文化内涵,在游戏世界中搭建起立体的国家形象,成功实现了跨文化输出。本课程将结合象棋的历史、《刺客信条》系列、《三国志13》《三国志14》《原神》、东京奥运会与《超级马里奥》进行游戏的文化传播分析。

思政元素

思政主题	思政元素
文化传播	游戏传播的历史
	中国象棋对越南的文化影响
	《刺客信条》系列所体现的文化内涵
	从三国说起,《三国志13》对武汉和湖北的形象宣传
	游戏的社会价值传播
	游戏中的理念与价值观
	中国文化通过游戏走出去的可能性讨论
文化输出	游戏的传播模型
	TCP与UDP
	游戏用户的特征
	东京奥运会的启示

教学安排

第一部分:导入(专题讲授、案例讨论)

阐释游戏传播的重要意义,让学生了解游戏传播战略发展情况,树立正确的价值导向。

(1)通过不同象棋游戏的案例,引出游戏传播概念,并将其与中国国家形象建设联系起来。

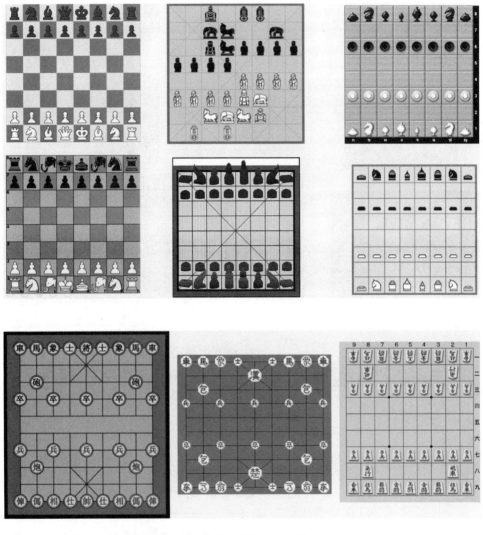

案例讨论：象棋的文化影响

(2) 了解《三国志》的历史。

《三国志》以《三国演义》为参照，剧情以及人物角色等设定都参考了小说。尽管玩家在游戏中可以改变游戏进程，但游戏在人物刻画时传达出了极具日式人物审美倾向的价值观，这种游戏中价值观和文化的投射，使得玩家在一定程度上增进了对日本人民性格的认知与接受。

通过对《三国志》这一案例的分析，使学生进一步了解游戏传播的意义，以及如何通过游戏实现文化传播，让中国文化真正走上世界的引领位置，树立起文化自信。

(3) 了解《刺客信条》系列中的文化内涵。

《刺客信条》每一帧都以真实的历史事件为背景,游戏场景的构建根据每个城市在战争中的不同处境设计了不同的美术风格,通过重现历史场景将人置身特定年代的背景之中,沉浸式参与真实发生过的历史事件。

《刺客信条》系列与历史事件的结合展现了国家的城市文化和历史发展进

程,在培育历史认同感和民族凝聚力方面发挥着不可忽视的作用。通过对《刺客信条》系列案例的分析,引出游戏传播与文化内涵之间的关系,引发学生讨论和思考应如何通过游戏传播文化。

第二部分:智媒时代游戏的传播特征(专题讲授、案例讨论)

(1)游戏的传播模型。

TCP的传播特点

- **主动**:要将游戏的传播进程从头到尾完整进行,就必须要求用户主动参与整个传播过程,换句话说用户的主动全程参与,是游戏传播的必要条件。游戏是一种主动行为,主动行为至表示至少不排斥游戏设计者所想表达的内容(被严肃游戏强制训练的另当别论),在这一点上,保证了对用户传播的稳定效果。

- **学习**:对于大部分的桌面游戏,体育游戏和硬核电子游戏,用户如果希望完整的将传播进程进行完毕,就必须要进行不断地学习。游戏也就因为学习性,会让用户更为强烈的记住设计者所想传播的知识点,最典型的就是历史类游戏,玩游戏的人比不玩游戏的人,更容易记住历史年表。

- **感同身受**:游戏整个过程需要用户参与其中,参与的过程很可能就会和游戏环境融在一起而感同身受,这也是为什么未来的游戏开始朝着VR化,AR化的方向迈进,甚至在游戏过程中模拟出痛感,触觉和环境气味。

(2)思考智媒时代我国传播的困境,以及在游戏这一传播形态下的解决路径。

过去,我国传统文化的传播形式主要以文字、视频等为主。而在网络游戏中,传统文化被符号化为网络游戏中的各种元素,如场景、角色、剧情等,网络游戏的接近真实的虚拟性,超越时空的特性,以及通俗易懂的特点,使得传统文化以更加多元、更易为大众所接受的方式而熟知。网络游戏在解决讲好中国故事所遭遇的传播困境方面,有其自身的独特优势。

思考

- 你有什么极其想表达的价值观，或者想宣传的内容？如果依靠游戏为媒介，你将如何表达？

- 自主选择观看或者阅读如下内容之一
  - 《红色警戒2》的全部过场动画（对比美苏国产的风格区别于人物塑造区别，更加了解游戏是一种传播媒介的意义）
    - https://www.bilibili.com/video/BV15W411P7q3
  - 关于巴黎圣母院和《刺客信条大革命》的相关事情（游戏是一种融合媒介艺术的意义）
    - https://www.bilibili.com/video/BV1fJ411M7xi?p=1
  - 如果没有玩过《隐形守护者》，可以玩一下；玩过的同学，思考下这种形态的媒介叙事，和与传统传播媒介（不仅仅是文字，包括电视电影这种传统媒介）的差异

- 这次不用交报告，自己想清楚就行，欢迎随时与我交流

特色与创新点

(1) 具有较强的时代感和历史意义。将课程教学和提升中国游戏传播与时代呼唤深度结合，不仅让学生了解在全球化时代建设游戏的重要现实意义，而且更进一步探究了游戏传播的全球化意义，全面培育学生对数字时代游戏传播的"知识素养""认知理解"和"高阶技能"。

(2) 课程内容紧跟行业发展前沿，理论与实践密切结合。通过扎实的理论、独到的观念和精彩的案例，开拓学生在数字时代建设游戏传播的新视野，提升了课程的趣味性，将学生引入情景中分析问题，培养其反思能力及应用能力。

(3) 注重价值观和知识素养的培养。充分挖掘蕴含于课程中的显性及隐性思政资源，培养学生的"家国情怀、国际视野"，提升学生传播中国国家形象的主动性。让学生认识到游戏能够宣传国家形象，以此增强学生对教学内容的价值认同。

效果体现

通过"课程教学＋课程视频＋专题讲座＋在线答疑＋研究项目"，提升学生的学习体验。从学生课堂讨论、课后测试、实践任务的情况来看，学生能积

极参与课堂案例的分析,参与话题讨论,有自己独立的思考和见解,能够理解当下游戏传播的内在逻辑与发展趋势,同时增强了游戏传播的社会责任感,掌握了相关知识技能。

课程负责人:熊硕 讲师

"数据挖掘"课程思政案例

主讲教师:徐　涵

章节名称

第六章　聚类分析

课程目标

一、知识目标

理解聚类的内涵、掌握 K-means 算法的原理以及优缺点。

二、能力目标

在理解聚类算法的基础上使用聚类的方法解决现实问题,提高思维能力。

三、价值目标

培养政治意识、大局意识、人文意识,树立家国情怀,牢记时代使命,做有理想、有追求、有担当、有作为、有品质、有修养的大学生。

"数据挖掘"课程思政目标见图1。

教学内容

一、教学原则

本课程作为新闻传播学类各专业的选修课,旨在使学生理解数据挖掘的基本流程,掌握数据挖掘的基本理论和技术,熟悉数据挖掘成果的显示;掌握数据挖掘的基本方法,能熟练地应用数据挖掘技术对现实数据进行有效的分析;结合相关统计软件从大量统计数据中获取有价值的信息,具备文工交叉的思维,树立科学的新闻观、人生观、价值观,同时结合专业树立强烈的责任感,塑造优良品格,深刻理解相关技术在新闻传播学科中的作用,从而更好地通过

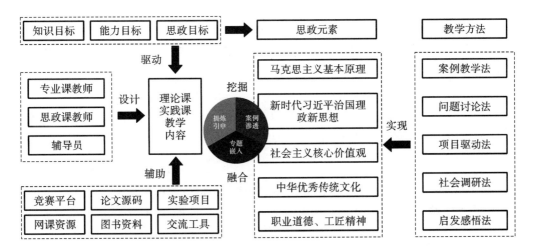

图 1 "数据挖掘"课程思政目标

学科交叉实现能力的提升。

将立德树人贯穿教学全过程,充分挖掘思政元素,将政治引领、价值塑造、知识传授、能力培养融为一体。在知识传授中适时联系当前时事热点、科技发展、国家需求。

数据挖掘实际是从数据现象中提炼出来的本质结论。这可以引导学生从唯物辩证法的基本范畴之现象与本质的基本概念和相互之间的辩证关系,加深对这一类理论知识的理解与应用,同时加强利用辩证思想思考和指导实际生活中的具体问题的能力。

借助实践项目,让学生沿着当年新闻前辈的研究路线,追寻有关的新闻人物,发现新闻线索,感受新闻前辈们的专业精神,帮助学生树立"用脚写新闻"和"勿忘人民"的职业理念。

二、教学重难点

(1)了解数据挖掘技术的整体概貌。
(2)了解数据挖掘技术的主要应用及当前的研究热点和发展方向。
(3)掌握最基本的概念、算法原理和技术方法。
(4)实现简单的数据挖掘算法编程,了解实现数据挖掘的具体操作。

三、教学方法

案例教学、小组讨论、上机实践。

四、教学学时

48学时。

五、参考教材

[美]Pang-Ning Tan,Michael Steinbach,Vipin Kumar,《数据挖掘导论》,范明、范宏建译,北京:人民邮电出版社,2010年。

六、主要内容

(1)概述。数据挖掘概念及经典案例(教师课堂教学4学时+学生上机学习4学时):

数据挖掘概述、数据挖掘基本概念、数据挖掘经典案例。

(2)数据管理(教师课堂教学4学时+学生上机学习4学时):

数据收集、数据整理、数据清洗。

(3)数据描述(教师课堂教学4学时+学生上机学习4学时):

数据质量探索、数据基本描述、数据可视化。

(4)关联规则挖掘(学生上机学习8学时):

关联规则相关概念、Apriori算法。

(5)分类与预测(学生上机学习8学时):

分类与预测的概念、分类相关算法。

(6)聚类分析(学生上机学习8学时):

什么是聚类分析、聚类分析中的数据类型、主要聚类方法。

思政素材

信息技术的快速发展使当今社会发生着巨大而深刻的变化,随之而来的是社会市场对人才的需求也发生了根本性的改变,越来越多的用人单位意识到创新的动力来自具有个人主体精神和变革能力的人才。随着大数据和人工智能的发展,数据呈爆炸式产生,数据素养成为锻造个人主体精神和变革能力的核心基础,成为人才未来的必备能力。什么是数据素养?数据素养是指从数据中获得有意义信息的能力,包括读取数据、分析数据、处理数据的能力,并能理解数据代表的含义。数据挖掘选修课正是基于这样的时代背景而开设的,目的是为发展学生主体精神和变革能力奠定坚实基础。

精准思维是以习近平同志为核心的党中央治国理政的鲜明特征,也是新时代推动各项工作高质量发展的内在要求。思想政治教育关系到"培养什么人"的问题,关乎青年人生观、价值观的培育和养成。在精准思维理念下,促进思想政治教育的"精准思政",在教育需求、教育资源、教育方法等环节上精准聚焦和精准发力,是落实立德树人根本任务的必然要求。

数据挖掘课程的内容涵盖数据分析基础和实现人工智能的关键算法,主要包括3个模块:Python基础模块、分类算法模块和聚类算法模块。这3个模块的教学内容,凝练了民族振兴、见贤思齐、知错能改、实践创新、工匠精神等多个"思政主题"。课程教学秉承了德智融合的综合教育理念,力求在跨学科专业知识与技能的教和学中让学生真正意识到价值引领源于知识与技能的获得过程而又高于知识与技能的获得,从而在实现自身理解和认可的学习目标中获得学习的幸福感。如何充分利用大数据完成与思想政治教育的深度融合,助力"精准思政"的实现,是新时代思想政治教育创新发展必须深刻思考的问题,同时也是实现全员全程全方位育人的客观要求。

思政教育,除了狭义的课堂教学领域,还包括广义的对目标受众或潜在受众的思想政治核心思想和理念的传播和普及。在互联网和社交网络应用蓬勃发展的背景下,社交网络中信息传播的广度和深度,天然地适合思政教育对其核心思想和理念的传播。然而,与高度统一严谨的思政教育体系和内容相比,社交网络与生俱来的自由和无序状态,也给思政教育内容的传播和引导带来巨大挑战。一方面,社交网络中信息生成、传播和消费具有无序性,尤其在传播过程中会导致信息失真,形成不实的信息甚至谣言,这与思政教育的严谨性和规范性形成天然的矛盾,导致相关思政教育内容传播困难以及内涵难以延展。另一方面,社交网络的主题与人们日常生活息息相关,因此休闲、情感、娱乐、生活等内容往往构成人们互动的主题,各类学术和思辨性质的主题报告,特别是思政教育的内容主题都难以直接迎合目标受众的喜好,并形成自主传播。最后,通过社交网络进行思政教育的效果难以测度和评估。尽管社交网络存在海量数据,但无论是数据形态还是信息主体,都与传统的课堂教育不同,并不是面向特定的教育领域而设计的,难以简单直接地复用。

思政教育包括形势与政策教育及其核心理念的普及,重点在于对基本和核心原理的严谨叙述和完整表达,同时又需要结合实际事例,对目标受众进行触及。目前国际敌对势力在利用社交网络进行思想麻痹和舆情渗透中积累了不少的技术和经验,在思想战线的"网络阵地"中抢得先机。我国在借助社交网络宣扬核心价值观和先进思政理念的实践上,与某些西方国家还有较大差距。进入新时代,面对日益复杂的国际竞争环境,我们越来越需要直面与国际敌对势力的思想角力,在社交网络尤其是全球性的社交网络中展示我们的核心价值观和先进的思政理念。因此,以开放的心态积极拥抱大数据和数据挖掘技术,充分利用社交网络产生的海量数据去挖掘信息传播的规律和特征,建立基于大数据、面向思政教育的社交网络运作模型及其基本理论,对增强思政教育的传播力、引导力和影响力具有重大的现实意义。

教学内容	思政元素融入点	授课形式与教学方法	预期成效
人工智能发展史	通过将我国人工智能产业与技术的发展及其成就等内容融入案例中,激发和提高学生的爱国热情和民族自豪感,教育学生热爱专业,激发学习积极性	结合时事政策探讨开展人工智能的关键作用和巨大影响,主要体现在各种各样的国家时事、政策中,如 Alpha 大战李世石、无人驾驶汽车等时事新闻,《促进新一代人工智能产业发展三年行动》《新一代人工智能产业创新重点任务揭榜工作方案》等政策	①介绍人工智能发展历史;②通过对时事政策的分析,增强学生的大局观和使命感
推理技术	通过介绍老一辈科学家的事迹,深入学习他们勇于创新、艰苦奋斗的科学工作敬业精神、爱国爱党的科学家情怀及坚韧不拔的科学家精神	结合典型人物事迹开展课堂视频播放并利用多媒体课件给学生们讲述数学家、逻辑学家、计算机科学家、哲学家、美籍华裔教授王浩的平生经历与事迹,更好地让学生深刻感受和体会到中国科学家们那种不畏艰苦、勇攀高峰的爱岗敬业精神和热爱祖国、报效家乡的反哺之情	①让学生学习到相关的专业知识;②对学生进行爱国主义教育,让学生体会到在新时代,利用技术和实力让世界重新认识中国,提升中国在国际社会中的知名度也是一种爱国方式
专家系统	现代新型智慧煤矿开发急需一批专业能力强、能为推动国家富强和社会发展进步做出积极贡献的高素质专业技术人才	结合行业专业背景搜集智慧煤矿相关素材,并将上述素材融入专业多媒体课件中,增加学生对智慧煤矿背景和技术的了解;开设课堂研讨环节,描述自己眼中未来的智慧煤矿	①让学生了解行业背景、煤炭知识,扩展学生的视野;②培养学生热爱专业、服务煤矿的情怀

"数据挖掘"课程思政案例

教学内容	思政元素融入点	授课形式与教学方法	预期成效
机器学习	科研成果与具体的科创技术创新知识点和案例讲授紧密结合，可以让学生了解具体的应用和创新科技的过程，培养学生的自主创新意识和团队精神	将学校科研成果广泛应用于教学实践，用图片、视频、论文等形式给学生直观展示机器学习在科研项目中广泛应用的技术和实例，加深学生对算法的理解和认识，让学生了解最新的技术和科学知识，感受科研的过程	①充分激发学生的创造学习热情；②增强学生的行业自豪感，培养学生的爱岗敬业和勇于探索的精神

思政元素

章节	思政能力要求	"课程思政"教学内容	"课程思政"素材
第一章 绪论	1. 了解数据库技术的基本概念、数据模型、数据库的体系架构、数据管理技术的历史及发展规律、理解工匠精神。 2. 了解国产数据库的发展历程，激发学生的家国情怀和使命担当	1. 理解工匠精神，增强学生的创新精神、创造意识和创业能力，弘扬劳动和职业精神，引导学生培养工匠精神。 2. 了解国产数据库的发展历程，激发学生科技报国的家国情怀和使命担当	1. 数据库技术从产生开始经历了三代演变，造就了四位图灵奖得主。这四位得主都是数据库专业领域的大国工匠，他们的风采和成就，以及学习、研究的严谨态度，值得我们学习。 2. 我国数据库发展经历了看、学、赶、创四个阶段。21世纪以来，国产数据库迎来跨越式发展的新机遇，开发了一系列自主研发的数据库管理系统，如达梦、人大金库、神舟通用等，为国家的信息安全披上一层坚实"铠甲"

章节	思政能力要求	"课程思政"教学内容	"课程思政"素材
第四章 数据库安全性	1.了解计算机黑客对社会的危害性,引导学生学习网络安全的法制法规。 2.了解数据库审计的作用及方法,了解扫黑除恶的主要任务和目标	1.了解计算机黑客对社会的危害性,引导学生学习网络安全的法制法规,注重强化学生工程伦理教育。 2.了解数据库审计的作用及方法,了解扫黑除恶的主要任务和目标,使学生牢固树立法治观念	1."世界头号电脑传奇黑客"凯文·米特尼克与中国台湾的"电脑鬼才"陈盈豪的黑客经历,思考攻和防、黑与白看似对立的两面,实际上往往在人的一念之间,从而引发信息安全专业人员应当具备的职业道德规范。 2.自2019年国内最大的IT技术社区CSDN网站被拖库和撞库事件以来,多家国内知名网站均遭到了撞库攻击,导致大量用户的个人信息泄露。从而引发数据库审计的作用及学习信息安全法律法规
第五章 数据库完整性	了解事物之间的普遍联系规律,掌握人际关系的方法和技巧,处理好个人与集体之间的关系	了解事物之间的普遍联系规律,掌握人际关系的方法和技巧,处理好个人与集体之间的关系	游戏与学业的关系。江苏某中学生持菜刀弑母,引发的思考:大学生如何处理好人际关系,如何解决游戏与学业之间的矛盾关系
第六章 关系数据库的规范化	1.了解学校的各种教学管理规章制度,能够遵守规章制度,尊师重道,守规爱校,推进学校的学风建设,提高教学质量。 2.了解成功的必经之路	1.了解遵守学校的各项规章制度,树立牢固的制度约束意识,尊师重道,守规爱校,引导学生学习金陵科技学院各项教学管理规定。 2.了解成功的必经之路	1.集体主义教育。 2.名师漫谈人生成长的必经之路
第七章 数据库恢复技术	1.了解犯错之后的处理方法。 2.了解除了道歉和弥补之外我们还能做什么	1.了解犯错之后的处理方法(承认、道歉、行动)。 2.了解除了道歉和弥补之外我们还能做什么,如何避免再犯类似错误	翻转课堂研讨会。主要讨论内容为:犯错给人的感觉,犯错后的处理方式,除了道歉和弥补之外我们还能做什么?

章节	思政能力要求	"课程思政"教学内容	"课程思政"素材
第九章 数据库设计	1. 了解软件生命周期,理解团队合作的重要性。 2. 了解数据库设计中的一种思想原则,即按部就班、逐步推进。理解分步骤是人类解决复杂事物、问题时最常用的方法之一。 3. 理解大学生生涯规划的重要性	1. 了解软件生命周期,理解团队合作的重要性,凝聚团队、聚焦目标。 2. 了解数据库设计中的一种思想原则,即按部就班、逐步推进。理解分步骤是人类解决复杂事物、问题时最常用的方法之一。 3. 理解大学生生涯规划的重要性,探讨大学生如何规划人生。	1. 软件工程中的一种思想原则,即按部就班、逐步推进。理解个人和团队的作用,理解凝聚团队、聚焦目标的作用。 2. 数据库设计分步原理,从而引发学生合理规划自己的学习生活。 3. 邀请往届生涯规划成功的学哥学姐现身介绍经验,进而引发讨论我们如何规划人生

数据挖掘与机器学习技术课程的分类算法模块和聚类算法模块的实现人工智能的算法均有发人深省的功效,若能在课堂教学设计中巧妙运用,就可坚定学生的理想信念。例如,在讲授决策树分类算法时,我们设计了"熵值效应"的思政元素,将决策树中的节点拟人化为学生,从哲学的角度阐述了熵的意义。熵的增加意味着有效能量的减少,熵的减少象征着系统内各种关系的和谐、通畅,以及能量有效性增加。拟人化的手段不仅增强了专业知识传授的趣味性,还隐性地向学生传递了大学阶段是个人态度、个人价值观、人际价值观、社会价值观和人类价值观形成的重要时期,这些观念在追求个人幸福、社会和环境和谐的过程中会影响其选择、判断、行为和行动,必须高度关注。教学实践反馈表明,"熵值效应"的思政元素在一定程度上能有效帮助学习落后的学生调整、纠正和校准思想动态,改善其学习状态,进而在努力追赶中获得学习的幸福感。

教学安排

"数据挖掘"课程的思政教学采用了课内与课外相结合的手段和方法。课内的教学手段一方面依托专题,采用"短、新、近"的方法,即用较少时间、前沿技术、身边的人物或故事激发学生的学习内驱力,唤醒学生内心潜在的美好情感,激起学生的爱国主义情怀;另一方面采用案例分析与问题讨论的形式培养学生的科学实践精神和社会责任感。课外的教学手段主要是引导学生参加与本课程相关的学科竞赛,并在学科竞赛中引导学生"学会自治、学会选择、学会主动",通过"创造新价值、破难题、勇于担责任"等含有思政元素的行动获得他人和社会的认可,进而在塑造高尚品格的同时获得幸福感。

一、将"理想情怀"引入课堂,采取循序渐进的方式,展开倡导科学精神的教育教学活动

"数据挖掘"课程运用科学的思维方法来挖掘思政教育元素,是具有专业优势的。"数据挖掘"课程的教学活动首先要倡导科学精神,教育学生崇尚科学精神。在授课过程中我们发现,有部分学生缺乏主动学习的意识,需要教师时时督促。还有部分学生认为其学习的主要目的就是获得一个好工作,功利性十分明显。针对上述问题,教师将"理想情怀"引入课堂教学,教育学生明白人工智能技术的重要性,明确学习人工智能技术不仅仅是为了自身的发展,还是为了社会技术的进步和国家地位的提升,以此激励学生消除消极思想,在学习上刻苦钻研,努力向前辈们看齐,为中华崛起贡献个人力量。

在教学手段上,主要采用了举例的方式。例如作为"数据挖掘"的重点内容之一的计算智能,其所涵盖的"人工生命"已在国际上受到广泛的关注和重视。课程教学中,以"人工鱼"为切入点,在课程中将被学术界称为"晓媛的鱼"的新一代计算机动画"人工鱼"视频、图片、模型引入课堂,并由此引申出"晓媛的鱼"的设计开发者涂晓媛博士所取得巨大的成就。以涂晓媛博士这样一位优秀的中国青年学者为例,揭示出青年学子要刻苦钻研、勇于创新、做出成绩、为国争光的道理。涂博士在 1996 年获国际计算机学会 ACM 博士论文奖而成为获得该奖项的第一位女性,也是第一位且是迄今唯一一位获此殊荣的中国学者。ACM 是计算机科学领域的国际性权威学术机构,颁发"图灵奖""最佳博士论文奖"等计算机科学技术界的高级奖励。涂博士的获奖论文是《人工动物的计算机动画》,论文所介绍的"晓媛的鱼"被英语国家通用的数学教科书广泛引用。

此外,数据挖掘项目开发具有工程化的特点,而开发数据挖掘应用系统是一个复杂的工程,这就需要教师用科学的方法和思维模式引导学生,只有这样才可以有效提高开发质量和效率,减少系统维护成本。在实践教学中,任课教师要设计与学生日常生活相关案例的开发需求,分别从系统开发整体设计、系统开发评测、程序代码编写、用户评价、维护成本 5 个方面举例说明。教师要在各过程中通过翔实的数据对比与分析总结,比较应用科学有效的开发方法

和单一角度开发数据挖掘应用系统的差异,让学生认识和体会到,编写程序是影响软件整体质量的关键,程序编写一定要按照统一的标准编写,并严格按照系统软件功能需求和流程图来完成,它与系统的可靠性、可读性、可测试性和可维护性都密不可分。

二、将"责任担当"引入课堂,以培养"工匠精神"为核心,设计丰富的课程教育教学内容

高等教育的根本和核心问题是教书育人,育人过程应是悄无声息的,在潜移默化中影响学生的品德修养和为人处世。在课程建设上,以发展的眼光不断推进课程建设,课程内容做到与时俱进,在核心理论知识讲授上引入社会热点、前沿案例,并以此激发当代大学生的责任感与使命感。例如,本课程在讲授"专家系统"的相关知识时就结合了抗疫工作这一热点问题。习近平总书记指出,人类同疾病较量最有力的武器就是科学技术,人类战胜大灾大疫离不开科学发展和技术创新。人工智能技术中的"基于模型的专家系统"即在此次抗疫攻坚战中发挥了重要作用。为此,本课程对于"专家系统"知识点的讲授没有照搬教科书中的条条框框,而是对教学内容进行了重组,以在此次防疫抗疫期间借助人工智能技术所开发的两个典型系统为例来进行讲授。图2为连心医疗所开发的"基于CT影像的肺炎筛查及病情预评估系统"和百度公司所开发的"口罩检测系统"。通过对这两个具体系统的讲解,不仅让学生了解到专家系统的定义、结构、特点,以及专家系统的设计过程等基本概念,同时也让学生深深体会到作为当代大学生有责任也有义务学好人工智能技术。只有这样,才能在国家需要的关键时刻,利用所学为国家贡献自己的一份力量。

图2 数据挖掘助力抗击新冠疫情

课堂的实践和实验教学案例的选取和设计非常关键。作为新时代大学

生、未来从事文工交叉的人员而言,做任何事情只有担当是不够的,还要具备精益求精的"工匠精神",要有坚持不懈的精神,在工程实践中能够"爱一行、干一行、专一行",重视技术、重视实践,强化在实践过程中对理论知识的运用能力。例如,在引入数据库索引相关技术时,如果没有立足实践,只有单纯的理论,学生是很难理解相关内容的。因为在实际设计系统时,索引的使用、建立索引的方式及索引的维护都是由数据库管理系统自动完成,不需要用户干预,这要求任课教师通过设计丰富的实际案例来引出教学内容,激发学生的学习兴趣和主动性。首先通过实验数据对比和分析,让学生在实践中体会在数据库中建立索引和不建立索引对系统检索性能的影响。进一步地,通过引入建立索引的不同数据结构,设计相关实验,通过实验数据比较不同的数据库管理系统提供的索引结构的效率差异,让学生在实践中体会不同的索引结构对系统性能的影响。最后,通过实例让学生自己去总结建立索引的基本原则。按照这种采用层层递进上升的方式引入课程内容,定量地描述问题,逐层分解问题,让学生明确问题,从而引导学生从事物表象中揭示事物的本质特征,坚持不懈地努力思考直至解决问题。

三、将"爱国精神"引入课堂,激励大学生矢志投身科研

教师"从自身做起"是推进思政教育的重要前提。习近平总书记要求,好教师首先应该是以德施教、以德立身的楷模。师者为师亦为范,学高为师,德高为范。因此,作为授课教师本身就应是思政教育的鲜活素材,要具有足够的感染力。在"数据挖掘"的课堂上,笔者结合自己从事医疗影像分析的亲身经历来引导学生热爱祖国、积极投身科研工作。在基于人工智能技术的支气管疾病自动筛查方面,笔者与武汉市中心医院呼吸内科的专业医生建立了密切的合作关系,新冠疫情初期,我们不畏艰险奔赴抗疫一线。学生得知此事后,都被深深打动了。因为那位医生在师生眼中已不仅仅是平日里传授医学背景知识的和蔼可亲的长者,更是一位舍生忘死、为我们守护生命防线的勇士。学生们纷纷表示要努力学好相关人工智能技术,以便将来有能力参与科研项目来帮助我们的白衣天使。由此可见,通过先进事迹的分享,有利于树立学生"努力学习、不断进取,且个人的追求应与国家民族的需要相契合"的观点,容易引起青年学生的共鸣,激励学生积极投身科研,为祖国、为人民奉献个人力量。

"数据挖掘"课程中的实践环节是课程非常重要的组成部分之一,其中小

组的合作性学习又是课程实践环节中的一个重要环节。以聚类分析章节为例,该环节的设计就是要学生通过合作进行小组自学。教师通过实践题目的引入,进一步强化学生对课程基础知识的理解,同时让学生能够通过小组合作,互相取长补短,互相激励进步,实现一种探索性学习和创新性学习。实践过程中需要小组内成员发挥积极性和主动性,为小组的荣誉共同努力,让学生懂得个人的一己之力是有限的,要有团队合作意识,团队的力量才是无穷的,个人的能力也会随着团队能力的提升而不断增长,并在团队合作中有质的飞跃。另外,要让学生踏实做事,懂得事情不论大小,任何事情的解决不可能一蹴而就,要一步一个脚印。这些正是对未来从业者的基本职业品质的塑造。

四、设计课程思政教学效果评价方式

课程思政实施过程中,要改革已有课程评价体系,增加课程思政教学效果评价体系。"数据挖掘"课程修订了原有课程考核方式,增加了思政育人考核部分。具体分配如表1所示。

表1 课程考核方式中融入思政元素

考核项目	占比	考核方法	要求	评价等级
课后作业	5%	纸质作业	数量≥5,包括思政育人3分	0~1分/个
基础训练作业	15%	脚本代码	数量≥10,包括思政育人2分	0~1分/个
讨论课	10%	学生提交文档完整性	5次,包括思政育人5分	0~5分/次
合作性学习	30%	汇报学习成果情况	各小组成员分别进行,包括思政育人10分	0~5分
期中考察	10%	开卷	上机考试	0~100分
期末考察	30%	开卷	上机考试	0~100分

特色与创新点

(1)具有较强的时代感和历史意义。全面培育学生对数字时代数据挖掘的知识素养、认知理解和高阶技能。

（2）课程内容紧跟行业发展前沿，理论与实践密切结合。通过扎实的理论、独到的观念和精彩的案例，开拓学生在数据挖掘领域的新视野，提升了课程的趣味性，将学生引入情景中分析问题，培养其反思能力及应用能力。

（3）注重价值观和知识素养的培养。充分挖掘蕴含于课程中的显性及隐性思政资源，培养学生的"家国情怀、国际视野"，提升学生对于数据分析的主动性。在线上互动环节，结合新冠疫情期间数据挖掘等问题，让学生认识到数据力也是国家综合实力的重要表现，以此增强学生对教学内容的价值认同。

效果体现

（1）通过"课程教学＋课程视频＋专题讲座＋微信公众号＋在线答疑＋研究项目"，提升学生的学习体验。从学生课堂讨论、课后测试、实践任务的情况来看，学生能积极参与课堂案例的分析，参与话题讨论，有自己独立的思考和见解，理解国家在数据挖掘领域的内在逻辑与发展趋势，同时掌握了相关知识技能。

（2）通过专题讲座等方式增强课程黏度，激发学生的学习热情。学生将学习到的数据挖掘技能和创新能力融入科研项目中。学生组队参与科研项目，先后在HPCC等国际学术会议上发表论文，达到了进行探究式与个性化学习的目的。

课程负责人：徐涵 副教授

"传播学原理"课程思政案例

主讲教师:徐明华

章节名称

第一章 传播学的学科起源与价值观念传播
第十章 中西哲学与文化视角下的传播学思维

课程目标

一、知识目标

通过系统的知识训练熟悉传播的基本规律,掌握传播的基本技巧,综合提升自身的媒体传播素养。

二、能力目标

在获取知识的基础上具备良好的沟通与协调能力,具有与社会共情和对话的本领,能够促进人与人的理解,增进国与国的交流。

三、价值目标

塑造正确的传播价值观,树立正能量的传播理念;促成家国情怀,具有奋发向上的正能量;培育责任担当,成为党政策主张的有力传播者;担负历史使命,推动社会进步,守望公平正义,为构建人类命运共同体作出自身贡献。

教学内容

一、教学原则

1.尊重课程思政教学过程的基本规律

在教学实践中要考虑教学的"内外"环境。首先是教学过程"外"环境。近年来传播力的较量成为大国博弈和国际竞争的焦点。"传播学原理"教学必然体现出时代性。其次是教学过程"内"环境。注意培养学生的自主意识,引导学生主动参与思政元素与教学内容的智慧生产。

2. 坚持传播学课程知识体系的完整性

思政教育与传播学素养教育的融合,是将思政的重要内容贯穿"传播学原理"课程,把思政的相关内容融入课程之中。保障课程知识体系的系统性和完整性,是"传播学原理"课程实施课程思政的核心教学原则。

3. 保障思政元素的实效性、亲和力和价值性

实施课程思政的根本目标是培养有坚定理想信念的中国特色社会主义事业的合格建设者和可靠接班人。在课程思政的建设中要保障思政元素的实效性、亲和力和价值性,让课程思政的效果落到实处。为此,"传播学原理"课程更注重案例教学、技能培养,以具体鲜活的案例、传播力实战演练提升学生传播素养。

二、教学重难点

(1)传播的核心问题探析,包括传播学的基本问题、研究范围、诞生背景、学术流派、发展脉络等。

(2)传播学的中国化研究,包括传播学核心理论和相关研究方法在中国社会主义独特的发展语境下的具体案例中的实际运用等。

三、教学方法

案例教学、小组讨论、实践任务开展。

四、教学学时

4 学时。

五、参考教材

申凡、徐明华等,《传播学原理》,武汉:华中科技大学出版社,2012年。

六、主要内容

"传播学原理"这门课程,是一门探索和揭示人类传播本质和规律的学科,也是近几十年来研究者对人类传播现象进行系统研究的学术产物。传播学诞生于20世纪40年代的美国,在20世纪80年代引入中国,现已成为我国高等院校的必修课程。它是一门基础理论课,既是新闻传播学类的必修课,也是心理学、法学、公共管理学、信息学等各类触及人类传播行为的学科需要修读的

专业课程。传播学主要研究人类传播活动的形态、特点、过程、模式及规律,不仅具有较强的学术性和科学性,同时也具有实用性和功能性。随着当下媒体科技的飞速发展,人类传播活动的日益频繁,传播学这门课程越来越受到大家的关注。

"传播学原理"是一门典型的具有跨学科特色的"新文科"课程,它涵盖了文学、史学、哲学等传统人文理论框架,包括了社会学、心理学、经济学等社会科学知识,同时还包融了信息科学、神经科学、计算机科学等自然工科研究方法。习近平总书记多次强调,新闻舆论工作要有正确立场,而正确立场必须通过遵循传播规律、注重传播艺术、提升传播效果来体现。"传播学原理"这门课程非常符合当下我国快速进入新媒体时代的传播需求,对当下众多的传播问题可以起到答疑解惑和理论指导的作用。

1. 第一部分:以问题为导向

课程教学首先以现实问题为出发点,通过布置任务和小组活动的形式,启发学生的学习思路和激发学习热情,鼓励学生在讨论和合作中解决问题、吸纳知识,最后教师对理论进行梳理和总结,帮助学生完成知识的内化与建构。

2. 第二部分:以实践为特色

实践是新闻传播教育的重要手段,也是新闻传播教育最突出的教育特点。教师模拟传播话题,在人工智能方法的基础上,让学生在实验室展开实战演练,习得对传播过程的掌控能力以及预测能力。

3. 第三部分:以真理为追求

以科研促教学,一直是主讲教师努力创新教学方法的重要理念,通过引导学生主动发现问题、研究问题、解决问题,让学生切身感受到做科研的魅力。

思政素材

一、社会主义主体论

重点回答有关"传播"的核心问题,例如传播的概念如何定义,传播学研究的范围是什么,传播学产生的历史渊源是什么,它包括哪些学术流派。课程会从传播学诞生的历史环境说起,以欧美两大学术流派为分析脉络,为学生梳理传播学发展、流变、中国化的一系列路径,并勾勒出一幅完整的传播学历史卷轴,从社会发展脉络的角度对这门课程形成一个宏观的把握。

二、社会主义应用论

集中阐释传播的形态、特点、过程、模式及其规律,重点分析传播学核心理论和相关研究方法在中国社会主义独特的发展语境下的实际运用。课程遵循传播五大环节的叙事规律,首先从传播者与传播控制关系入手,引入信息"把关人"与传播制度相关理论;其次以受众与传播效果为切入点,讲授"议程设置""意见领袖""沉默螺旋"等经典理论;再次从媒介的物质性特征与科技发展的视角,介绍传播学史上著名的代表性人物与观点;最后从媒介符号与文学哲学理论的交叉视角,带领学生畅游在宏大抽象的人文景观里。每个部分均配合一项现实案例展开实战演练,或由学生组成辩论团队发表观点,或由教师预设议题,学生通过各种研究方法模拟传播过程,搭建传播模型。

三、社会主义宏观论

探讨传播之于整个社会的结构关系、权力关系和互动关系。特别为学生们展开传播学的中国化研究这一部分,其充分融合思政教育元素,激励学生对中国传播问题展开深入思考,让年轻学子对祖国的新闻与传播事业形成归属感与自豪感。

思政元素

(1)通过介绍社会主义人类传播制度的历史由来、社会主义人类教育结构的模式特征、社会主义传播学学科的缘起脉络,让学生理解和应用传播学的原理和一般规律。

(2)课堂通过对社会主义国家政策(人口生育政策、"双减"政策)的解读、社会主义国家文化的国际比对等,让学生系统地掌握国内外最新的传播学知识。

(3)讲解社会主义传播问题的独特性、社会主义传播理念中的"四个自信"、社会主义传播理念中的"人类命运共同体",使学生学会初步运用传播学的方法研究一些实际问题,并成为党和国家政策主张的有力执行者。

教学安排

一、问题为导向的课堂教学(专题讲授、案例讨论)

以现实问题为出发点,深入浅出地对理论进行梳理。学生通过完成任务理解基本概念和理论知识,通过意见交换式讨论和设擂攻擂式辩论发展概念和理论知识,让学生积极主动地寻求加深理论理解的方法与途径,完成知识的内化与建构。

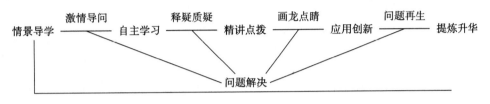

主讲教师课程流程

二、实践为特色的仿真演练(专题讲授、仿真演练)

实践是新闻传播教育的重要手段,也是新闻传播教育最突出的教育特点。课程以新闻学院融媒体实验室和教学楼智慧教室为训练基地,通过教师模拟传播话题,在控制实验法、问卷调查法、参与式访谈法、数据现场爬取等人工智能方法的基础上,让学生展开实战演练,习得对传播过程的掌控能力以及预测能力。

三、真理为追求的科研探索(学术训练、方法教学)

以科研促教学,一直是主讲教师努力创新教学方法的重要理念。主讲教师一直深耕于传播学科研领域,成果丰硕。课程通过积极引入前沿科研成果,以科研训练带动学生思考,为我国储备高水平传播人才,如传播1401班本科生黄晴同学撰写的论文 *The Acculturation of Religion*: *An Analysis of the Cognitive Differences between American and Chinese people towards Major Islamic Countries along the Belt and Road*,被传播学国际顶级会议 National Communication Association(NCA)接收,该学生现就读于美国著名"常青藤大学"之一的得克萨斯大学奥斯汀分校。

思政目标:引导学生站在国家战略角度思考国家品牌传播的创新路径,让学生切身感受到国家形象建设并非遥远,我们需要为国家发展贡献自己的力量,做有眼界、有理想、有担当的中国青年。

四、学习评价

设置课堂讨论、小组作业、仿真演练与期末考试,一方面巩固学生所掌握的知识内容,另一方面进一步加深学生对传播学的理解,培养学生的社会责任感,为实现中华民族伟大复兴中国梦而奋斗。

评估步骤	评估目标	评估内容
课堂讨论	教师以现实问题为出发点,进行情景导学	根据课堂内容进行启发、延伸和拓展
小组作业	教师根据课程内容出讨论题,学生根据选题的内容进行小组作业	传播学某一理论的概述:源起、发展、主要内容、应用、不足、嬗变
仿真演练	教师模拟传播话题,学生在实验室通过数字方法进行实战练习	结合线下实验室教学资源,对相关内容进行实战演练

特色与创新点

(1)以"探讨问题"的认知逻辑展开辩论和讨论,比直接介绍理论知识更加有效,更加深入人心,通过"启发式"教学,加之丰富多元的案例解惑,不断加深学生对传播学原理的理解,使学生主动推进研究进展,增强了课程的趣味性,让学生具备换位思考的能力,不再停留在校园,更具有全局观,从而全面培育学生对传播学的知识素养、认知理解和高阶技能。

(2)课程理论与实践密切结合。课程对于我国国家文化、孝文化的媒体作品进行深层次的符合中国社会主义发展模式的解读,有利于学生吸收传统文化,同时结合时代语境进一步提升自我的文化传播力。

(3)让学生真正理解中国国策的优势,从而强化认同感,培养学生"家国情怀、国际视野",提升学生传播中国国家形象的主动性。课程通过对社会主义传播理念中的"人类命运共同体"的讲授,培养真正拥护社会主义的高质量传播人才。

效果体现

"传播学原理"这门课程采用了创新性的教学方法,有教师自己撰写的优秀教材,有长期课程中提炼的教学理念与教学设计原则,有深思熟虑的教学安排和内容,有通过长期贯彻的并经过课堂检验的有效教学方法创新,保证了这门课程的教学质量和效果。学生的评教连续五年都维持在95分左右,学生成绩优秀率(90分以上)在20%~25%,优良率(80分以上)在80%~85%,使得这门课程很受学生的欢迎,也成为校级精品课程、省级一流本科生课程。

整体来说,这门课程贯彻了知识传授与价值引领相统一的教学理念,强化了学生的人文关怀精神,通过教学内容的创新改革提升了学生的主体意识、思辨能力、科研创新能力,让他们可以有能力且正确地去应对各类传播问题,成为中国新闻传播事业可储备的优秀人才。

课程负责人:徐明华 教授

"传播心理学"课程思政案例

主讲教师:张明新

章节名称

第六章 新闻对我们认识世界的影响　第二节 媒体、文化入侵与文化自信

课程目标

一、知识和能力目标

全面了解心理学家和传播学者看待和研究人类生活中媒体角色的基本知识框架,从心理学视角熟悉、阅读、理解传播学研究领域的概念、理论和模式,同时理解人们在媒体消费、认知、态度改变和行为中的心理现象,理解新时代媒体在社会生活中的不同角色,增强文化自信,警惕文化入侵。

二、价值目标

从认知心理学的角度深入理解在当今社交媒体时代,使媒体传播发挥积极效应的科学依据,以及可能的实践策略,做"有理想、有道德、有文化、有纪律"的"四有"青年。

教学内容

一、主要内容

1. 文化入侵及其对中国社会现实的影响

文化是一个民族的生存方式,是精神世界赖以存在和发展的源泉。了解文化入侵对中国社会现实的表现与影响,有利于增强大学生的文化自信,增强对策的针对性与践行性。就政治层面的影响而言,文化入侵是发达资本主义国家对中国实施"和平演变"的最直接手段。正如西方国家假借民主、人权,高

喊"普世价值观"的口号,企图改变我国大众的政治观念,并大肆宣传西方国家意识形态,传播"中国威胁论",影响了中国与周边国家的和谐稳定。这种带有显著民族文化色彩的入侵,影响了社会的凝聚力和向心力。

就经济层面的影响而言,强势文化对中国的入侵必然带动大量的文化产品应运而生,影响中国经济的稳定发展。资本主义国家出售的不仅是简单的商品,更是在信息、知识、技术基础上思维体系的霸占侵蚀。一些中国企业为了实现效益的扩大化,机械地模仿美国,失去了中华优秀传统文化韵味。所以,变文化入侵为一种反作用力,坚持社会主义核心价值体系、大力发展中华优秀传统文化就有了现实针对性。

就文化层面的影响来说,文化入侵成为发达国家穿越障碍进行文化渗透的工具。强势文化对弱势文化的同化洗礼,导致中国文化碎片化。在"文化交流"的掩护下,资本主义国家对中国进行思想意识、价值观念、行为准则的输出,使部分青年大学生,在文化认同中逐渐亲西方主义,而对华夏文明萌生虚无主义,丧失了对本民族文化的自豪感和优越感,缺乏学习中国特色社会主义文化的积极性。

2. 媒体与西方文化入侵

在近60年的历史长河中,传播媒介发生了巨大变革,这种变革有人欢喜有人忧。传播媒介的变革往往超出了预言家所预言的范围,使变革与预言之间相差很大。传播媒介变革可以给人们带来新的服务、思想,影响着企业之间处理事务的方式、个人之间联系的方式,也影响着人们对政治危机、经济形式、环境危机等做出的反应。传媒的迅速发展,以及发达国家的文化输出占主导地位,这都影响着发展中国家的文化形态。随着计算机传媒技术的发展,发达国家的文化输出呈愈演愈烈之势。

西方国家在对内对外宣传上都坚持为资产阶级的整体利益和资本主义国家的最高利益服务,都以创作和服务为目的,都重视开发受众市场。这是它们的相同之处,但这两者之间在宣传对象和宣传目的上还是有区别的,表现在西方国家在对内宣传的表象上尽力隐蔽和淡化其政治色彩,而在对外宣传上就时隐时显,特别是在时局分析和评论中明显表露出其为政府服务的面孔。西方国家在对内宣传的内容上多为社会性和娱乐性的,而在对外宣传上多为时事性、政治性的,竭力宣传本国的价值观、政治体制、经济实力、文化生活等,张扬资本主义制度的优越性。西方国家在对内宣传的表象上"客观、中立、公正",而在对外宣传上时常有较为硬性的政治立场表述。

如是看来,一方面,西方国家自己在对内对外宣传上根本就不能做到新闻自由;另一方面,西方国家有了将自己的资本主义制度、价值观念、生活方式和商品灌输给非西方国家的自由,新闻自由成为西方国家的借口,其实质是向发展中国家进行政治、经济和文化入侵。

3. 以"文化自信"抵御"文化入侵"

2014年10月15日,在文艺工作座谈会上,习近平总书记指出:"文化是民族生存和发展的重要力量。人类社会每一次跃进,人类文明每一次升华,无不伴随着文化的历史性进步。中华民族有着5000多年的文明史,近代以前中国一直是世界强国之一。在几千年的历史流变中,中华民族从来不是一帆风顺的,遇到了无数艰难困苦,但我们都挺过来、走过来了,其中一个很重要的原因就是世世代代的中华儿女培育和发展了独具特色、博大精深的中华文化,为中华民族克服困难、生生不息提供了强大精神支撑。"

(1)坚定文化自信是维护国家文化安全的根本途径。

《易·贲卦·彖传》曰:"刚柔交错,天文也。文明以止,人文也。观乎天文,以察时变。观乎人文,以化成天下。"文化是凝结在物质之中又游离于物质之外的,能够被传承的国家或民族的历史、地理、风土人情、传统习俗、生活方式、文学艺术、行为规范、思维方式、价值观念乃至信仰等,它是人类相互之间进行交流的一种普遍被认可的能够传承的意识形态,是对客观世界感性上的知识与经验的升华。

文化产业不仅具有经济属性,更具有文化属性、文化功能。当这种文化功能表现为一个国家和民族文化身份和文化认同时,它就成为国家主权的重要象征和重要内容。在现代国际文化体系中,文化产品和文化产业的市场准入制度,就是这一文化主权功能的集中体现。维护文化主权,就是维护国家利益,而这种利益就是在文化上确认"我是谁"的根本文化认同。文化自信是指"文化主体在历史与现实的权衡中、在本民族与其他民族的比照中形成的对于本民族文化及其价值深度认同的文化立场、积极的文化心理和富于包容的文化选择的总和"。文化自信的来源是中华优秀传统文化、中国红色革命文化和社会主义先进文化。它们之间的关系是相辅相成、互相促进的。我们文化自信的底气就来源于几千年来先辈们为我们积攒下的深厚的文化底蕴,来源于中国红色革命文化传承下的革命精神和革命经验,来源于社会主义先进文化给我们带来的美好生活和先进理念。我们有先哲们为我们留下的属于中华民族特有的取之不尽的知识力量,有无数的英雄抵御外族入侵为我们留下的中华民族百折不挠的精神力量,有我们每个中国人用自己勤劳的双手共同建设的美好家园。

习近平总书记指出:"历史和现实都证明,中华民族有着强大的文化创造力。每到重大历史关头,文化都能感国运之变化、立时代之潮头、发时代之先声,为亿万人民、为伟大祖国鼓与呼。中华文化既坚守本根又不断与时俱进,使中华民族保持了坚定的民族自信和强大的修复能力,培育了共同的情感和价值、共同的理想和精神。"正因为如此,我们才能在漫长世界史中艰难地一路走来,成为唯一尚存的文明古国。这份厚重的文化积淀,是世界其他国家所无法比拟的。这正是我们文化自信的来源,也是如今西方文化在世界大行其道、畅通无阻而中华文明始终能保持独立性的根本原因。习总书记还指出:"当今世界,要说哪个政党、哪个国家、哪个民族能够自信的话,那中国共产党、中华人民共和国、中华民族是最有理由自信的。"只有继续不懈地传承和发展中国优秀传统文化,我们才能保持这份自信,在世界民族的文化发展中不断前进,把我们的文化底蕴转化为文化软实力,引领世界文化的发展,而不是在世界文化的发展中被西方文化同化。

(2)文化自信的提出与实践是抵御西方文化入侵的坚实壁垒。

习近平总书记在2014年中央政治局第十三次集体学习时正式提出文化自信。2016年在哲学社会科学工作座谈会上,习近平进一步指出,坚定中国特色社会主义道路自信、理论自信、制度自信,说到底是要坚定文化自信,强调"文化自信是更基本、更深沉、更持久的力量"。在建党95周年庆祝大会的讲话中,习近平指出"文化自信,是更基础、更广泛、更深厚的自信"。通过党和政府的不懈努力,我们可以深刻地感觉到近年来我国的网络环境、社会环境、人民的民族认同感、文艺作品的中国文化元素都有了长足的提升和进步。2007年我国的出国留学人数为14.4万,同年归国人数为4.4万,回国和留学人数比仅为30.5%;2018年分别为66.2万和51.9万,比例为78.4%。

2020年新冠疫情中,全国人民一条心、一盘棋,团结一致共抗疫情。在这期间,习近平总书记时刻关注疫情形势,把疫情防控作为头等大事来抓,亲自指挥、亲自部署。钟南山院士84岁仍然坚持在抗疫一线,医护人员们逆向前行,坚守在抗疫一线,志愿者和政府工作人员冒着被感染的风险为一线医务人员运送医疗物资,为隔离的全国人民运送食物和生活用品。他们为人民的健康筑起一道坚固的防线。全国 14 亿人民同样史无前例地居家隔离 2 个多月,为抗疫捐款捐物,海外华侨也在国外为祖国抗击疫情筹集了大量的医疗物资,这是中国人才会有的力量,也是中国人应该有的精神。截至 2020 年 4 月 3 日 12 时,全国抗疫殉职人员 381 名。在这 381 人中,有村干部、志愿者、医生、护士、警察、公务员、辅警、工人、保安、央企干部、教师、城管……正因为他们的无私奉献,我国 76 天就控制住了疫情,这在世界上是史无前例的,这样的奇迹也只有在拥有五千年文化底蕴、拥有一心为民的中国共产党人、拥有充分文化自信和民族向心力的中国人民的这片土地上才能够实现。

二、课程重点、难点

课程重点:了解媒体的各种内容对公众心理的影响,理解媒体接触对公众的短期和长期影响,如文化自信和文化入侵。

课程难点:媒体上的新闻、营销、娱乐内容对公众世界观、人生观和价值观的长期影响。

三、教学方法

课堂教授为主,小组学习、课外调研为辅。

四、教学学时

教师课堂教学学时(3 学时)+学生课后学习学时(3 学时)。

五、参考教材

1. 习近平,《习近平谈治国理政》,北京:外文出版社,2014 年。
2. 张岱年,《文化与价值》,北京:新华出版社,2004 年。
3. [美]哈里斯,《媒介心理学》,相德宝译,北京:中国轻工业出版社,2007 年。
4. [美]詹宁斯·布莱恩特、苏姗·汤普森,《传媒效果概论》,陆剑南等译,北京:中国传媒大学出版社,2006 年。

思政素材

本次课程的思政素材主要来自习近平总书记关于文化自信的阐述。党的十八大以来,习近平总书记反复强调文化自信,作出许多深刻阐述(见表 1)。

表1　习近平总书记论述文化自信

序号	主题	内容	时间/来源
1	文化自信是最基本、最深沉、最持久的力量	文化自信,是更基础、更广泛、更深厚的自信。在5000多年文明发展中孕育的中华优秀传统文化,在党和人民伟大斗争中孕育的革命文化和社会主义先进文化,积淀着中华民族最深层的精神追求,代表着中华民族独特的精神标识	2016年7月1日,习近平在庆祝中国共产党成立95周年大会上的讲话
2		文化自信是一个国家、一个民族发展中最基本、最深沉、最持久的力量。向上向善的文化是一个国家、一个民族休戚与共、血脉相连的重要纽带	2020年9月8日,习近平在全国抗击新冠肺炎疫情表彰大会上的讲话
3	中华文化、中华精神是我们文化自信的源泉	坚定文化自信,离不开对中华民族历史的认知和运用。历史是一面镜子,从历史中,我们能够更好看清世界、参透生活、认识自己;历史也是一位智者,同历史对话,我们能够更好认识过去、把握当下、面向未来	2016年11月30日,习近平在中国文联十大、中国作协九大开幕式上的讲话
4		作为一个中国人,一定要了解我们民族的历史。"腹有诗书气自华。"14亿中国人民凝聚力这么强,就是因为我们拥有博大精深的中华文化、中华精神,这是我们文化自信的源泉。了解我们5000多年延续不绝的历史,就能自然形成强烈的民族自尊心和民族自豪感	2019年12月19日,习近平视察澳门特别行政区濠江中学附属英才学校时强调
5	坚定道路自信、理论自信、制度自信,说到底是要坚定文化自信	"求木之长者,必固其根本;欲流之远者,必浚其泉源。"中华优秀传统文化是中华民族的精神命脉,是涵养社会主义核心价值观的重要源泉,也是我们在世界文化激荡中站稳脚跟的坚实根基。增强文化自觉和文化自信,是坚定道路自信、理论自信、制度自信的题中应有之义	2014年10月15日,习近平在文艺工作座谈会上的讲话

思政元素

本课程通过厚植习近平总书记关于文化自信的思想,从传播学和心理学角度切入,凸显文化自信在新媒体环境下应对文化入侵的重要性,强调文化自信在建设中国特色社会主义文化进程中的核心意义,不断增强学生对我国传统文化的自豪感和认同感(见表2)。

表2 如何增强学生文化自信

1	培养文化主体意识,整合优秀传统资源
2	发挥以身示范作用,引领辩证取舍创新
3	矫正教育价值取向,坚守主流价值观

教学安排

(1)介绍文化侵略的表现形式和危害性,并从传播学角度剖析媒体对我们认知世界的影响、媒体在文化入侵过程中的角色和地位,通过"以问代答"的形式引导学生积极探讨和深度思考相关问题。

(2)师生共同探讨应对新媒体环境下文化入侵的对策,逐渐引出习近平总书记自党的十八大以来反复阐述的文化自信,阐释其在国家发展和社会稳定中的核心价值和战略意义。

(3)小组讨论:4~5个学生为一组,以"如何增强文化自信"为主题开展活动或研究策划。

(4)以小组展示的方式,每组派一个学生代表,展现小组策划内容和创意,并由学生共同投票选出最佳策划,鼓励参与各大国家级竞赛。

特色与创新点

(1)反向引导:本课程与以往正向灌输式思政教育形式不同,采用了"问题/危害→表现形式→原因→措施"反向引导的教课形式,先抛出文化入侵的问题和危害,激发学生学习的积极性和主动性,引导学生深入探讨文化入侵的表现形式、媒体在文化入侵过程中的角色和地位等,最终肯定文化自信在应对新媒体环境下文化入侵的战略意义。

(2)从传播学角度进行思政教育:本课程立足传播学和认知心理学,从媒体如何影响我们认知世界角度出发,通过介绍"议程设置理论""框架效应"等著名的传播学理论,引导学生思考媒体在文化入侵过程中的作用和地位。从专业的角度剖析学生日常生活中面临的各种重大社会问题,加强学生对世界关系的本质和自我的理解和认知,增强危机感、使命感和责任感。

效果体现

(1)发表思政教育高水平论文:在国家社会科学基金重点项目"当前我国青少年的社交媒体使用与政治社会化研究"(项目编号:19AXW010)支持下,鼓励学生研究思政教育相关问题,将思政教育内置于学术研究中,指导学生发表思政教育领域的高水平学术论文。

(2)参加学科竞赛:学生将学习到的传播学知识融入学科竞赛中,组队参与国家级"小小教育家""如何讲好中国故事"等赛事,为传播中国传统文化、加强文化自信建言献策。

课程负责人:张明新 教授 院长

"传播学研究方法"课程思政案例

主讲教师:张明新

章节名称

第三章 选题与论证　第二节 政治传播选题指导

课程目标

一、知识目标

理解政治传播的内涵、历史脉络和方法论,领会政治传播在青少年政治社会化、国家特色文化建设进程中的要义和价值。

二、能力目标

具备研究政治传播的选题和策划能力,熟悉研究政治传播的研究方法,包括问卷调查、内容分析和深度访谈,能够独立对相关数据进行分析并撰写分析报告,能够对新媒体如何构建公民国家认同、政治信任和文化自信提出切实可行的现实建议。

三、价值目标

培养科学精神和研究能力,树立远大理想,厚植爱国主义情怀,牢记时代使命,践行社会主义核心价值观,增强"四个意识",增强先进性和光荣感,为实现"两个一百年"奋斗目标、实现中华民族伟大复兴中国梦而勤奋学习,做"有理想、有道德、有文化、有纪律"的"四有"青年。

教学内容

一、课程重点、难点

课程重点：掌握实证研究方法的相关理论知识，廓清实证主义与解释批判流派在方法论层面的分歧，知晓二者趋于融合的最新走向。

课程难点：增强利用所学知识解决实际问题的能力。

二、教学方法

案例教学、小组讨论、小组成果展示。

三、教学学时

2学时。

四、参考教材

(1)中共中央文献研究室，《习近平关于青少年和共青团工作论述摘编》，北京：中央文献出版社，2018年。

(2)王沪宁，《比较政治分析》，上海：上海人民出版社，1987年。

(3)荆学民，《政治传播简明原理》，北京：中国传媒大学出版社，2015年。

(4)邵培仁，《政治传播学》，南京：江苏人民出版社，1991年。

(5)张昆，《大众媒介的政治社会化功能》，武汉：武汉大学出版社，2003年。

(6)马振清，《当代政治社会化基本理论》，北京：九州出版社，2017年。

思政素材

本次课程思政素材主要来自2018年中共中央文献研究室编辑的《习近平关于青少年和共青团工作论述摘编》一书。该书摘自习近平总书记2012年11月29日至2017年5月3日的讲话、演讲、批示、贺信、回信等44篇重要文献，分8个专题，共计189段重要论述（见表1）。党的十八大以来，以习近平同志为核心的党中央高度重视青少年和共青团工作，亲切关怀青少年健康成长。习近平总书记围绕青少年和共青团工作发表的一系列重要论述，立意高远，内涵丰富，思想深刻，深刻论述了新形势下青少年和共青团工作的重大理论和实践问题，指明了当代青年的历史使命和成长道路。

表 1　思政素材核心内容

序号	内容摘要	来源
1	中国梦是国家的梦、民族的梦,也是包括广大青年在内的每个中国人的梦	《给北京大学考古文博学院二〇〇九级本科团支部全体同学的回信》(2013年5月2日)
2	青年最富有朝气、最富有梦想。近代以来,我国青年不懈追求的美好梦想,始终与振兴中华的历史进程紧密相连。在革命战争年代,广大青年满怀革命理想,为争取民族独立、人民解放冲锋陷阵、抛洒热血。在社会主义革命和建设时期,广大青年响应党的号召,向困难进军,向荒原进军,保卫祖国,建设祖国,在新中国的广阔天地忘我劳动、艰苦创业。在改革开放历史新时期,广大青年发出团结起来、振兴中华的时代强音,为祖国繁荣富强开拓奋进、锐意创新	《在同各界优秀青年代表座谈时的讲话》(2013年5月4日)
3	现在,我们比历史上任何时期都更接近实现中华民族伟大复兴的目标,比历史上任何时期都更有信心、更有能力实现这个目标。行百里者半九十。距离实现中华民族伟大复兴的目标越近,我们越不能懈怠,越要加倍努力,越要动员广大青年为之奋斗	《在同各界优秀青年代表座谈时的讲话》(2013年5月4日)
4	为实现中华民族伟大复兴的中国梦而奋斗,是中国青年运动的时代主题。共青团要在广大青少年中深入开展"我的中国梦"主题教育实践活动,为每个青少年播种梦想、点燃梦想,让更多青少年敢于有梦、勇于追梦、勤于圆梦,让每个青少年都为实现中国梦增添强大青春能量。要用中国梦打牢广大青少年的共同思想基础,教育和帮助青少年树立正确的世界观、人生观、价值观,永远热爱我们伟大的祖国,永远热爱我们伟大的人民,永远热爱我们伟大的中华民族,坚定跟着党走中国道路	《在同各界优秀青年代表座谈时的讲话》(2013年5月4日)

序号	内容摘要	来源
5	当今中国最鲜明的时代主题,就是实现"两个一百年"奋斗目标、实现中华民族伟大复兴的中国梦。当代青年要树立与这个时代主题同心同向的理想信念,勇于担当这个时代赋予的历史责任,励志勤学、刻苦磨炼,在激情奋斗中绽放青春光芒、健康成长进步	在中国政法大学考察时的讲话(2017年5月3日)

思政元素

本课程通过对学生研究选题的指导,厚植习近平总书记关于青少年成长和教育的思想理念,引导学生学习和探究政治传播领域的选题,凸显青少年政治社会化思政元素,如社交媒体使用与青少年国家认同,将无形的思想教育问题落地为扎实的学术研究,做到"教学与思想教育、学术研究"融洽发展、相得益彰。

思政主题	思政元素
社交媒体与青少年政治社会化	社交媒体使用与青少年国家认同
	社交媒体使用与青少年政治信任
	社交媒体使用与青少年政治参与
	社交媒体使用与青少年政治知识

教学安排

(1)介绍政治传播的研究内容、方法和前沿,阐释政治传播在我国特色社会主义建设中的战略意义。

(2)案例教学:赏析国内外经典的政治传播文章,指导学生进行政治传播领域的选题工作。

(3)小组讨论:4~5个学生为一组,进行相关选题讨论,推进研究进展。

(4)以小组展示的方式,每组派一个学生代表,讲解小组选题的内容、来源、研究方法和意义。

特色与创新点

(1)潜移默化:本课程厚植习近平总书记对青少年的教育思想,通过对学生研究的选题指导,引导学生学习和探究政治传播的重要问题,如社交媒体使用与当代青少年政治社会化问题,一方面可将思政思想与教学内容无缝结合,促进"教学与思想教育、学术研究"融洽发展,以潜移默化的形式在实践中加强对学生的政治思想教育;另一方面让学生做"他们自己"的学术问题,从青少年自身角度出发研究青少年层面的问题,更可深入问题核心。

(2)相得益彰:本课程鼓励学生选择政治传播方面的研究选题,含有较强的教育思想,但并未因此降低学生开展学术研究的要求和标准。通过对学生研究选题、内容设计和方法等方面的严格把关,进一步提升了学生"做研究"的能力,使思想教育与研究教学相得益彰,全面培育学生对政治传播的知识素养、认知理解和研究方法。

(3)寓教于乐:本课程加入师生互动环节,通过"学生报选题→教师反馈意见→学生调整→教师反馈意见"多次线上和线下互动,鼓励学生以个人生活经验为基础提出研究青少年政治社会化问题(国家认同、政治信任和政治知识等)的角度和思路,通过"启发式"教学,加之丰富多元的案例解惑,不断加深学生对政治传播内容的理解,使学生主动推进研究进展,增强了课程的趣味性,以寓教于乐的形式加强了学生的思政教育。

(4)竞争教育:本课程以4~5个学生为一组,共计43小组。每组有3分钟选题展示时间,全部展示后以每组3票的形式,投出前5名优秀小组。通过竞争教育,激发学生的学习潜力和激情。

效果体现

(1)发表思政教育高水平论文:在国家社会科学基金重点项目"当前我国青少年的社交媒体使用与政治社会化研究"(项目编号:19AXW010)支持下,鼓励学生研究思政教育相关问题,将思政教育内置于学术研究中,指导学生发表思政教育领域的高水平学术论文。

(2)获奖小组展示:对排名前五的小组选题内容和研究设计,以"易拉宝"的形式在院内展示一周,加强学生对思政研究的自豪感、认同感和获得感。

课程负责人:张明新 教授 院长

"新媒体与社会"课程思政案例

主讲教师:余 红

章节名称

第二章 第一节 我们所处的时代——第五次浪潮

课程目标

一、知识目标

了解互联网的发展历史、发展趋势和阶段特点;意识到互联网(产品)对中国政治、经济、文化和信息安全产生的重大影响。

二、能力目标

培养分析互联网价值与影响的能力,以及研发互联网产品所急需的战略思维、创新思维和市场思维。

三、价值目标

树立"技术向善"、服务社会发展的新媒体产品设计观,以及将互联网产品研发与中国社会历史、文化和政治相联系的大局观、创新观。

教学内容

第二章"互联网的下半场:我们所处的时代"包含四个内容模块,依次为:①我们所处的时代——第五次浪潮;②移动通信行业变革;③移动互联网入口之争(腾讯系、阿里系、字节跳动);④如何看待互联网平台互相屏蔽。

第一个内容模块"我们所处的时代——第五次浪潮"从技术发展与社会形态之间的关系及技术推动社会变迁的角度,依次列举并讲解人类社会发展的五次浪潮。其中重点讲解自20世纪90年代互联网带来的第四次浪潮以及

2010年前后移动互联网开启的第五次浪潮,并引导学生清醒认识和了解中国在第四、第五次浪潮中所处的位置、取得的成绩和面临的挑战。具体内容包括以下方面。

(1)什么是"互联网第五次浪潮":介绍"第五次浪潮"的含义与五次更迭。

(2)"第四次浪潮"的发展与影响:介绍互联网应用的三次重大发展历程。

(3)"第五次浪潮"(移动互联网):介绍①1G到5G的变化;②4G时代的重要应用与社会影响;③中国的5G发展、应用潜力与挑战。

思政素材

一、素材一:互联网发展已融入我国发展战略

(1)习近平总书记于2014年2月主持召开中央网络安全和信息化领导小组第一次会议时,首次提出建设网络强国战略。

(2)2015年十八届五中全会通过的《中共中央关于制定国民经济和社会发展第十三个五年规划的建议》(以下简称《建议》)提及,"实施网络强国战略,加快构建高速、移动、安全、泛在的新一代信息基础设施"。

二、素材二:互联网对我国经济发展有重大促进作用

(1)《建议》还提到:"拓展网络经济空间。实施'互联网+'行动计划,发展物联网技术和应用,发展分享经济,促进互联网和经济社会融合发展";"推进产业组织、商业模式、供应链、物流链创新,支持基于互联网的各类创新"。

(2)麦肯锡全球研究院发布了《中国的数字化转型:互联网对生产力与增长的影响》。根据该报告,主要是没有注册公司的小微企业从事C2C,如果C2C被计算在内,中国的iGDP[①]会达到7%,超过七国集团的任何一个国家。2010年中国的iGDP为3.3%,落后于大多数发达国家;2013年中国的iGDP升至4.4%,已经达到全球领先国家的水平。

三、素材三:数字技术是助力全球发展的重要途径

国家主席习近平向2021年世界互联网大会乌镇峰会致贺信,指出数字技术正以新理念、新业态、新模式全面融入人类经济、政治、文化、社会、生态文明建设各领域和全过程,给人类生产生活带来广泛而深刻的影响。当前,世界百

---

① iGDP:互联网经济占GDP的比重。

年变局和世纪疫情交织叠加,国际社会迫切需要携起手来,顺应信息化、数字化、网络化、智能化发展趋势,抓住机遇,应对挑战。中国愿同世界各国一道,共同担起为人类谋进步的历史责任,激发数字经济活力,增强数字政府效能,优化数字社会环境,构建数字合作格局,筑牢数字安全屏障,让数字文明造福各国人民,推动构建人类命运共同体。

五、素材四:中美5G争端

《人民日报》微信公众号:为了"封杀"华为,美国一方面不惜宣布国家进入紧急状态,并将华为列入"实体清单",禁止其向美国供应商采购;一方面又不断对其盟友威逼利诱,企图迫使他们放弃华为……综合法新社、路透社、彭博社等6月7日报道,移动通信界三大国际组织之一的全球移动通信系统协会(GSMA)警告,如果把华为、中兴等中企排除在5G网络建设之外,欧洲电信商将为此多掏620亿美元(折合人民币4287亿元)(2019年6月9日)。

思政元素

(1)通过体现互联网在国家经济、文化和政治中的战略价值,引导学生跳出微观生活圈层,从宏观角度观察和感受互联网的重要作用,感受互联网对社会产生的深刻影响。

(2)引导学生关注中国在数字化浪潮中取得的成就(电子支付、网络购物、5G等),激发学生的国家自豪感,同时令学生认识到数字化带来的机遇和挑战,启发学生学习专业知识和解决现实问题。

教学安排

本思政案例安排在第二章的第一节"我们所处的时代——第五次浪潮",在宏观扫描世界互联网发展之后,聚焦中国互联网发展。

一、什么是"互联网第五次浪潮"?

"第五次浪潮"的含义:在"未来学大师"阿尔文·托夫勒的《第三次浪潮》中,"浪潮"是在"产业革命"的意义上来使用的,指的是继农业革命、工业革命之后的第三波产业革命——信息革命。

提问:那么,怎么有第五次浪潮了呢?

"第五次浪潮"是迈克尔·塞勒——一位软件企业家在《移动浪潮》中诠释

的主题。塞勒是从信息技术发展的角度,或者说是媒介形态的角度来划分历史阶段的。他认为,技术专家共创造了五次信息处理的浪潮:第一浪,大型电脑;第二浪,小型电脑;第三浪,台式电脑;第四浪,互联网个人电脑;而第五浪正是移动互联网。

二、"第四次浪潮"(个人电脑)的发展

在1994年4月20日,即第三次浪潮期间,中国加入了互联网。互联网从被引入中国至今,又经历了第四次、第五次浪潮。

总体来说,我们一般所说的互联网发展是从20世纪90年代算起的。目前经过了Web 1.0门户网站和搜索引擎的发展阶段,正处在Web 2.0时期,并在向Web 3.0发展。第四次浪潮的终端形态为个人电脑,覆盖了Web 1.0和Web 2.0两个过程(见图1)。可以看到Web 1.0已经成为过去式,Web 2.0阶段是个强交互的互联网应用发展时期。这些应用仍存在于我们的生活中,给我们的即时通信、信息生产和发布带来很大的便利。而Web 3.0时代则初露端倪,媒介形态不限于个人电脑,目前还未形成主流。

二、"第四次浪潮"的发展

	Web 1.0	Web 2.0	Web 3.0
出现时间	20c90s~21c初	2003年左右~至今	2015年前后
发展阶段	过去时	现在时	发展初期
传播方式	网络-人	人-人	人-网络-人
网络特征	读写网络	社交网络	智能网络
特征	只读、单向	开放、交互、共享	去中心化,数字身份、资产和数据回归个人
技术支持	HTML	Xml,AJAX	万物联网(数据产生)区块链(数据存储)人工智能(数据分析)
代表应用/概念	新浪等门户网站	blog,论坛,wiki,知乎,豆瓣,微博,微信,抖音,等	DApp
用户生产内容	否,网站提供内容,用户阅读内容	是,可共享用户可生成内容	是,可共享用户可生成内容,且可通过区块链保护、存储
用户互联	有限	强,可与他人和网站交互	强,且个人信息可跨平台携带

图1 "第四次浪潮"的发展

三、"第五次浪潮"(移动互联网)

1. 1G 到 5G 的变化

G 表示 generation，即代际。1G 就是第一代移动通信技术，依此类推。1G、2G、3G、4G、5G 又有什么区别呢？这里面涉及的技术很复杂，但是对于用户来说，最直观的感受就是：速度越来越快了！(见图 2)

移动通信技术	特点	用户体验
1G	20 世纪 80 年代前期出现。为蜂窝电话的标准，仅限于语音，目前已退出历史舞台。	大哥大，只能打电话，信号还很差！
2G	以数字语音传输技术为核心，手机短信在它的某些规格中能够被执行。它在美国通常称为"个人通讯服务"(PCS)	不仅可以打电话，还可以发短信了！
2.5G	3G 是个相当浩大的工程，所牵扯的层面较多且复杂，2.5G 是 2G 迈向 3G 的衔接性技术。数据传输速率有了质的突破。	
3G	支持高速数据传输的蜂窝移动通讯技术。能够同时传送声音及数据信息；将无线通信与国际互联网等多媒体通信结合。	手机能上网了！看图片也没问题了！
4G	抗干扰性强的高速接入技术、调制和信息传输技术；高性能、小型化和低成本的自适应阵列智能天线；大容量、低成本的无线接口和光接口；系统管理资源；软件无线电、网络结构协议等。	图片不过瘾，可以直接看视频了！
5G	传输速率更高，延迟更低，可靠性更高，功耗更低	标清的视频还不行，要看就看高清、蓝光！

参考：《什么是 1G/2G/3G/4G/5G》作者：tangYi0_0 https://blog.csdn.net/lblmlms/article/details/109186293

图 2 "第五次浪潮"(移动互联网)

也正是从 3G 开始(2000 年左右)，人们可以用手机上网。而 4G 开始投入商用后(2013 年)，在多种技术的支持下，各类手机应用大量涌现，移动网络生活空间出现，给生产生活带来了翻天覆地的变化。2014 年，习近平总书记在发言中正式将互联网列入国家战略，即"建设网络强国战略"(插入思政素材一)。

2. 第五次浪潮(4G 以来)对中国的影响

中国互联网络信息中心(CNNIC)发布的第 48 次《中国互联网络发展状况统计报告》(以下简称《报告》)显示，截至 2021 年 6 月，我国网民规模已经达 10.11 亿，互联网普及率达 71.6%。10 亿用户接入互联网，形成了全球最为庞大、生机勃勃的数字社会。

继续提问：大家上网喜欢做什么？从学生回答中(外卖、网购、游戏等)归纳提炼出"互联网产业"，并将其与 Web 2.0 和 4G 联系起来。

商务类用户总量：由于移动端即时、便捷的特性更好地契合了网民的商务类消费需求,伴随着手机网民的快速增长,移动商务类应用成为拉动网络经济增长的新引擎。2015年上半年,手机支付、手机网购、手机旅行预订用户规模分别达到 2.76 亿、2.70 亿和 1.68 亿,半年度增长率分别为 26.9%、14.5% 和 25.0%。

网络消费总额:每年的 11 月 11 日已成为中国互联网最大规模的商业促销狂欢活动,刷新销售纪录。

中国的 iGDP 的潜在突出地位见图 3(插入思政素材二)。

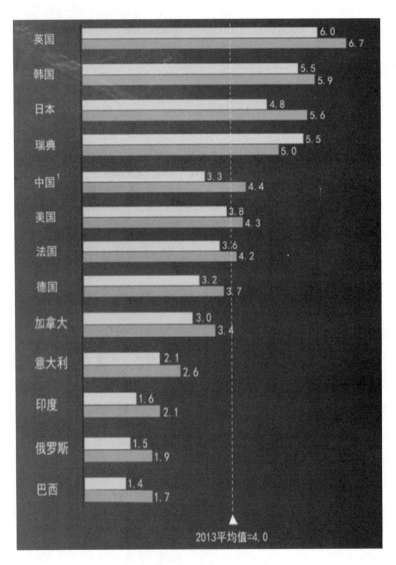

图 3 中国的 iGDP

网络经济积极的连带效应：积极方面如交易成本降低，经济互动效率提高，社会就业机会增加（店铺、快递业、客服、美工人员等），长尾/小众经济发展，偏远地区的商品销路扩宽，公益产品销售机会增加，电子商务人才供给增加，互联网知识普及（登录、注册、转发），学术研究议题拓宽（网络销售、网红经济、电子口碑）等；消极方面如贩卖假货，网络诈骗，金融和个人信息安全等。

3. 中国的5G发展、应用潜力与挑战

5G时代已经来临，我国的5G技术目前全球领先，也是第一次在通信技术领域方面领先于美国。5G代表着什么？在我们的移动应用中，它意味着更快的速度、更高清的画质、更流畅的游戏体验，也会因高可靠、低延时而具有更多、更广泛、更普及的应用潜力，如在线教育、在线手术、无人驾驶、机器人流水线等。（插入思政素材3）这将为我国的电子政务、电子经济、电子文化等提供更多可能性。（插入思政素材4）另外，5G是国家间科技实力的较量，它关乎通信标准的话语权、基建服务销售权，更重要的是，在美国看来，它关乎国家安全和信息监管，甚至"数字霸权"。

特色与创新点

特色和创新点体现在以下方面。

一、思政素材与专业密切相关，避免"两张皮"现象

本课程教学对象为传播学（网络传播）专业本科生，这个专业的培养目标就是以传播学和信息学科为基础，以网络产品策划和设计为核心，以数字媒体技术为特色，培养"有创意、通传播、懂技术、精设计"的文理交叉复合型传播人才。这些人才毕业后可以在互联网企业和新兴科技公司从事网络产品开发和设计，也可以在政府部门、企事业单位以及调查咨询机构从事创新设计、数据分析和平台运营工作。因此，本课程采用与专业密切相关，且来自权威第三方的专业数据和材料，既具有说服力，也避免了思政素材与课程其他内容关联度不高的"两张皮"现象。

二、引导学生坚定专业自信、文化自信

由于本专业是理科招生，有一部分学生并非第一志愿进入传播学专业，因此专业认知不足，专业认同感和专业自信不够。教师在课程讲授中，要有意利用各种思政元素和案例来加强学生专业认同和文化自信。

效果体现

从学生课堂讨论、课后测试、实践任务的情况来看,学生能积极参与课堂案例的分析,参与话题讨论,有自己独立的思考和见解,在教师的引导下达成专业自信,并形成"技术向善"、服务社会和国家发展的产品设计共识。

课程负责人:余红 教授 传播系负责人

"新媒体概论"课程思政案例

主讲教师:钟 瑛

章节名称

第十一章 网络管理及中国特色　第一节 我国互联网管理主要机构及其职能

课程目标

一、知识目标

了解我国互联网管理部门分类;了解我国互联网管理机构的职能;把握我国互联网管理的几种模式;了解中国特色的网络管理机制。

二、能力目标

运用所学知识迅速判断不同类型的网络平台管理模式;掌握网络管理部门的基本职能;坚守正确的价值取向,坚持中国特色的互联网管理模式。

三、价值目标

社会主义互联网媒体不是法外之地,应坚持社会主义核心价值体系,以社会稳定为前提,积极弘扬社会正能量,唱响社会主旋律。

教学内容

网络技术迅猛发展,给人类生活带来前所未有的改变。人类行为,如工作、生活、学习、交流等,无一不依赖互联网。互联网在无限延伸人类大脑、中枢神经的同时,也正在侵蚀人类的生活。随着互联网的普及,对互联网的管理已经成为一个越来越迫切的问题。我国政府对互联网的管理,经历了一个认识、发展、成熟、创新的过程。

教学内容主要包括:互联网管理机构分类;不同互联网管理机构所具有的不同职能;我国互联网管理的几种模式及基本特征;中国特色的网络管理目标;中国特色的网络管理原则;中国特色的网络管理实现路径。

思政素材

素材一:《中国网信》创刊号发表《习近平总书记掌舵领航网信事业发展纪实》。

党的十八大以来,以习近平同志为核心的党中央不断强化网络安全顶层设计和总体布局,以网络安全法为核心的网络安全法律法规和政策标准体系基本形成,网络安全"四梁八柱"基本确立,"互联网不是法外之地"观念深入人心。课程全面梳理了党的十八大以来习近平总书记关于互联网治理的指示,理清了我国对互联网的管理模式。

从来没有一个国家的执政党像中国共产党一样如此敏锐地把握信息时代历史潮流,从来没有一个国家的领袖如此高瞻远瞩、系统深入地回应网信事业发展的时代命题。在以习近平同志为核心的党中央坚强领导下,在习近平新时代中国特色社会主义思想特别是习近平总书记关于网络强国的重要思想指引下,我国网信事业取得历史性成就,发生历史性变革,探索走出了一条中国特色治网之道,我国正在从网络大国向网络强国阔步迈进。

素材二:直挂云帆济沧海——立足新的历史方位 迈向数字文明新时代。

2022年1月4日,中共中央总书记、国家主席、中央军委主席习近平在北京考察2022年冬奥会、冬残奥会筹办备赛工作。"加快数字中国建设,就是要适应我国发展新的历史方位,全面贯彻新发展理念,以信息化培育新动能,用新动能推动新发展,以新发展创造新辉煌。"习近平总书记为数字中国建设把舵定向,标定了前进路径,擘画了清晰未来。

"迎接数字时代,激活数据要素潜能,推进网络强国建设,加快建设数字经济、数字社会、数字政府,以数字化转型整体驱动生产方式、生活方式和治理方式变革。"面向未来,"十四五"规划和2035年远景目标纲要对网信工作作出新部署新要求:打造数字经济新优势;加快数字社会建设步伐;提高数字政府建设水平;营造良好数字生态……为"十四五"时期乃至更长时期我国网信事业发展擘画蓝图、明确目标。

素材三:习近平讲话集中体现中国网络治理四大核心理念。

"推动我国网信事业发展,让互联网更好造福人民""建设网络良好生态,发挥网络引导舆论、反映民意的作用",习近平总书记在2016年4月19日网络安全和信息化工作座谈会上的重要讲话,为我们推进网络强国建设、促进网信事业发展指明了方向。

网络社会是新的人类社会形态,形成了新的人类社会结构,构建了新的人类文明体系。任何国家在网络社会面前,都面临着如何进一步转型、适应和构建新的文明体系的问题。当前,中国网络社会文明形态构建理念基本形成。这一理念核心包括以下几个方面:以人民为中心,以强国为要务,以政府为先导,以法律与社会秩序为基础。

素材四:习近平谈网络安全。

2021年世界互联网大会乌镇峰会开幕。"没有网络安全就没有国家安全,就没有经济社会稳定运行,广大人民群众利益也难以得到保障。"习近平总书记高度重视网络安全工作,多次强调要建设风清气正网络空间、共筑网络安全防线。

习近平多次说过,没有网络安全就没有国家安全;过不了互联网这一关,就过不了长期执政这一关。全媒体不断发展,出现了全程媒体、全息媒体、全员媒体、全效媒体,信息无处不在、无所不及、无人不用,导致舆论生态、媒体格局、传播方式发生深刻变化,新闻舆论工作面临新的挑战。

素材五:习近平乌镇演讲展示构建"网络空间命运共同体"的中国智慧。

围绕如何"推进全球互联网治理体系变革",习近平主席在讲话中提出了四点原则,即尊重网络主权,维护和平安全,促进开放合作,构建良好秩序。习近平主席在演讲中指出,我们应该尊重各国自主选择网络发展道路、网络管理模式、互联网公共政策和平等参与国际网络空间治理的权利,不搞网络霸权,不干涉他国内政,不从事、纵容或支持危害他国国家安全的网络活动。各国应该共同努力,防范和反对利用网络空间进行的恐怖、淫秽、贩毒、洗钱、赌博等犯罪活动。不论是商业窃密,还是对政府网络发起黑客攻击,都应该根据相关法律和国际公约予以坚决打击。维护网络安全不应有双重标准,不能一个国家安全而其他国家不安全,一部分国家安全而另一部分国家不安全,更不能以牺牲别国安全谋求自身所谓绝对安全。演讲中,习近平借用"天下兼相爱则治,交相恶则乱"的古语论述完善全球互联网治理体系。他指出,维护网络空间秩序,必须坚持同舟共济、互信互利的理念,摒弃零和博弈、赢者通吃的旧观念。同时,他再次强调要"依法构建良好网络秩序",指出网络空间不是"法外之地"。网络空间是虚拟的,但运用网络空间的主体是现实的,大家都应该遵守法律,明确各方权利义务。要坚持依法治网、依法办网、依法上网,让互联网在法治轨道上健康运行。

思政元素

(1)以时间为线索,全面梳理党的十八大以来国家关于互联网治理的重要指示。

(2)通过政策梳理,了解习近平总书记关于我国互联网治理的重要论述。

(3)推动学生阅听主流新闻媒介,打破对党媒的固有偏见。

(4)认识新闻媒介的意识形态属性,提升在复杂情况下的政治敏锐性和判断力。

(5)进一步了解我国实行互联网治理的特色和必要性。

教学安排

(1)开学初作安排,要求学生根据自己了解的信息,总结2021年度国家关于互联网治理的政策法规,以及出台这些政策法规的职能机构,判断法规制度的治理效果。

要深入开展网上舆论斗争,严密防范和抑制网上攻击渗透行为,组织力量对错误思想观点进行批驳。要依法加强网络社会管理,加强网络新技术新应用的管理,确保互联网可管可控,使我们的网络空间清朗起来。做这项工作不容易,但再难也要做。网上负面言论少一些,对我国社会发展、社会稳定、人民安居乐业只有好处没有坏处。

——2013年8月19日,习近平在全国宣传思想工作会议上的讲话

全会决定提出坚持积极利用、科学发展、依法管理、确保安全的方针,加大依法管理网络力度,完善互联网管理领导体制。目的是整合相关机构职能,形成从技术到内容、从日常安全到打击犯罪的互联网管理合力,确保网络正确运用和安全。

——2013年11月15日关于《中共中央关于全面深化改革若干重大问题的决定》的说明

互联网作为20世纪最伟大的发明之一,把世界变成了"地球村",深刻改

变着人们的生产生活,有力推动着社会发展,具有高度全球化的特性。但是,这块"新疆域"不是"法外之地",同样要讲法治,同样要维护国家主权、安全、发展利益。

——2015年9月22日,回答《华尔街日报》书面采访

(2)教师课堂讲授有关"互联网管理"的内容。

一个安全稳定繁荣的网络空间,对各国乃至世界都具有重大意义。在现实空间,战火硝烟仍未散去,恐怖主义阴霾难除,违法犯罪时有发生。网络空间,不应成为各国角力的战场,更不能成为违法犯罪的温床。

——2015年12月16日,习近平在第二届世界互联网大会开幕式上的讲话

网络空间同现实社会一样,既要提倡自由,也要保持秩序。自由是秩序的目的,秩序是自由的保障。我们既要尊重网民交流思想、表达意愿的权利,也要依法构建良好网络秩序,这有利于保障广大网民合法权益。网络空间不是"法外之地"。网络空间是虚拟的,但运用网络空间的主体是现实的,大家都应该遵守法律,明确各方权利义务。要坚持依法治网、依法办网、依法上网,让互联网在法治轨道上健康运行。

——2015年12月16日,习近平在第二届世界互联网大会开幕式上的讲话

(3)教师接受学生关于该作业的咨询,提供指导。

互联网不是法外之地。利用网络鼓吹推翻国家政权,煽动宗教极端主义,宣扬民族分裂思想,教唆暴力恐怖活动,等等,这样的行为要坚决制止和打击,决不能任其大行其道。利用网络进行欺诈活动,散布色情材料,进行人身攻击,兜售非法物品,等等,这样的言行也要坚决管控,决不能任其大行其道。没有哪个国家会允许这样的行为泛滥开来。

——2016年4月19日,习近平在网络安全和信息化工作座谈会上的讲话

形成良好网上舆论氛围,不是说只能有一个声音、一个调子,而是说不能搬弄是非、颠倒黑白、造谣生事、违法犯罪,不能超越了宪法法律界限。

——2016年4月19日,习近平在网络安全和信息化工作座谈会上的讲话

要加强政策、监管、法律的统筹协调,加快法规制度建设。要制定数据资源确权、开放、流通、交易相关制度,完善数据产权保护制度。要加大对技术专利、数字版权、数字内容产品及个人隐私等的保护力度,维护广大人民群众利

益、社会稳定、国家安全。

——2017年12月8日,习近平在十九届中央政治局第二次集体学习时的讲话

国家网络安全工作要坚持网络安全为人民、网络安全靠人民,保障个人信息安全,维护公民在网络空间的合法权益。要坚持网络安全教育、技术、产业融合发展,形成人才培养、技术创新、产业发展的良性生态。要坚持促进发展和依法管理相统一,既大力培育人工智能、物联网、下一代通信网络等新技术新应用,又积极利用法律法规和标准规范引导新技术应用。

——2019年9月,习近平对国家网络安全宣传周作出的指示

(4)各小组汇报选题,经教师指导,逐个分析党的十八大以来我国在互联网管理领域内的相关措施和规定。

数字经济、互联网金融、人工智能、大数据、云计算等新技术新应用快速发展,催生一系列新业态新模式,但相关法律制度还存在时间差、空白区。网络犯罪已成为危害我国国家政治安全、网络安全、社会安全、经济安全等的重要风险之一。

——2020年11月16日,习近平在中央全面依法治国工作会议上的讲话

要坚持以人民为中心,统筹发展和安全,强化系统观念、法治思维,注重源头治理、综合治理,坚持齐抓共管、群防群治,全面落实打防管控各项措施和金融、通信、互联网等行业监管主体责任,加强法律制度建设,加强社会宣传教育防范,推进国际执法合作,坚决遏制此类犯罪多发高发态势,为建设更高水平的平安中国、法治中国作出新的更大的贡献。

——习近平对打击治理电信网络诈骗犯罪工作作出的指示,据新华社2021年4月9日电

我们共护安全稳定,率先提出打击"三股势力",坚决遏制毒品走私、网络犯罪、跨国有组织犯罪蔓延势头,联合举办反恐演习和边防行动,积极倡导政治解决国际和地区热点问题,构筑起守护地区和平安宁的铜墙铁壁。

——2021年9月17日,习近平在上海合作组织成员国元首理事会第二十一次会议上的讲话

特色与创新点

(1)增强了教师开展课程思政的信心,纠正了"思政进入课堂会减损学科

科学性"的错误观点。

（2）精心选择问题和题材。"新闻价值"是贯穿新闻理论和新闻实践的重大学科问题，"中华人民共和国成立70周年"是我国政治、社会生活的大事，也是新闻媒体重大报道题材，学生有丰富的素材可以选择，不会流于琐碎，具有纲举目张的效能。

（3）没有"硬捏合"，发掘融合的"融点"。这次课堂展示把"新闻价值"和"中华人民共和国成立70周年新闻报道"有机结合，其前提是两者具备融合的基因。

（4）"引导"而不"硬导"，"四给一不给"。任课教师给任务、给帮助、给课堂时间、给点评，但不给结论，学生通过搜集素材、研读文献、集体讨论，自然会得出结论。

效果体现

整体效果得到学生的认可。下面具体摘录分享三个小组对思政课程的感悟。

第一小组：作为讲解员能够上台解说我们的研究成果，我感到十分荣幸。此次活动不仅是一场智慧的交流与思想的碰撞，更是一场拉近学生之间思想与心灵距离的友谊活动，具有极其深刻的意义与价值。

第二小组：我认为课程思政应成为课堂教学的"点睛之笔"，而不能成为学科教学，被思政所累。学科教师在教学设计时应当巧妙设计，将思政元素穿插于学科教学中，达到"于无声处听惊雷"的效果，对学生的思政教育也就水到渠成了！通过这次对中国特色网络管理课程的学习，我们从国家层面理解了网络管理的必要性。

第三小组：平凡的世界，不平凡的人物。前进的道路不会是一帆风顺的，会遇到各种各样的困难，新时代的共产党人要有不惧艰险的那股劲，做到爱岗敬业，身体力行。在互联网管理中，作为共产党员，我们必须在实际行动中积极响应国家政策，支持净化网络空间。

课程负责人：钟瑛 教授

广告学

"市场营销学"课程思政案例

主讲教师:陈 薇

章节名称

第四章 消费者分析　第四节 消费文化、跨文化传播与全球市场

课程目标

一、知识目标

理解全球范围内的市场竞争现状、掌握"走出国门、进入市场、洞察市场、制定营销方案"的关键性因素,并且形成对原产国效应的初步理解,建立起市场营销与国家形象构建的重要学科连接。

二、能力目标

在对全球市场现状形成科学认知的基础上,能够进行较为全面的市场评估,区分投资、收购等多种形式,并对全球产品策略、传播战略、定价策略以及分销策略形成独到见解。同时,基于国际营销过程中原产国效应对于构建国家形象的重要作用,引导学生思考如何在开发全球市场的过程中塑造良好的国家形象。

三、价值目标

培养立足本国国情,兼具家国情怀,同时拥有国际视野、全球意识,掌握专业技能的营销人才。引导学生肩负时代责任,在百年未有之大变局中,树立创建中国品牌和创造、传递、传播中国品牌价值的信心与使命感。

教学内容

一、教学方法

理论讲授为主,阐明教学主要内容,建立系统性的知识体系;通过兼具时效性和启发性的典型案例,培养学生的思考能力;辅以小组辩论、课堂展示、课后阅读等多种方式,实现师与生、传与授、教与学的双向互动与多向流动,完成"教—学—练"三位一体的系统教学。

二、教学学时

教师课堂教学2学时+课堂讨论2学时

三、教学重难点

其一,全球营销的相似性与差异性。

其二,全球市场营销方案的决策方法(产品策略、传播战略、定价策略、分销策略)。

其三,导入"人类命运共同体"理念,引导学生在国际力量格局变换的当下,以市场营销的视角来重新审视国家形象的构建与优化。

四、参考教材

教学参考书:

菲利普·科特勒、凯文·莱恩·凯勒,《营销管理》(第15版),何佳讯、于洪彦、牛永革等译,上海:格致出版社,2016年。

课外文献阅读:

小卡尔·麦克丹尼尔、罗杰·盖茨,《当代市场调研》,李桂华译,北京:机械工业出版社,2017年。

五、主要内容

结合全球力量格局的演变与"人类命运共同体"理念,讲授全球市场的开发,探讨消费文化、跨文化传播与全球市场的关系。将教学内容与价值导入有机联结,将社会主义核心价值观、时代发展主题融入知识系统的讲解中,促使学生更好地了解与学习我国优秀的民族品牌、传统文化价值观,形成较为全面的国际贸易知识图谱,激发学生为提升民族企业、民族品牌的形象价值,提升其国际竞争力而出谋划策的自觉性、主动性。

第一部分为背景导入,介绍全球市场格局的演变与全球化下中国和平崛起的背景,阐明中国在全球市场中建立强势品牌的重要意义,让学生在全球市场营销与国家品牌建构、国家形象建构之间建立联系,形成正确的认知。

第二部分介绍不同国家的自有品牌在全球市场中开展的一系列战略性、策略性操作;介绍中国对全球市场的开发现状,让学生了解中国品牌"走出去"的现实情况与相关政策,立足当下,关注现实。

第三部分介绍完整的开发全球市场的知识体系,建立全球市场开发与国家形象建构间的重要关系;介绍进入全球市场的评估、选择与进场策略;介绍全球产品策略、全球传播战略、全球定价策略、全球分销策略;引入"原产国效应"等概念,让学生了解不同区域市场的消费者对原产国的印象,以及国家品牌形象建构的影响因素。

第四部分以"中国品牌走出去"开展课堂讨论。以学生自主思考与小组讨论为主要形式,引导学生层层剥茧,深入思考,寻找根源,归纳探索中国企业、中国品牌走出去的现实情况;引导学生充分认知原产国效应对全球市场开发的影响,为中国如何更好地融入世界市场体系提供启迪;进一步引导学生将视野从市场营销拓展延伸到中国声音、中国智慧、中国方案的更好传播中去思考当下问题。

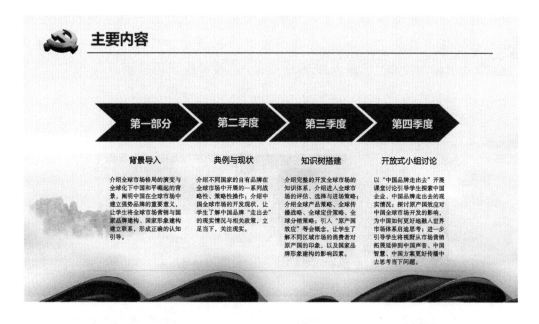

思政素材

一、"人类命运共同体"理念

2012年11月在党的十八大上,习近平总书记提出了"人类命运共同体"的理念。习近平总书记指出,国际社会日益成为一个你中有我、我中有你的"命运共同体",面对世界经济的复杂形势和全球性问题,任何国家都不可能独善其身。人类只有一个地球,各国共处一个世界,人类命运共同体旨在追求本国利益时兼顾他国合理关切,在谋求本国发展中促进各国共同发展。

二、"共同构建人类命运共同体"

2017年10月18日,习近平总书记在十九大报告中提出,坚持和平发展道路,推动构建人类命运共同体。"共同构建人类命运共同体"是习近平总书记提出的中国方案,蕴含着传承千年的中国智慧,指明了人类文明的前进方向,也为中国国家形象的传播提供了丰富而有深度的理念资源。

三、《中国制造2025》

《中国制造2025》是国务院于2015年5月印发的部署全面推进实施制造强国的战略文件,是中国实施制造强国战略第一个十年的行动纲领。该纲领由百余名院士专家着手制定,为中国制造业未来十年设计顶层规划和路线图,意在实现中国制造向中国创造、中国速度向中国质量、中国产品向中国品牌的转变,推动中国到2025年基本实现工业化,迈入制造强国行列。

思政元素

人类命运共同体理念蕴含着丰富的价值诉求,既彰显了新时代中国愿同国际社会一道,共建共享美好世界愿景,也体现出中国在风险全球化时代为解决人类公共问题积极发出中国声音、提出中国方案、贡献中国智慧。市场营销学科对全球市场的开发、全球品牌的建设都有过深入研究,本课程试图在此基础上,立足中国国情,同时放眼全球市场,引导学生进行全局性、系统性与自主性思考,由此夯实基础知识,扩展学科视野。帮助学生在思考国家形象理论知识的同时,具备更深厚的思想积淀,拓展更宽阔的理论视野,树立科学的人生观、价值观、世界观。

思政主题	思政元素
中国特色社会主义"四个自信"	原产国效应
	国家品牌、国家形象
	中国国家品牌、国际受众对中国品牌与中国产品的认知
	中国品牌的国际传播
"人类命运共同体"理念	构建人类命运共同体的理念
	全球市场体系的全局性、系统性、互动性
	中国文化、中国品牌走出去
	走出国门、进入市场、制定营销方案

主要素材来源于习近平总书记重要文章《共同建构人类命运共同体》。

《求是》杂志于2021年第1期发表习近平总书记的重要文章《共同建构人类命运共同体》:"人类正处在大发展大变革大调整时期,也正处在一个挑战层出不穷、风险日益增多的时代。世界怎么了、我们怎么办?这是整个世界都在思考的问题,也是我一直在思考的问题。让和平的薪火代代相传,让发展的动力源源不断,让文明的光芒熠熠生辉,是各国人民的期待,也是我们这一代政治家应有的担当。中国方案是:构建人类命运共同体,实现共赢共享。"

新华网评论认为,"文章指出,构建人类命运共同体,关键在行动。国际社会要从伙伴关系、安全格局、经济发展、文明交流、生态建设等方面作出努力。坚持对话协商,建设一个持久和平的世界。坚持共建共享,建设一个普遍安全的世界。坚持合作共赢,建设一个共同繁荣的世界。坚持交流互鉴,建设一个开放包容的世界。坚持绿色低碳,建设一个清洁美丽的世界。"

教学安排

一、课程导入

阐明中国在全球市场中建立自有品牌、完善品牌形象的重要意义,让学生将全球市场营销与国家品牌建构、国家形象建构联系起来,形成正确的认知。

(1)以韩国现代汽车全球化进程的四个阶段为例,展示如何从寻找技术伙伴、自主开发车型,到打入欧美市场、抓住新兴市场的全球化战略布局,总结其全球化战略中的经验与教训,引发学生对自有品牌在全球市场扩张中的风险与机遇进行思考。

(2)介绍不同国家的自有品牌在全球市场中实施的一系列战略性、策略性操作;介绍中国对全球市场的开发现状,让学生了解中国品牌"走出去"的现实情况与相关政策,立足当下,关注现实。

(3)了解国家对于中国商品、中国品牌走出的政策,明确国家战略布局。

二、主要版块

从市场选择到营销方案,为学生搭建开发全球市场的完整知识体系,并引入原产国效应的概念,建立全球市场开发与国家形象建构间的重要关系。

市场考察:评估潜在市场以及选择进入市场的方法。

进场策略:直接与间接出口模式、许可证制度、合资、投资与收购。

营销方案:全球产品策略、全球传播战略、全球定价策略、全球分销策略。

原产国效应:消费者对原产国的印象,国家形象建构影响因素。

课程期间针对性设置互动问题。

针对市场考察:以特斯拉为代表的新能源汽车是如何对中国市场进行评估和对消费者进行洞察的?请模拟其消费者画像过程,并绘制中国新能源汽车的需求地图。

针对进场策略:中国光伏产业如何规避海外市场绿色壁垒?请查阅资料,使用多媒体形式展示中国光伏产业的海外发展路径。

针对原产国效应:国家代表性企业华为的海外市场拓展工程,将如何对我国的国家形象建构产生影响?请以华为在国外社交媒体上的媒介形象的变迁史举例说明。

三、课程延展

引导学生归纳探索中国企业、中国品牌"走出去"的现实情况,诸如他国消费者对中国品牌的认知观念,西方媒体对中国企业形象的认知概况;探讨原产国效应对中国全球市场开发的影响;为中国今后如何更好地走出去,更好融入世界市场体系提出建设性意见;通过"人类命运共同体"与《中国制造2025》的穿插讲授,进一步引导学生将视野从市场营销拓展延伸到中国声音、中国智慧、中国方案的更好传播中去,使其主动利用已学知识来进行思考。

特色与创新点

一、将市场营销与思政联动,极富人文关怀,承担时代责任

不仅让学生了解到全球市场开发的现状、掌握制定相关战略与策略的科学方法,还引导学生意识到在全球化时代下民族品牌的原产国效应对国家形象建构的深远影响,思考在中国走向世界舞台中央的当下,如何更好地塑造国家形象。

二、课程内容紧跟时代发展,与现实结合密切

本课所引用的案例均为具有代表性、时代性的典型案例,能够让学生与时俱进地了解现实动态,掌握国际市场环境基本态势,洞悉国际市场行为背后的各自影响因素,明晰我国经济双循环发展面临的机遇与挑战,坚定中国品牌

"走出去"的信念和信心,课程具有强烈的现实意义和时代价值。

三、理论学习与实践操作相结合,知识结构立体化

通过课堂中的互动问答、课堂后的拓展阅读以及课堂之外的学科竞赛,形成从直接学习、动态消化,到实践验证、成果反馈的完整教学闭环。针对基础理论课中的基本概念等关键问题,开展从本科一年级到三年级相互衔接、逐级提升的实践指导课程,开阔学生的知识视野,培养学生的探索精神和创新能力,强化学生的市场营销策划实践能力,提高学生语言表达、美学修养和创新能力,适应国家、社会、市场的需求。体系化知识与体验式实践之间相互催化,实现由二维化扁平枯燥的书本知识向多维立体的实践式学习的飞跃,能够更大程度地激发学生的学习兴趣,寓教于行,全方位提升教学质量,优化教学效果。

效果体现

本课程作为新闻传播类各专业的核心基础课程,面向广告学、新闻学、广播电视学本科生开设,坚持立德树人,将教学内容与价值导入有机联系,将社会主义核心价值观、时代发展主题融入知识的系统讲解中。课程使学生树立市场营销意识,了解市场营销环境,研究消费者行为,培养和提高正确分析、解决市场营销管理问题的能力。

通过课堂教学,学生对全球市场、跨文化传播、市场调查、市场策划等表现出高度热情,积极参与课堂互动和讨论,表达自己的思考与看法。课后通过自主阅读文献、参与在线讲座等形式,主动学习、积极思考。课程鼓励学生积极参与相关的学科竞赛,在实践中灵活运用所学知识,强化思想政治意识、市场营销意识、国际意识等,用实际行动承担推动国家品牌战略和形象建构、国际跨文化交流的责任,在学习与实践中进一步激发学生的爱国情怀,引导其提高思想政治水平和科学素养,牢固树立使命意识,树立"四个自信",坚定理想信念。

本课程指导学生获得全国大学生广告艺术大赛、公共关系策划大赛等学科竞赛奖项14次。其中,国家级奖项10次(包括3次国家级一等奖),省级奖项20余次,积累了丰富的竞赛指导经验,主要获奖情况如下:

①学生策划作品《无言情书》获第十三届全国大学生广告艺术大赛国家级一等奖,2021年;

②学生策划作品《公众号"淡蓝色星球"分析策划报告》获第五届全国大学生网络编辑创新大赛国家级一等奖、湖北省一等奖,2020年;

③学生策划作品《种草喜马拉雅》获第七届全国大学生公共关系策划大赛

国家级一等奖,2019 年;

④学生策划作品《二的三次方,生活加点甜》获第十三届全国大学生广告艺术大赛国家级三等奖,2021 年;

⑤学生策划作品《绿野鲜踪娃哈哈新品策划》获第十一届全国大学生广告艺术大赛国家级三等奖、湖北省二等奖,2019 年;

⑥学生策划作品《非同凡象》获第十一届全国大学生广告艺术大赛国家级优秀奖、湖北省一等奖,2019 年;

⑦学生策划作品《以爱之名,WE NEED U》《莫伤兰若,护你春夏》获第七届全国大学生公共关系策划大赛国家级优秀奖,2019 年;

⑧学生策划作品《可劲儿造,拒绝燥》《美自在呵护》获第十六届广告大赛学院奖国家级优秀奖,2018 年;

⑨学生策划作品《有胆有色有态度》获第十一届全国大学生广告艺术大赛湖北省二等奖,2018 年;

⑩学生策划作品《丝路创新商贸都市策划、青春常有你》《快乐不缺席策划》《被触动的感觉》《网易云策划〈与君书〉》等,获第十、十一届全国大学生广告艺术大赛湖北省优秀奖,2018 年、2019 年。

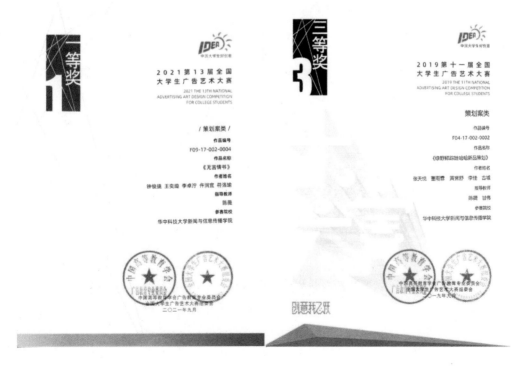

课程负责人：陈薇　教授

"品牌传播概论"课程思政案例

主讲教师:李华君

章节名称

第二章 品牌传播主体　第四节 国家品牌的全球化传播

课程目标

一、知识目标

理解国家品牌的内涵、历史发展、政策价值、传播特征。介绍中国国家品牌建设战略方针,了解习近平总书记有关品牌发展的论述。思考百年未有之大变局下中国国家品牌建设面临的机遇与挑战,探讨智媒时代国家形象建设的创新路径。

二、能力目标

掌握国家品牌传播策略,明确国家品牌建设对国家形象传播的重要作用,熟悉中国国家品牌建设的方针政策,能够对国家形象创新建设与中国故事的对外传播提出建设性意见。

三、价值目标

培养学生的政治意识,引导其树立家国情怀,牢记时代使命,做有理想、有追求、有担当、有作为、有品质、有修养的大学生。

教学内容

一、教学原则

1.尊重课程思政教学基本规律

在教学实践中要考虑教学的"内外"环境。首先是教学过程"外"环境。近年来品牌战略地位进一步提升,成为大国博弈和国际竞争的焦点。品牌传播教学必然体现出时代性。其次是教学过程"内"环境。注意培养学生的自主意识,引导学生主动参与思政元素与教学内容的智慧生产。

2. 坚持品牌传播课程知识体系的完整性

思政教育与品牌传播教育的融合,是将思政的重要内容贯穿品牌传播课程、把思政的相关内容融入品牌传播课程之中。保证品牌传播课程知识体系的系统性和完整性,是品牌传播课程实施课程思政的核心教学原则。

3. 保证思政元素的实效性、亲和力和价值性

实施课程思政的根本目标是培养有坚定理想信念的中国特色社会主义事业的合格建设者和可靠接班人。在课程思政建设中,要保证思政元素的实效性、亲和力和价值性,让课程思政的效果落到实处。为此,品牌传播课程要更加注重案例教学,以具体鲜活的案例揭示其所蕴含的深刻道理。

二、教学重难点

(1) 国家品牌的内涵变迁与传播特征。

(2) 新时期我国应该如何建设国家品牌,塑造国家形象,讲好中国故事。

三、教学方法

案例教学、小组讨论、实践任务开展。

四、教学学时

4学时。

五、参考教材

李华君,《数字时代品牌传播概论》,西安:西安交通大学出版社,2020年。

六、主要内容

国家品牌以国家正向价值建构为本位,以"双向对称"沟通为原则,以多元主体传播为特征,通过"内获认同、形成合力,外获信赖、达成合作",实现国家话语权与软实力的提升。

1. 第一部分:导入

阐释国家品牌建设的重要意义,让学生了解国际传播战略的布局方针,树立正确的价值导向。通过对不同国家品牌建设案例的分析,引出国家品牌概念,并将其与中国国家形象建设联系起来。

2.第二部分:智媒时代国家品牌的传播特征

探析数字环境变化对国家品牌传播带来的影响,分析智媒时代国家品牌传播的机遇,构建中国国家品牌的全球化传播策略,培养学生的大局意识与国际视野。

3.第三部分:国家品牌全球化传播策略

引导学生站在国家战略角度思考中国国家品牌传播的创新路径,让学生切身感受到国家形象建设并非遥远的事情,学生需要为国家发展贡献自己的力量,做有理想、有担当的中国青年。

思政素材

(1)在"全球化背景下的国家品牌"内涵与功能的讲授中,讲解塑造负责任、有能力、求和平、谋发展的大国品牌形象与实现中华民族伟大复兴的中国梦之间的关系,让学生更确切地感受到国家品牌建设对于国家发展的重要性。

(2)在"抓住传播契机,提升国际话语权"的策略讲授中,介绍了庆祝中华人民共和国成立70周年等重大仪式在国际传播层面的意义,学习了党的十八大以来,以习近平同志为核心的党中央在对外传播工作方面的讲话和精神,让学生了解在新时代提升我国国际话语权的行动抓手。

(3)在"讲好中国故事,创新传播方式"的策略讲授中,以"一带一路""人类命运共同体""精准扶贫"等体现中国特色和时代主题的故事为案例,向学生阐述讲好中国故事的原则和方法。故事中所包含的典型案例和先进事迹具有振奋人心、激发爱国热情的民族力量,鼓舞了学生的爱国热情和报国之志。

思政元素

(1)以"内获认同、形成合力,外获信赖、达成合作",实现国家话语权与软实力的提升为引领,重点围绕新时代国家品牌建设的重要性、特点和策略进行讲解,激发学生的社会责任感、专业热情。

(2)从传播学、营销学等多个视角解读国家品牌,培养学生全面辩证地看待事物的能力,增强学生的专业水平和探索精神。

(3)从丰富的中国故事传播案例中,学习多样的国际传播策略,激发学生在数字传播时代积极展示国家形象,塑造国家品牌的想象力和创造力。

(4)凸显国家品牌传播课程思政建设的目标导向,坚持新时代中国特色社会主义国家品牌建设的思想导向,把握"讲好中国故事,传播好中国声音"的价值理念,培养学生的大局意识、家国情怀,共塑人类命运共同体理念。

教学安排

一、导入(专题讲授、案例讨论)

阐释国家品牌建设的重要意义,让学生了解国际传播战略发展情况,树立正确的价值导向。

1.通过不同国家品牌建设案例,引出国家品牌概念,并与中国国家形象建设联系起来

案例讨论:不同国家品牌建设异同

提问:国家品牌是什么?我们为什么需要建设国家品牌?

回答:国家品牌是基于国家物质存在和国家现实行为的无形资产,是国家在与国际社会互动过程中形成的国际社会公众对国家的正面评价、认可或信任。全球化时代,国家品牌建设成为国家间博弈、话语权争夺的重要领域,具有极为重要的现实意义。

2.了解习近平总书记讲话中关于品牌的观点,明确品牌强国建设是国家发展的重要战略布局

习近平总书记高度重视品牌建设,多次提出殷切期许。2014年5月10日,在河南考察时,习近平总书记首次提出"推动中国制造向中国创造转变、中国速度向中国质量转变、中国产品向中国品牌转变"的重要战略。随后,习近

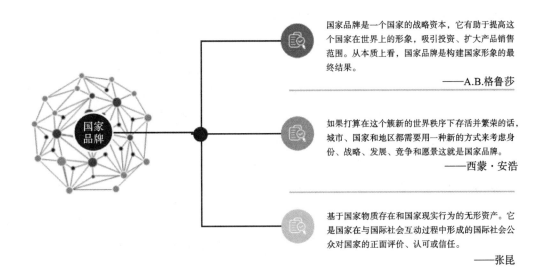

学界关于国家品牌的论述

平总书记多次发表讲话,谈论我国的品牌建设。

提问:如何解读习近平总书记讲话中有关品牌的观点?

回答:品牌建设是构建现代化经济体系、形成新发展格局的内在要求,是我国由经济大国向经济强国转变的重要途径,是满足人民日益增长的美好生活需要的根本要求。

进入新发展阶段,构建新发展格局,我们必须发挥品牌经济的引领作用,同时激发企业的创造力,加快创新,提高竞争力,让中国品牌真正走上消费引领的位置,树立自主品牌的消费信心,满足人民群众对美好生活的渴望与追求。

二、智媒时代国家品牌的传播特征(专题讲授、案例讨论)

1.探析数字环境变化对国家品牌传播带来的影响,分析智媒时代中国国家品牌传播的机遇

思政目标:培养学生的大局意识与国际视野。

(1)流动的数字印象:国家品牌本身是一个博大精深的系统,但是在数字化时代,世界公民心中的国家形象,可能是由各方各面的点状印象组合而成的,这些印象随着国家的动作和声音不断变化,时刻刷新着人们对国家的认知。

(2)全天候、全方位的信息叠加:数据是信息,更是一种有效的工具,可以在国家品牌传播的品牌定位、受众分析、效果测量等领域提供策略支持。国家

外文局每年都会发布有关中国国家形象的全球调查,为国家品牌传播策略的制定和调整提供数据支撑。

(3)个体价值力量的凸显:在智媒时代,个体的价值力量被放大。个体可以通过互联网技术将自己的生活体验与国家品牌传播直接联系起来,在个体鲜活的经历中多层次、多角度、多元化地展示国家形象。

2.思考智媒时代中国国家品牌传播的困局,并为构建国家品牌的全球化传播策略提供思路

思政目标:培养学生作为中国青年的时代担当。

"一带一路"的海外认知度不断提升

◆ 20%的海外受访者听说过"一带一路"倡议,其次是"以合作共赢为核心的新型国际关系"(18%)。在印度、日本、意大利等国家,受访者对"一带一路"倡议的认知度达到40%以上。

◆ 对"一带一路"认知度排在五位的国家为:印度(50%)、日本(43%)、意大利(40%)、俄罗斯(30%)、韩国(30%)

案例解读:党的十九大后中国国家形象的全球调查

提问:如何解读党的十九大后中国国家形象的全球调查?

回答:十九大报告新增文明交流互鉴的中国主张、中华人民共和国成立70年来的中国国家形象评价等热点话题,涵盖了对中国政治、外交、经济、文化和科技等领域国际形象的调查,更加立体、全面地呈现出国际社会对2019年中国国家形象的认知。

共建"一带一路"获得了更多海外人士的认知与了解。在对"一带一路"有所了解的海外受访者中,四成以上的人认为,共建"一带一路"有助于国家和地区的基础设施互联互通建设,有助于沿线国家和地区的投资贸易合作,是有广阔前景的全球性公共产品。海外受访者最为期待"一带一路"能在贸易畅通和设施联通方面发挥更大影响和作用。

中国的发展证明了,中国国家形象的传播不仅仅提升了自身的国际话语权,而且是由中国自身的发展决定的。在世界经济遇到危机时,中国经济给世界经济"托住了底",在未来可预期的时间内,中国经济将对世界经济做出更大的贡献。

三、中国国家品牌全球化传播策略

思政目标:引导学生站在国家战略角度思考国家品牌传播的创新路径,让学生切身感受到国家形象建设并非遥远,学生要为国家发展贡献自己的力量,做有眼界、有理想、有担当的中国青年。

1. 凝聚传播主体,增加国家声量

(1)发挥桥梁人群的中介作用。

国家品牌传播的对象是人,目的是影响其对国家的认知,而桥梁人群多以民间身份直接与其他国家接触,在进行国家品牌传播的过程中更加真实、灵活,更能够赢得所在国家民众的信任,成为国家品牌全球化传播的"意见领袖"。

(2)利用专业的全球传播组织。

政府组织是国家品牌对外传播中最重要的组织,中国政府在参与、处理国际事务的同时,传递的是中国价值和中国形象。中国政府在全球环境治理以及世界反贫困问题上的卓越表现,展现出中国负责任大国的形象。

(3)植入社交空间,发挥个体作用。

国家品牌传播需要依据不同社交网络的属性特征,有技巧地植入各种社交媒体圈子,尽量使用顺应圈子文化的理念,因循他们的思维模式和行为规范,展开精准对话沟通。

案例讨论:共青团中央与《那兔》动漫合作作品"抗日党史"获得 12.5 万播放量

案例讨论:李子柒视频中的中国文化与中国意象在海外社交平台 YouTube 爆火

2.抓住传播契机,提升国际话语权

(1)抓住重大事件的仪式化传播。

2021年,中国成功举办了"2021年全国两会""中国航天大会""庆祝中国共产党成立100周年大会",这些重大事件经由有组织、有意识地运用仪式化传播的理念及方法,成了传播国家品牌的重要窗口。

(2)提升新时代中国国际话语权。

人类命运共同体是关乎人类最长远福祉、最根本利益的联合体,既尊重了各国的差异性,又超越了国家利益冲突、意识形态纷争和地缘文明差异,因而不是以往外交理念的简单重复,其展现的是一种超越民族国家的整体秩序观和共同价值论,具有重大的价值。

3.讲好中国故事,创新传播方式

一个好的故事能够引发情感共鸣,提升沟通效率,获得世界各国的理解、尊重与认同。借助"故事"这一通用世界性"语言",将中国的发展融入打造人类命运共同体的故事当中,有利于获得世界各国的大力支持,有利于世界形成对中国的正面认知,从而塑造良好的国家品牌形象。

案例讨论:讲好中国抗疫、中国扶贫故事

四、学习评价

设置课堂讨论、课堂检测与课后拓展,一方面巩固学生所掌握的知识内容,另一方面进一步加深学生对国家品牌传播的理解,培养学生的社会责任感,为实现中华民族伟大复兴中国梦而奋斗。

评估步骤	评估目标	评估内容
课堂讨论	教师根据课程内容出讨论题,学生们根据题目进行开放式讨论	你认为哪些中国符号可以代表中国国家品牌的精神内核?
课堂测验	课堂学习结束后会有当堂测验,题型为选择题,旨在巩固本课学过的知识	1. 以下对国家品牌的理解错误的是: A. 国家品牌是国家在全球公民心目中的整体印象 B. 国家品牌是一种总体的、相对稳定的一般性评价 C. 国家品牌是国家的宝贵财富 D. 只有大国需要建设国家品牌 2. 积极进行国家品牌全球化传播的原因包括: A. 提升国际形象和国际亲和力的需要 B. 主动和有效地回应所谓的"中国威胁论"的需要 C. 获得世界的理解与认同,坚持和平崛起发展战略的需要 D. 增强国家文化软实力的需要
课后拓展	结合教师线上课程与线下教学的情况,将所学习的品牌传播知识转化为学生个人创新实践能力	结合MOOC教学与线下教学资源,对相关内容进行延伸思考

特色与创新点

(1) 具有较强的时代感和历史意义。将培育和提升中国国家品牌实力与时代呼唤深度结合,不仅让学生了解在全球化时代建设国家品牌的重要现实意义,而且进一步探究国家品牌全球化的传播策略,全面培育学生对数字时代品牌传播的"知识素养""认知理解"和"高阶技能"。

(2) 课程内容紧跟行业发展前沿,理论与实践密切结合。通过翔实的国家品牌理论介绍、独到观念和精彩案例的分享,开拓学生在数字时代建设国家品牌的新视野,提升了课程的趣味性,将学生引入情景中来分析问题,培养其反思能力及应用能力。

(3) 注重价值观和知识素养的培养。充分挖掘蕴含于课程中的显性及隐性思政资源,培养学生的"家国情怀、国际视野",提升学生传播中国国家形象的主动性。在线上互动环节,结合新冠疫情期间中国品牌形象传播等问题,让学生认识到宣传国家形象也是体现国家综合实力的重要表现,以此增强学生对教学内容的价值认同。

效果体现

(1)通过"线下课程教学＋线上课程视频＋专题讲座＋微信公众号＋在线答疑＋研究项目",提升学生的学习体验。从学生课堂讨论、课后测试、实践任务的情况来看,学生能积极参与课堂案例的分析,参与话题讨论,有自己独立的思考和见解,能理解当下的国家品牌建设的内在逻辑与发展趋势,同时增强国家品牌建设的社会责任感,掌握相关知识技能。

(2)通过微信公号、品牌专题讲座等方式增强课程黏度,激发学生的学习热情。学生将学习到的品牌策划技能和创新能力的训练融入学科竞赛中,组队参与国家级大学生创新创业项目,并先后在中国大学生广告创意大赛、湖北省第十三届"挑战杯"大学生课外学术作品竞赛等赛事中获得奖项,达到了引导学生进行探究式学习与个性化学习的目的。

课程负责人:李华君 教授 副院长

"公共关系原理"课程思政案例

主讲教师：陈先红

章节名称

第八章 讲好中国故事　第一节 面向国际社会讲好中国共产党故事的经验、困境与对策分析

课程目标

一、知识目标

了解面向国际社会讲好中国共产党故事的历史经验与现实困境，站在时代发展角度思考国家公关与叙事传播面临的机遇与挑战。

二、能力目标

掌握国家公关与叙事传播策略，熟悉国际传播的方针政策，提升学生国际公关素养，能够对中国共产党形象创新建设与讲好中国故事提出建设性意见。

三、价值目标

培养学生的政治意识、大局意识、公关素养，树立家国情怀，牢记时代使命，做有理想、有追求、有担当、有作为、有品质、有修养的国际传播人才。

教学内容

一、中国共产党建党百年来的国际公关经验

（1）理念上：因时而变地调整中国共产党形象传播战略。

根据国家发展的不同阶段，如建党初期、新中国成立初期、改革开放、中国特色社会主义新时代等，调整党的形象传播战略以适应政治、经济、国际关系等多面发展的实际需求，整体上历经了从"对外宣传"到"对外传播"到"国际传

播"到"全球传播"的变化。

(2) 主题上:围绕中心,服务于大局和人民群众。

紧紧围绕党的最新理论成果、战略方针和实践问题,服务于当下党和国家的重大决策。

(3) 策略上:从官方的宏大叙事到民间的公共外交。

中国福利会等民间社团参与对外宣传发挥了良好效果的经验表明,旗帜鲜明的政绩宣传应当逐渐减少,弱化意识形态的直接冲突,转向以微观层面的党员个人故事为切入点,通过多层次叙事,逐步升华对党的形象认知。

(4) 方式上:从独白外宣到跨文化对话。

传播方式的整体发展趋势,要求由以传播者为主体、单向输出的"对外宣传"转向以受众为主体、双向沟通的"国际传播",更加注重国外受众的反馈,从以我为主的单方面行为向在与他者的"协商"中构建自身形象的双向沟通转变。跨文化对话还包括针对不同文化的受众群体用不同的方法讲故事。

(5) 体裁上:利用新近出现的媒介载体创新受众喜欢的形象传播产品。

从早期的报纸书刊、广播、电视到电影、音乐再到当代的短视频等新媒体,中国共产党一直在及时学习使用最先进的媒介工具进行形象传播。

(6) 渠道上:既建设自己的国际传播平台,也借助传声筒的力量。

建立海外通讯社、发行海外报刊、播出对外广播,同时借助有影响力的外国本地媒体、记者等进行宣传。

(7) 时空上:通过参与、举办国际会议、重大活动、研修班等抓住讲故事的契机,获取讲故事的场所。

(8) 体制上:设立专门机构,出台相关制度。

如党委新闻发言人制度等,一方面,提升讲故事的主动性,塑造开明开放的政党形象;另一方面,将对外讲好党的故事作为硬性要求,倒逼讲故事水平的提升。

(9) 传播者上:打造一支善于对外讲故事的人才队伍。

在中国共产党成立以来的各个时期都体现出善于对外讲故事的人才队伍的重要作用。

能力需求包括外语能力、公关能力、表达能力、写作能力、媒介素养等。

代表人物如李大钊、周恩来、邓小平等,以及早期参与编译海外发行报刊和对外广播的记者等。

(10) 效果评估上:重视受众的反馈意见,并对当前的叙事策略进行调整。包括:①国外受众听到故事了没有;②国外受众听到故事以后信了没有。

(11) 内容上:从长文向图像转变,以事实为基础,向情感交流方向深入,话语风格由严肃转向活泼。注重更加生动地讲故事,重视故事的真实性,并由信息层面向文化层面进而向情感层面逐步深入。

(12) 主体上:领导人叙事和基层党员叙事相结合。

将领导人的署名文章、对外访问交往活动、专访等与基层党员的个人故事相结合,讲述不同视角的中国共产党故事。

二、当前在国际社会中讲好中国共产党故事的现实困境

1. 中西文化语境的主体间"视差"

新世界的信息秩序中,信息获取、传播的不平等,使我们的国际传播媒体影响力与西方主流媒体相比较弱,输出的信息与对方输入的信息存在较大的逆差,对改变国际舆论认知的作用力较弱。

2. 表达意愿与表达能力、表达效果的"误差"

我们想讲的并不是别人想听的,没有了解国外受众,无法满足国外受众关于中国共产党的信息需求。

3. 国际舆论信息流动的"逆差"

西方媒体对中国共产党形象的丑化,在受众中造成了普遍的刻板印象,其和中国共产党的真实形象之间存在差距。

4. 国际传播和受众认知的"偏差"

文化形象与军事、政治、经济形象之间存在差距。文化形象国际化发展不足,而军事、政治、经济形象过于"强大",导致呈现"威胁"形象。

5. 中国真实形象和西方主观印象的"反差"

我们的表达能力讲不清我们想讲的内容(语言能力、国际公关能力等),我们实际表达内容的效果和我们想达到的效果存在差距,表现为我国国际传播能力不足,海外传播平台的影响力较国外媒体弱,语言差异导致出现表达折扣,技术手段存在局限,全面的效果评估难以实施等。

6. 中国软实力和硬实力的"落差"

不同文化语境中对于同一观点的认知理解不同,表现出文化折扣现象。

三、面向国际社会讲好中国共产党故事的公关策略①

(1) 转变国际传播观念,培养"公关的头脑"。

(2) 回应核心敏感问题,武装"理论的声音"。

(3) 深研全新概念表达,牵住"话语的牛鼻子"。

(4) 实施积极公民计划,寻找"会讲的嘴巴"。

(5) 细分不同文明圈和舆论场,开发"愿意倾听的耳朵"。

(6) 建立国际统一战线,寻找"异域之眼"。

(7) 整合媒体平台资源,塑造"可参与的具身"。

(8) 弘扬人性共通之美,激活"共情的心灵"。

(9) 聚焦百年大党 IP,建立"统一的故事世界"。

思政素材

"公共关系原理"课程思政的核心内容是社会主义核心价值观和习近平新时代中国特色社会主义思想,力图塑造负责任、有担当、求和平、谋发展的中国共产党形象。讲好中国故事作为一种国际公关实践,本身就具有课程思政属性。讲好中国共产党故事,是对外增强国际话语权、提升文化软实力,对内铸牢中华民族共同体意识、增强社会凝聚力的重要途径。主要素材来源于以下讲话:

1. 2018 年 8 月 21 日至 22 日习近平在全国宣传思想工作会议上的讲话

"要不断提升中华文化影响力,把握大势、区分对象、精准施策,主动宣介新时代中国特色社会主义思想,主动讲好中国共产党治国理政的故事、中国人民奋斗圆梦的故事、中国坚持和平发展合作共赢的故事,让世界更好地了解中国。"

2. 2021 年 5 月 31 日习近平在十九届中央政治局第三十次集体学习时的讲话

"要加快构建中国话语和中国叙事体系,用中国理论阐释中国实践,用中国实践升华中国理论,打造融通中外的新概念、新范畴、新表述,更加充分、更加鲜明地展现中国故事及其背后的思想力量和精神力量。要加强对中国共产

---

① 陈先红,李颖异,王艳萍. 对外讲好中国共产党故事的策略[J]. 对外传播,2021(5):29-32.

党的宣传阐释,帮助国外民众认识到中国共产党真正为中国人民谋幸福而奋斗,了解中国共产党为什么能、马克思主义为什么行、中国特色社会主义为什么好。要围绕中国精神、中国价值、中国力量,从政治、经济、文化、社会、生态文明等多个视角进行深入研究,为开展国际传播工作提供学理支撑。要更好推动中华文化走出去,以文载道、以文传声、以文化人,向世界阐释推介更多具有中国特色、体现中国精神、蕴藏中国智慧的优秀文化。要注重把握好基调,既开放自信也谦逊谦和,努力塑造可信、可爱、可敬的中国形象。"

思政元素

2021年5月31日,中共中央政治局就加强我国国际传播能力建设进行第三十次集体学习,习近平总书记主持学习并发表重要讲话,明确提出"要加强对中国共产党的宣传阐释,帮助国外民众认识到中国共产党真正为中国人民谋幸福而奋斗,了解中国共产党为什么能、马克思主义为什么行、中国特色社会主义为什么好"。本课程思政素材坚持新时期中国特色社会主义国家形象国际传播的思想导向,把握"讲好中国故事,传播好中国声音"的价值理念,培养学生的国际公关素养、大局意识、家国情怀,共塑人类命运共同体理念。主要思政元素包含以下三个方面。

1. 讲故事

讲故事是一种以情动人的柔性公关策略,具有告知、说服、倡议等功能,可以引起情感反应,建立群体支持,促进社会和谐,塑造国家形象等强大的文化号召力和响应力。2013年8月19日,习近平总书记在全国宣传工作会议上提出"讲好中国故事,传播好中国声音"的战略思想,自此以后,"讲好中国故事"不仅成为一个重要的国家传播实践时代命题,而且成为公共关系领域的一个重要学术议题。

2. 话语权

"国际话语权"这一概念出现之后,凸显了一个国家与话语权之间的关系,其本质是国际舆论控制权。在本课程思政案例分析中,我们将重点讨论如何在国际民间话语空间、国际官方话语空间和国际公共话语空间中提高文化价值观国家话语权、政治性国际话语权和全球治理国际话语权。

3. 软实力

"软实力"是指一种通过吸引而不是强制、利诱达成目标的能力,是与"硬实力"相对而言的,是国家综合实力的重要组成部分。而文化软实力是软实力概念的中国化表达,是中华民族文化力和西方权力理论的结合体。习近平总书记在 2013 年 12 月 30 日中共中央政治局第十二次集体学习时的重要讲话中提出,要增强对外话语的创造力、感召力、公信力。本课程认为这三种力是一种共享性的国际表达,能够在国际社会引起广泛共鸣。

中国文化软实力,是指全球化时代中华古老文明在现代化发展过程中形成的能够穿越古今、融通中外的文化吸引力。这种中国文化吸引力来自三个方面:传统中国古老文明的文化感召力、现代中国在现代化发展过程中的文化创造力和全球中国在国际治理中的文化公信力[1]。中国文化软实力是一种具有中国特色的新概念、新范畴、新表述,可有效回避和祛除文化霸权色彩,具有可交流性、可体验性、可共享性。

教学安排

一、教学方法

本课程采用中国公关教育的"TRC 模式"(Teach-Research-Consultancy),倡导以互动型教育、研究型教育和训练型教育为宗旨的新型公关教育模式,此模式重在培养"通才式的专才"所应该具有的三种核心专业特质,即创意思维、策略制定、问题解决。

"T"要素强调的是"知识性"和"思维性",主要体现教学相长的两层内涵:一是"教",强调"宽基础、厚口径"的综合素质教育;二是"学",强调"创意发想"的主动学习功能。"R"要素强调的是"研究性",公关教育不仅要教育学生"How to do",而且要教育学生"Why to do",既要注重实践技能,又要重视科研能力。只有这样,才能学会"科学地思考+天才地表达",才能成为一个策略性传播人才。"C"要素强调的是教与学的"咨询性"和"实战性",通过对模拟训练、实战策划的系统化、制度化规定,将学生从一个个"圈养动物"变成一群群"野生动物",真正成为问题解决专才[2]。

---

[1] 陈先红,宋发枝."讲好中国故事":国家立场、话语策略与传播战略[J].现代传播(中国传媒大学学报),2020(1):40-46,52.

[2] 陈先红.论中国广告教育的 TRC 模式[J].广告研究(理论版),2006(3):72-75.

TRC 教育模式

二、教学学时

2 学时。

三、教学阶段

1. 专题讲授

阐释讲好中国共产党故事对内对外的重要意义,让学生了解国际公关战略的发展情况,树立正确的价值导向。

2. 案例教学

将中国共产党为人民服务的故事案例,如基层党员干部在新冠疫情期间坚守在防疫一线的故事、在河南大雨中救灾抢险的故事、驻守贫困山区脱贫攻坚的故事等,与中国共产党国际形象建设联系起来。

3. 小组讨论

教师抛出问题:"你认为中国共产党应当如何面向国际社会生动鲜活地讲好自己的故事?"学生自行分组,围绕上一教学阶段介绍的中国共产党好故事展开讨论,并给出中国共产党故事不同的国际传播策略和国际公关方案,教师针对各小组的策略方案即时点评反馈。

特色与创新点

通过"线下课程教学＋线上课程视频＋专题讲座＋学习通平台＋研究项目",提升学生的学习体验。从学生课堂讨论、课后作业、课外实践的情况来看,学生能积极参与课堂案例的分析,参与话题讨论,有自己独立的思考和见解,理解当下讲好中国共产党故事的内在逻辑与发展趋势,同时增强了参与国际公关与国际传播的社会责任感,掌握了相关知识技能。

1. 线下课程教学

线下课程教学组织学生围绕"如何讲好中国共产党故事"展开课堂讨论,

分组进行具体案例分析,提出公关策划方案,教师随堂点评反馈。

2. 课程视频

结合热点话题,线上展示中国共产党好故事的视频,并针对其公关策略进行知识点剖析。

3. 学习通平台

在学习通上建立课程和班级互动平台,上传案例资料、教案PPT等学习资源,学生可自主进行个性化学习,也可在学习通平台上与教师和同学进行交流互动,教师及时解答学生的疑问。

4. 研究项目

基于本课程教师所主持的教育重大攻关项目"讲好中国故事与提升中国国际话语权和文化软实力研究",以及中国故事创意研究院的资源,为学生提供参与"讲好中国共产党故事"相关研究的科研资源和机会,让学生将理论知识、学习激情应用到实践之中。

效果体现

将国际公关知识体系与思政课堂教学规律相结合,用专业理论指导现实实践。对内培养一支具备国际视野、家国情怀的公关人才队伍,增强青年群体的向心力和社会责任担当;对外讲好新时代中国共产党治国理政的故事,传播好中国共产党的声音,树立有责任、有担当的政党形象。

通过热点话题讨论、平台个性化学习、在线交流答疑等方式增强课程的时新性,贴近学生的兴趣点,激发学生自主学习能动性。学生将学习到的公关策划技能和创新能力融入学科竞赛中,在中国公共关系策划大赛、大学生挑战杯赛、中国大学生广告创意大赛等赛事上多次获得奖项,达到了将专业理论和现实实践综合起来的效果。

课程负责人:陈先红 教授

"视觉传播与创意"课程思政案例

主讲教师:甘世勇

章节名称

第四章 视觉表征 第四节 图像叙事

课程目标

一、知识目标

通过图像符号的组合与建构,理解、掌握视觉符号表征的基本技巧,在媒介多元化的传播环境下运用图像符号进行意义表达。

二、能力目标

掌握视觉形象的表征方式,以视觉语言的形式进行图像叙事,对特定社会题材、主流意识观念进行视觉传播。

三、价值目标

培养学生的政治意识、人文意识,树立家国情怀,牢记时代使命,做有理想、有追求、有担当、有作为、有品质、有修养的大学生。

教学内容

一、教学原则

1.尊重课程思政教学基本规律

"视觉传播与创意"课程的课程思政建设需要遵循教学基本规律,即在教学实践中考虑教学的内外"环境",以及教学自身的"特性"。首先是教学过程"外"环境。视觉传播与创意教学离不开一定的社会政治与文化的影响,视觉符号形象的文化立场成为中外传播意识形态博弈的主要领域,成为影响青年学生群体的媒介空间。视觉传播与创意教学必然体现当下时代的经济特征，又需要表达国家文化立场。其次是教学过程"内"环境。理论与实践结合是广告专业的重要教学方式，课程思政建设要注意培养学生的自主文化意识，引导学生主动参与思政元素与教学内容的互动重构。

2. 坚持视觉传播与创意课程知识体系的完整性

思政教育与视觉传播教育的融合，不是对原有教学体系的破坏，而是将思政内容贯穿整个课程，把思政内容融入视觉传播课程之中。保证视觉传播课程知识体系的系统性和完整性，是视觉传播与创意课程实施课程思政的核心教学原则。

3. 保证思政元素的实效性、亲和力和价值性

实施课程思政的根本目标是培养有坚定理想信念的中国特色社会主义事业的合格建设者和可靠接班人。在课程思政的建设中要保证思政元素的实效性、亲和力和价值性，让课程思政的效果落到实处。为此，视觉传播课程要更加注重案例教学，以具体鲜活的案例揭示其所蕴含的深刻道理。例如，通过对近现代经典艺术作品的叙事分析，让学生了解艺术创作的时代性，通过对创作立场与背景的解读，使学生认识到视觉表征中的符号形象的意义指代规律，熟悉不同时代的社会文化对形象叙事的意识形态的立场表达，以此增强学生对学习该课程的价值认同，使学生具有更为深厚的社会关怀与家国情怀，积极投身于中华民族伟大复兴的历史伟业中。

二、教学重难点

(1) 图像叙事的基本要素。

(2) 图像叙事的框架与类型。

(3) 如何通过图像符号进行主流社会文化价值观的视觉表征。

三、教学方法

案例教学、小组讨论、课程实践。

四、教学学时

2学时。

五、参考教材

任悦，《视觉传播概论》，北京：中国人民大学出版社，2008年。

刘涛，《视觉修辞学》，北京：北京大学出版社，2021年。

六、主要内容

图像作为符号的一种形态,具有信息可快速识别与传播的特点。与文字符号叙事不同,图像具有跨文化传播的显见性,同时,也很容易植入文化符号进行文化立场的表达。在互联网构建的地球村中,图像是西方世界利用文化符号进行文化侵入的重要手段。本课程一方面让学生掌握图像叙事传播的基础知识、特点、形态;另一方面让学生思考如何用传播学理论解释我们所面临的各类国内外社会经济生活现象,学会正确解读东西方社会间的形象符号、运用民族的文化理念通过图像符号建构当下中国形象。

1. 第一部分:导入

阐释视觉表征的内在结构,让学生了解图像叙事的符号选择,树立正确的视觉叙事观。通过不同国家的视觉表征案例,引出图像叙事概念,并将其与中国的形象叙事联系起来;了解国家领导人讲话中关于民族文化自信的观点,明确文化立场是视觉表征与叙事所表达的核心价值观。

2. 第二部分:图像叙事类型

通过介绍图像叙事类型,增强学生对视觉传播符号功能的理解,引导学生站在国家文化价值观的角度思考图像叙事传播的创新路径,让学生切身感受国家间的文化竞争的紧迫性,为国家文化的传播贡献自己的力量。

思政素材

本课程选用的思政素材坚持坚定文化自信的思想导向,把握"文化是国家形象的软实力"价值理念,培养学生对民族文化的自信与自觉传播。

思政主题	思政素材
"国家形象中的文化符号"	近代以来的中国国家形象
	绘画艺术作品中近代中国的国家形象的分析
	视觉叙事中的文化意义

思政元素

本课程的思政元素包括视觉形象的阶级性和文化立场。视觉形象的阶级性反映了社会各阶层、组织对事物的不同态度、立场、看法,即使是同一个符号形象,不同阶级之间也有着截然不同的解读;文化立场是对事物进行解读的出发点,对文化立场的把握可以形成主流文化观点。由此可见,视觉形象传播具有一定的思政属性,在讲授过程中融入思政元素更能促进学生理解视觉形象传播的专业知识。

教学安排

一、导入(专题讲授、案例讨论)

阐释视觉形象在传播中的重要意义,让学生了解形象叙事的基本框架,树立正确的文化导向。

通过讨论网络中出现的有争议的视觉主题形象,理解作为形象的视觉符号有其内在的文化价值导向功能,以此识别图像叙事中的文化观念渗透。

提问:上面两幅品牌广告画面中的人物形象有什么特点?引发了什么样的争论?为什么引发了广泛的争议?争论的根源与本质是什么?

回答:品牌广告画面中的人物形象以中国女性作为主体形象,突出了形象中眼睛的"眯眯眼"特征,以此突出品牌消费者形象。这些画面引发了国人对品牌的抨击,认为其丑化了中国人的形象,揭露了西方品牌面对中国人的无礼与傲慢。争论的根源是西方国家从近代以来长期对中国人形象进行诋毁和侮辱,本质是以所谓的西方文化对东方文化进行心理和行为上的打压,品牌以"歧视滤镜"对中国人的形象进行恶意加工。

图片释义：在19世纪末20世纪初，当时被列强瓜分的中国正处于水深火热之中，人口到处迁移。美国人就将那些到国外干苦力的黄种人，比喻成掠夺资源的入侵者，产生了种种对华人的言论抵制和歧视行为。其中最具代表的"傅满洲"就是从中衍生出来的反派形象。后来，华人角色多是以眯眯眼、宽眼距、高颧骨这样的"标准形象"出现在欧美的影视剧中。

二、图像叙事的类型（专题讲授、案例讨论）

通过对叙事作品的比较，区分图像叙事的类型，明确叙事类型与叙事主题之间的关系。

思政目标：培养学生对真实性形象和虚构性形象的价值把握。

（1）纪实类图像叙事。以实录的形式记述事件，达到挽留和凝固时间的效果。图像纪实类叙事最直接的体现就是新闻摄影，在不影响主体形象和事件发生的时空关系的前提下，对形象进行客观真实的记录，真实性是纪实类图像叙事的核心价值。

（2）虚构类叙事。以虚拟的形式创造事件，以一种特殊的形式保存、创造时间。虚构是艺术创作的基本手法，通过加工将已发生的事件进行再现，创造性是虚构类叙事的特点。

通过图像叙事对中国故事进行组织加工，以真实的人物、事件、情节对中国当下发生的感人故事予以视觉表征，同时也对历史故事进行虚构性叙事，发掘中国文化的优秀传统，向国人和世界讲好中国故事、传播好中国形象。

思政目标：培养学生的历史观及时代的担当。

提问：如何解读照片《孩子，妈妈带你回家》中的母亲形象？

回答：照片中的母亲形象由新华社记者周科于2010年1月30日拍摄于南昌火车站。照片呈现的不仅是一位典型的"春运人"，也是一位典型的中国母亲的形象。这位母亲肩背比人还高的超大行囊，左手拎着破旧双肩包，右手揽抱着襁褓中熟睡的孩子，眼神坚定地望着前方，屈身抬头前行……"春运母亲"的形象震撼了亿万中国人。这个母亲的形象既是真实的个人特写，也是时代的缩影，体现了时代性的国家记忆。

在图像的纪实性叙事中，纪实的形象留下了时代变革的痕迹，中国正处在民族复兴的伟大进程中，每一个人的力量都将汇成历史的洪流，行进在伟大的征程中。这样的真善美，是任何艺术创作形式都应追求的境界。对历史事件、形象的纪实性叙事，体现了马克思主义唯物史观的真理性。

案例解读:"春运母亲"摄影图片 摄影:周科(纪实类图像叙事)

在对历史、传统文化中的故事进行符号形象表征时,由于无法还原事件现场,虚构表现也就成了视觉叙事的一种方式,如徐悲鸿创作的油画作品《田横五百士》。

《田横五百士》

提问:在《田横五百士》这幅油画作品中,形象是如何进行叙事的?

回答:《田横五百士》是徐悲鸿的一幅有名的画作,描绘的是一则著名的历史故事。故事出自《史记·田儋列传》,原文这样记载:"……乃复使使持节具告以诏商状,曰:'田横来,大者王,小者乃侯耳;不来,且举兵加诛焉。'田横乃与其客二人乘传诣洛阳。未至三十里,至尸乡厩置,横谢使者曰:'人臣见天子当洗沐。'止留,谓其客曰:'横始与汉王俱南面称孤,今汉王为天子,而横乃为亡虏而北面事之,其耻固已甚矣。……'遂自刭。……五百人在海中,使使召之,至则闻田横死,亦皆自杀,于是乃知田横兄弟能得士也。"史称"田横五百士"。"田横五百士"已经成为忠义的代表。

该画创作于1928—1930年,当时中国处于大革命前夜的黑暗统治时期。徐悲鸿有感于田横等人"富贵不能淫,威武不能屈"的高风亮节,在中华民族危亡之际呼唤民众觉醒反抗外来压迫,解救民族危难。在构图上以田横的英雄形象为中心,即将慷慨赴义的田横面容庄严刚毅,丝毫没有赴死的凄凉和悲怆。众将士则表现出对田横的信赖与忠诚,他们姿态性格各异,或沉默不语,或忧伤愤慨,或作沉思状。画面中还有一位拄着单拐的人正急急地奔向他,好像要阻止他前往洛阳,暗示了事件不幸的结局,展现出一种悲凉的氛围。那匹早已整鞍待发的白马也似乎有所预感,表现出一种略带不安的情绪。写实的画法,成就了人物形象的逼真与精确。整幅画面在安静中透露出不安,在严肃中折射出悲壮,撼人心魄,动人心弦,于无声之中激发了中华民族的爱国热情。

画面中的形象均为画家根据情节需要所创作的虚构形象,通过画面构图、场景、人物关系的布置,对历史事件进行了模拟再现。画家选择这个历史故事与其所处时代息息相关,选择壮士形象表达了作者的愤懑与爱国情怀。虚构性叙事是对已发生的事件进行再现,再现的视角与作者对题材和时代的理解密切相关。作品比较独特的地方是作者将自己的个人形象巧妙地安排在场景中,体现了作者的人生态度和政治立场。

课后练习:请根据前面所讲的内容,分析《父亲》《南昌起义》两幅中国油画作品的叙事特征。

特色与创新点

(1)具有较强的时代感和历史意义。将历史中的叙事案例与当代精神相结合,不仅让学生了解视觉叙事在视觉传播中的重要功能,更让学生掌握视觉叙事的技巧,提升学生关于视觉传播的"视觉素养"和"文化解读"水平。

《父亲》作者：罗中立　　　　　　　　　　《南昌起义》作者：黎冰鸿

（2）课程将专业知识点与经典案例相结合，凸显视觉叙事的文化、阶级立场，体现了课程思政的特色要求，既是知识的学习，也是对党和国家、民族的历史形象的回顾。

效 果 体 现

（1）通过"线下课程教学＋专题讲座＋在线答疑"的方式，提升学生的学习体验。从学生课堂讨论、课后实践任务的情况来看，学生能积极参与课堂案例的分析，参与话题讨论，有自己独立的思考和见解，能理解不同文化的形象所体现的不同叙事功能，同时增强对民族文化形象传播的责任感。

（2）通过微信公众号、专题讲座等方式增强课程黏度，激发学生的学习热情。学生将学习到的形象表征与叙事能力融入对社会现实问题的观察与表达中，先后在中国大学生广告创意大赛等比赛中获得奖项，达到了进行个性化学习与实践性学习的目的。

课程负责人：甘世勇　副教授

"消费者行为学"课程思政案例

主讲教师:李贞芳

章节名称

第十章 参考群体与家庭影响

课程目标

一、知识目标

掌握参考群体的含义与功能;理解规范性的参考群体与比较性参考群体的特点与区别。

二、能力目标

把握参考群体与消费者行为之间的关系与作用机制,能够在强国工程、民族品牌的传播过程中运用参考群体的作用。

三、价值目标

培养政治意识、人文意识,树立家国情怀,在理想、信念、价值观等方面更加端正,加强人文素养、创新精神和合作能力,努力探寻未来方向。

教学内容

讨论:

①家庭怎样影响孩子的消费者社会化?电视广告在消费者社会化中起到了什么作用?

②营销研究者一般采用客观方式来衡量社会阶层,而不是主观方式。为什么研究者会偏好客观方式呢?

课后文献阅读:

①McFerran B, Dahl D W, Fitzsimons G J, et al. I'll have what she's having: Effects of social influence and body type on the food choices of others [J]. Journal of Consumer Research, 2010, 36(6): 915-929.

②Escalas J E, Bettman J R. You are what they eat: The influence of reference groups on consumers' connections to brands [J]. Journal of Consumer Psychology, 2003, 13(3): 339-348.

③Wan E W, Xu J, Ding Y. To be or not to be unique? The effect of social exclusion on consumer choice [J]. Journal of Consumer Research, 2014, 40(6): 1109-1122.

④常亚青. 中国中等收入者的收入流动性研究[D]. 上海: 上海社会科学院, 2011.

思政素材

"消费者行为学"课程的核心思政内容是马克思主义、社会主义核心价值观和习近平新时代中国特色社会主义思想。本课程的思政素材坚持新时代中国特色社会主义中有关家庭和消费观念的思想导向,引导学生了解消费者行为的社会阶层、参考群体和家庭影响因素以及消费者行为与企业品牌塑造间的关系,培养学生正确的价值观念、家庭观念,树立文化自信,促进学生形成良好的消费行为,并以此推动国家经济的高质量发展。

思政主题	思政素材
马克思主义思想	家庭观
	婚姻观
习近平新时代中国特色社会主义思想	社会主义核心价值观
	社会主义家庭观念新风尚
	跨文化传播与文化自信
	实现我国经济高质量发展

思政元素

在一个人成长的过程中,家庭教育与影响往往居于基础性地位。习近平总书记指出,"家风是社会风气的重要组成部分","精神文明建设工作部门要发挥统筹、协调、指导、督促作用,动员社会各界广泛参与,推动形成爱国爱家、相亲相爱、向上向善、共建共享的社会主义家庭文明新风尚"。社会主义道德要发挥促进国家治理的作用,归根结底要靠社会主义公民道德的建设和完善。而当下市场经济体制带来了人的原子化效应,在这种环境中推进社会主义公民道德建设,需要切实发挥好家庭这个社会最小细胞的社会功能与文明作用。

全球化的文化传播和交流,导致外来文化对于学生影响较大,西方资本主义所倡导的"享乐主义""个人主义"打破了当代大学生原有的消费模式和思想观念,这可能会让学生形成不利于社会主义发展的价值观和消费观。过多接收外来文化观念,也不利于树立文化自信。习近平总书记指出,"中华优秀传统文化是中华民族的文化根脉,其蕴含的思想观念、人文精神、道德规范,不仅是我们中国人思想和精神的内核,对解决人类问题也有重要价值"。在面对外来文化时,树立文化自信可以让学生具有辨别优劣的能力,坚守正确的文化价值观念,同时理性认识不同文化间的关系,深化对国际交往的理解力。

由此可见,消费者行为学中的参考群体和家庭影响研究具有与生俱来的课程思政属性,在讲授过程中融入课程思政元素更能够促进学生理解消费者行为相关的专业知识。

思政主题	思政元素
马克思主义	家庭起源、家庭形式
	资产阶级婚姻与无产阶级婚姻
习近平新时代中国特色社会主义思想	消费行为要遵循道德规范
	消费行为受到家庭影响,要发挥家庭的社会功能和文明作用
	消费行为要坚守中国传统优秀文化,树立文化自信
	以正确的消费观念推动国家经济高质量发展

教 学 安 排

1. 第一部分:家庭的发展历史(历史知识梳理)

(1)群婚制。

弗里德里希·恩格斯(Friedrich Engels,1884)《家庭、私有制和国家的起源》。

群婚家庭(蒙昧时代)→对偶制家庭(野蛮时代)→专偶制家庭(文明时代)→无产阶级自由婚姻→资产阶级婚姻。

最开始的家庭形式是群婚制(应为女性地位最高峰),即整群的男子与整群的女子互为所有,很少有嫉妒余地的婚姻形式。只要存在群婚,那么世系就只能从母亲方面来确定,因此,也只承认女系。

(2)对偶制。

对偶制是每一个男子都有一个主要妻子,每个女子都有一个主要丈夫。其他与之发生交媾关系的人都是次要妻子,或者次要丈夫。它产生于蒙昧时代和野蛮时代交替的时期,主要源于旧大陆家畜的驯养和畜群的繁殖产生的财富积累,进而创造了全新的社会关系(父系继承权)。

(3)专偶制。

专偶制是不以自然条件为基础,而以经济条件为基础,即以私有制对原始的自然产生的公有制的胜利为基础的第一个家庭形式。私有制的进一步发展,创造了个体婚姻制,它是文明社会的细胞形态。

专偶制的产生是由于大量财富集中于一人之手,也就是男子之手,而且这种财富必须传给这一男子的子女,而不是传给其他人的子女。为此,就需要妻子方面的专偶制,而不是丈夫方面的专偶制。此时,妻子和普通的娼妓不同之处,只在于她不只是像雇佣女工做计件工作那样出租自己的身体,而是把身体一次性永远出卖为奴隶。

(4)无产阶级自由婚姻。

自由结合的爱情只存在于彻底的无产阶级社会形态中,只有双方都没有附加的经济方面考虑,以纯爱之心为结合依据的自由婚姻才可能实现。

(5)资产阶级婚姻。

这种婚姻是一种契约,是一种法律行为,就两个人终身的肉体和精神的问题作出规定。在父权制和专偶制随着私有财产的分量超过共同财产,以及对继承权的关切日益加深而占了统治地位的时候,结婚便更加以经济上的考虑为转移。

"外表上受尊敬的、脱离一切实际劳动的文明时代的贵妇人,比起野蛮时代辛苦劳动的妇女来,其社会地位是无比低下的,后者在本民族中被看作真正的贵妇人。"如《傲慢与偏见》《理智与情感》中的女性。

2. 第二部分:教育和文化对婚姻的影响(研究文献支持观点)

Lundberg S, Pollak R A, Stearns J. Family inequality: Diverging patterns in marriage, cohabitation, and childbearing [J]. Journal of Economic Perspectives, 2016, 30(2):79-102.

Figure 1
Percent of Population Aged 33~44 Currently Married, 1960—2010

Sources: 1960—2000 US Census; 2010 American Community Survey.

Figure 2
Percent of Population Aged 33~44 Currently Divorced, 1960—2010

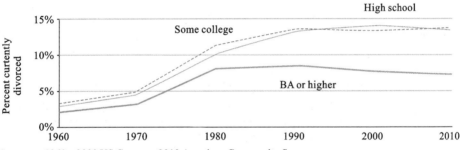

Sources: 1960—2000 US Census; 2010 American Community Survey.

上述文献显示：根据美国人口普查数据，1960—2010 年，33~44 岁年龄阶段的人群的结婚率是下降的；高中教育水平的结婚率在 1990 年之后开始显著低于硕士教育水平的人群，受教育水平越高，结婚率越高；而硕士及以上教育水平人群的离婚率一直显著低于高中教育水平的群体，在 1980 年之后，这个群体的离婚率开始下降，而高中教育水平群体的离婚率则继续上升，说明受教育水平越高，离婚率越低。

Bertrand M, Cortes P, Olivetti C, et al. Social norms, labor market opportunities, and the marriage gap between skilled and unskilled women[J]. The Review of Economic Studies, 2021, 88(4): 1936-1978.

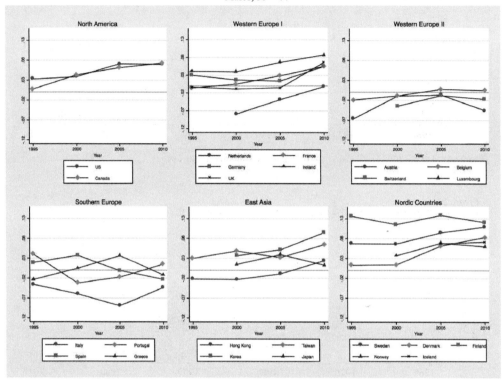

Figure 2B. Difference in Ever Married Rates (High Skilled-Low Skilled) from 1995 to 2010 by Country Males, 35~44

根据上述文献,可以发现一个非常有趣的现象:在欧美国家,受教育程度比较高的人群,不论男女,比受教育程度较低的人群,结婚率要高;在亚洲地区,受教育程度比较高的人群,比受教育程度较低的人群,男性结婚率逐年上升,女性结婚率逐年下降。原因之一就在于,在东亚地区,如果女性受教育程度比男性高(这通常也意味着女性的收入潜力比男性大),两个人的结合可能招来更多的非议和更大的文化压力(Pan等,2017)。尽管男女收入日趋平等,但除非女方收入比男方高很多,这种家庭结合带来的好处可能扛不住社会规范方面的压力。

3.第三部分:社会阶层的测量(复习研究方法)

测量方法主要包括主观测量法和客观测量法,具体见第四部分的调研问题。

4.第四部分:我国的社会阶层、家庭与消费行为(运用实际数据分析验证假设)

基于中国综合社会调查提出(CGSS)以下研究问题并进行数据分析。

研究问题1:(1)我国家庭结构分布状况如何?独自居住和与其他家人共同居住的比例分别是多少?

(2)请问您有多少个兄弟姐妹(包括离家或出生后死亡者)?其中仍健在的有几位?

(3)请问您的配偶有多少个兄弟姐妹(包括离家或出生后死亡者)?其中仍健在的有几位?

(4)请问您家里有哪些人(包括目前与您住在一起的以及暂时住在别处的所有家庭成员)?

(5)您与所有的子女住在一起吗?

(6)如果儿女不与您住在一起,请告诉我们有关他们的情形。

研究问题2:(1)我国家庭消费决策的主导权分布状况如何?

(2)下列家庭事务是由您还是您配偶决定?①子女的教养;②自己父母的奉养;③家用支出的分配;④买高价的家庭用品。

研究问题3:不同社会阶层的消费支出有何差异?不同社会阶层的消费决策权分布有何差异?

研究问题4:我国人民对社会阶层流动态度如何?对自我的社会阶层感知如何?经济收入是否影响阶层感知?

研究问题5:人们的社会阶层主观感知与客观收入、职业、教育水平之间的关系如何?

特色与创新点

(1)紧扣教育部关于加强新时代高等学校课程思政建设的文件精神,深入挖掘专业课程中的德育元素,凝练专业课程思政内容,具有较强针对性和示范性。

(2)结合专业知识教学内容,将思政元素有机融入专业教学过程中。利用中国综合社会调查(CGSS)的二手数据进行数据分析,验证中国消费者的行为受到社会阶层、家庭的显著影响,将数据分析、理性思考融入具体内容之中,既学习了观点,也学到了研究技能。

(3)利用实践教学活动激发学生的积极性和创造性。通过案例分析、课堂讨论等教学方法,使用视频、图片、音频、文字材料等辅助手段,让学生深切感受到参考群体和家庭给消费行为带来的深刻影响,同时将思政元素有机融入课堂教学,能够引导学生树立正确的消费观和价值观。

效果体现

从具体教学实践来看,课堂气氛热烈融洽,学生学习热情高涨,教学效果反馈良好。学生有自己独立的思考和见解,对于参考群体和家庭给消费行为带来的影响理解深刻,在案例分析和课堂讨论环节积极互动,描述自己经历的或观察到的他人的消费行为,并根据课堂知识进行对比,提出自己的想法和理解,能够通过案例引发出更深层面的关于社会阶层、消费的道德和文化问题的思考。以下为学生们的观点。

观点1:中国社会在近几年愈发表现出家庭变革的迹象。随着社会压力的不断增加,生存成本的进一步提高,年轻人的生活压力也越来越大,很多年轻人都不愿意结婚生子。笔者不认为不结婚不生子就有什么不对,但是作为媒体人,我们理应正确地引导广大的年轻群体,使他们树立一个正确的婚恋观。目前在各大媒体上充斥着各种危言耸听的言论——"80%的孕妇生产过程中都会遇到危险""年轻人不生孩子一定会后悔"等,各种广告中也存在着对"单身独立"的过度渲染,社会对这一现象一定要保持足够的重视,要营造一个风清气正的文化环境,让各年龄段人士以更加科学、理性和批判的态度去面对婚姻、面对生育。

观点2:原生家庭对人的塑造与影响是不可忽视的,很大程度上也影响着人们的消费习惯与消费选择。

观点3:在社会阶层和家庭收入存在差异的情况下,在教育、医疗等关乎人民长期发展与基本生存的消费由消费者进行自主选择的同时,我们也要积极运用宏观调控手段,保障人民的共同富裕和基本生活供给。

观点4:消费行为是具有明显的阶层性和分割性的。不少品牌的定价、形象塑造、理念传播等都无时无刻不在宣告,自己是属于某一阶层的特殊符号。但在消费主义盛行的背景下,不少人过于追求外在的消费符号,购入不符合自身消费能力的奢侈品,使得"跨阶级消费"盛行。但这样的大肆消耗使得某些消费者无法将自己投资在更有意义的事情上,反而阻碍了阶层的跃升。此外,"跨阶级消费"需求盛行也使针对个体的不良信贷平台盛行,造成了系统性的金融风险,危及金融体系的稳定性。

观点5:防止社会阶层固化,关键是深化改革、促进机会公平。事实上,当一个人在社会中能够靠自己努力获得成功时,就证明这个社会是具有流动性的,机会是公平的。当前,我国采取的许多举措如鼓励大众创业万众创新、实施户籍制度改革、推动教育均衡发展等,着眼点都是实现机会公平、促进社会流动。在全面深化改革的进程中,每一个人都有人生出彩的机会。

观点6:在社会主义市场经济不断发展的进程中,社会阶层流动水平不断提升,有效激发了社会发展的深层活力。流动的中国从多个维度增强了社会发展的活力,为人们凭借自身努力改变人生轨迹创造了有利条件。同时,高水平社会流动对国家治理体系和治理能力提出了更高要求,迫切需要推进更高水平的制度创新。新中国成立以来,特别是改革开放以来,中国经济社会持续快速发展,书写了人类发展史上的奇迹。英国《经济学人》杂志指出这样一个事实:英国用了58年、美国用了47年、日本用了34年才使人均实际收入增加一倍,而中国仅用10年就实现了。习近平总书记指出:"一个流动的中国,充满了繁荣发展的活力。"这既是对改革开放以来中国经济社会发展图景的生动描绘,又揭示了当代中国繁荣发展的重要密码。改革开放以来,我们党带领人民勇于探索、大胆实践,从传统计划经济体制到前无古人的社会主义市场经济体制,从计划经济为主、市场调节为辅到使市场在资源配置中起决定性作用和更好发挥政府作用,进行了前所未有的社会主义市场经济探索实践,推动社会主义市场经济体制不断完善,有力促进了高水平的社会阶层流动。

课程负责人:李贞芳 副教授

"文化产业与创意经济"课程思政案例

主讲教师:刘 杰

章节名称

第七章 文化产业政策 第二节 中国文化产业政策的变迁与优势

课程目标

一、知识目标

理解文化产业政策的基本分类、历史发展、经济价值、社会效用与制度逻辑,进一步探究数字媒体时代文化产业政策发展的机遇与挑战。

二、能力目标

掌握理解文化产业政策的分类标准与制定路线,熟悉文化产业政策的演变路径,为进一步促进中国文化产业政策的完善与社会主义文化大繁荣、大发展提供智力支撑。

三、价值目标

培育学生对中国优秀传统文化与当代中国先进文化的信心,激发学生投身社会主义文化建设事业的积极性和主动性。

教学内容

一、教学原则

1. 尊重教学的基本规律

"文化产业与创意经济"课程是一门糅合文化学、传播学、广告学、经济学等学科的交叉领域,有着鲜明的经验实践导向。因此在教学过程中,要时刻把握两个方面的规律:一方面,尊重不学生科自身的发展规律、学术范式以及它们各自范式对于本课程的贡献与启迪,尤其是掌握理解中国文化政策发展的学术视角;另一方面,注重引导学生理解并主动参与我国文化政策的发展过程,在参与式课堂上尝试以政策制定者的身份探究文化政策的现实规律,培养学生的实践感知,激发投身社会主义文化强国事业的参与感。

2. 坚持知识体系的系统性

课程思政的元素并非生搬硬套来的,而是建立在课程本身的升华与融合基础上的。对于本课程尤其是本章节来说,文化产业中的文化政策天然地具有"思政"的内涵与元素。所谓"文化",即强调"人文化成""学以成人",用文化"化育"学生,因此在本课堂上,主讲教师将强调课程与章节知识的连贯性、系统性与整体性,将"人文化成"的观念贯穿始终,注重将家国情怀融入其中。例如,在谈及中华优秀传统文化的转化时,着重强调传统文化对于建设文化强国的重要意义等。

3. 增强课程内容的实效性

文化产业与创意经济是一个发展非常迅速的产业部门,因此该课程的内容需要尽量与当下的社会发展、技术变迁相同步。这就要求主讲教师注重内容与形式的创新性。在授课过程中,积极探索新颖的技术手段与文化产业发展案例,分析文化政策的发展逻辑与我国文化产业政策的实践特征,引导学生结合切身实际体验和理解课程内容。

4. 增强课程思政元素的亲和力

课程的内容与形式更新极快,这要求课程思政元素也要紧跟时代步伐与技术更新的节奏。对于本课程来说,尤其要强调数字媒体技术在文化产业与创新经济中的重要作用。例如,在课程讲授过程中,授课教师以当下热门的抖音、快手等媒体平台在非物质文化遗产传承与保护中的重要作用展开探讨,尤其是以敦煌研究院与腾讯的合作项目、河南卫视的"中秋奇妙夜"等新兴产物展现数字媒介与文化产业的"化学反应",启发与引导学生理解并探索数字技术在优秀传统文化传承中的积极作用,并尝试通过小组作业进行"牛刀小试",在感受数字人文的巨大魅力的同时,也领略到传统文化的强大生命力,培养文化自信。

二、教学重点与难点

(1) 文化产业政策发展的历史逻辑。

(2) 文化产业政策的理解范式。

(3)我国文化产业政策的发展过程与文化强国战略背景下我国文化产业政策的未来路径。

三、教学方法

案例教学、小组讨论、实践操作。

四、教学学时

2学时。

五、参考教材

吉姆·麦圭根,《重新思考文化政策》,何道宽译,北京:中国人民大学出版社,2010年。

六、主要内容

文化产业政策的变迁、制定与制度效果是以本国国情为基本语境的,因此认识文化产业政策必须结合本国发展的现实情况与发展路径,从而形成"立足本土、放眼全球"的文化产业政策视域。

1. 意义阐释

(1)阐释文化产业政策的重要意义与作用,引导学生了解文化产业政策演变的基本逻辑与范式,确立中国本位的认知取向。

(2)从习近平总书记关于文化产业的相关论断与指示以及我国文化产业主管部门的相关政策文件入手,明确文化产业政策对于树立文化自信、推进文化强国的重要意义。

2. 数字技术发展与文化产业的发展机遇

(1)分析数字技术对传统文化产业政策的挑战与冲击,以及带来的发展机遇,引导学生培养学术的创新性思维。

(2)思考数字技术语境下我国文化产业发展的诸多问题,为更好地促进传统文化资源的传承与传播提出创见,承担起"用理论反哺实践"的时代担当。

3. 我国文化产业政策的未来路径选择

结合上述内容,引导学生进一步在全球化、本土化与数字化的交叉背景下,探究我国文化产业政策的路径选择,为我国未来文化产业发展献计献策。

思政素材

一、文化产业政策的战略性

强化课程思政的目标导向与过程管理,有效提炼文化产业的思政素材。强化文化产业发展的重要意义以及其对于提升社会文化水平、对外话语权、文化繁荣的重要作用,结合我国相关发展战略展开论述。

二、文化产业政策的重要性

引导学生理解文化产业政策的基本知识点,着力强调文化产业发展为当代新闻与传播专业的学生提供的时代机遇,引导学生意识到投身文化产业的重要性与必然性。

三、文化产业政策的政治性

引导学生注重区分不同国家的文化产业政策,探索更适合我国的政策选择,从而实现文化强国建设,向外展示一个更加繁荣的文化共同体形象。积极发掘提炼文化产业中的思政素材,激发学生树立文化在塑造民族凝聚力中的重要观念,鼓舞学生用自身的专业知识为国家文化产业发展贡献智慧。

思政主题	思政素材
习近平关于"社会主义文化大繁荣大发展"的一系列论断	实现中华民族伟大复兴中国梦
	中国文化走出去
建设社会主义文化强国,提升文化自信	大力发展社会主义先进文化,面向人民提供优质的文化产品
	着力提升青年一代的文化自信与道路自信
促进优秀传统文化与非物质文化遗产的创造性转化	倡导继承我国优秀传统文化的精华
	传统文化资源丰富,衍生数字产品能力强大
我国数字经济与文化产业政策	我国数字经济平台赋能文化产业的发展机遇
	借助数字媒体技术与创意促进传统文化的入脑入心

思政元素

文化软实力集中体现了一个国家基于文化而具有的凝聚力和生命力,以及由此产生的吸引力和影响力。文化产业发展在提升国家文化软实力方面发挥着独特的作用。党的十八大以来,我国文化产业在内涵和质量方面都有所提升,实现了跨越式发展。习近平总书记在党的十九大报告中提出"健全现代文化产业体系和市场体系,创新生产经营机制"的要求,为促进文化产品和要素在全国范围内合理流动,提高国家文化软实力,不断增强中华文化影响力指明了方向、提供了重要遵循。新时代进一步发展壮大文化产业,应在不断深化文化体制改革的同时,注重观念引领、创新路径模式、增强品牌意识。

习近平还指出:"在推进文化体制改革、繁荣发展文化事业和文化产业的过程中,要把握好意识形态属性和产业属性、社会效益和经济效益的关系,始终坚持社会主义先进文化前进方向,始终把社会效益放在首位。无论改什么、怎么改,导向不能改,阵地不能丢。"

思政主题	思政元素
习近平关于"社会主义文化大繁荣大发展"的一系列论断	实现中华民族伟大复兴的文化维度
	建设文化强国的纲领方针与政策选择
建设社会主义文化强国,提升文化自信	年轻学生一代对社会主义先进文化的"黏性"
	社会主义国家文化路线的先进性
促进优秀传统文化与非物质文化遗产的创造性转化	以央视《经典咏流传》《国家宝藏》等综艺节目为例探讨我国优秀传统文化的传播
	以"王者荣耀×敦煌飞天"、河南卫视《中秋奇妙夜》为例讨论数字技术与传统文化的完美契合
我国数字经济与文化产业政策	我国拥有巨大的文化产业市场与受众,产业面临巨大的发展机遇
	"互联网+"的赋能为我国文化产业发展提供了技术支撑,需要我们思考政策的保驾护航

教学安排

一、课程导入

从我国文化产业主管部门的相关政策文件入手,阐释文化产业政策的重要意义与作用,引导学生了解文化产业政策演变的基本逻辑与范式,确立中国本位的认知取向。

文化产业作为一种政策话语的出现

◆ "文化产业"这一概念初次在政策中问世是 1992 年 7 月,国务院办公厅在《重大战略决策——加快发展第三产业》一书中提出的。

◆ 该概念在文化产业政策中正式运用是在 2000 年 10 月中共中央十五届五中全会通过的《中共中央关于制定国民经济和社会发展第十个五年计划的建议》,明确提出诸多完善文化产业的政策,以及推动文化产业发展的核心之举。

二、重点展开

分析数字技术背景下传统文化产业政策面临的挑战与冲击,以及存在的发展机遇,引导学生培养学术性的创新思维,引导学生"用理论反哺实践"。

数字文化创意政策激发"文化+"潜能

◆ 2017 年"数字文化产业"政策的出台。

◆ 主流文化及亚文化的核心消费者,均呈现低龄化、多层次、多元化的特征。

◆ 网络付费促进传统文化向数字文化的转型,数字技术推动文化产业不断探索新模式,如"文化+旅游"打造特色文化小镇,赋能产业化升值;"文化+科技"搭载人工智能、VR优化博物馆等

- 传统手工艺、非物质文化遗产(苏绣等)
- 工业遗址的改造
- 网红产品的打造(饮用水、饮料、冰淇淋)

三、尝试探索

引导学生进一步在全球化、本土化与数字化的交叉背景下,探究我国文化产业政策的路径选择,以社会主义事业建设者和接班人的担当为我国未来文化产业发展献计献策。

发展IP产业和IP消费模式。

- IP(intellectual property),通过智力性劳动获取劳动成果并对成果依法享有的专有权利。运用在文化产业的运营中,泛指具有特定品牌影响力和能够可持续性挖掘的文化资源。
- 通过对IP内容的开发,互联网文化业态打通包含文学、电影、电视、游戏、音乐、表演、出版等媒介在内的互动文化娱乐产业链,使得优质IP成为颇受传播和资本市场的宠儿。

四、互动与讨论

如果你是一个文化行政主管部门的领导,你将如何制定相应的文化产业政策,请结合具体的文化产业门类(动漫、出版、电影、综艺、优秀等)展开,并初步谈谈文化产业政策对于我国未来文化发展与文化软实力提升的重要意义。

特色与创新点

一、本课程内容具有一定的理论与历史厚度

由于文化产业的发展是历史性的,理解文化产业政策的基本知识、发展轨迹以及我国文化产业政策的演变历程,有助于学生把握历史经验,更好地从文化强国的历史路径出发探索未来走向。

二、本课程内容紧扣时代发展脉搏

"互联网+"与数字技术的广泛运用已经广泛地影响了社会经济的各个领域,这在文化产业方面更为突出。对于广告学专业学生来说,这有助于开拓他们的创新与批判性思维,扩展视野。

三、本课程具有"知行合一"的特质

在"知"方面,有助于学生从文化产业的角度知国情、知社情、知民情,培养家国情怀、全球视野与数字智慧;在"行"方面,有助于学生提升文化创造的实际能力、投身文化产业的热情、建设文化强国的动力。

效果体现

一、深入理解当代中国文化产业政策

通过"课堂教学+课后答疑+课堂讨论+小组作业+在线答疑+以赛带学"等综合方式,提升学生对文化产业与创意经济课程的认识与实践水平。学生能够从自身所见出发,思考文化产业对于个体职业选择、社会发展、民族凝聚力和国家文化软实力的提升的重要意义,在学习知识的同时,也掌握了数字技术背景下文化产业发展的未来趋势与政策导向,形成自我的社会关怀与家国情结。

二、敢于竞争,善于转化,将知识运用于实践

学生在文化产业课堂所学的知识点,被用在大学生创新创业项目申报、暑期社会实践、公关策划大赛等领域,他们通过探究数字文化产业的发展、文化产业与乡村振兴的关系、非遗文化传承等议题,实现了理论与实践、知识与应用、个体与社会的"强联结",起到了良好的课程效果。

课程负责人:刘杰 讲师

"广告学概论"课程思政案例

主讲教师:张梅兰

章节名称

第三章 广告的功能与价值　第三节 新时代背景下广告的社会功能与价值

课程目标

一、知识目标

正确、全面地理解新时代背景下广告的社会功能与价值的内涵、表现形式,能区分广告的经济价值和社会价值之间的联系与区别。

二、能力目标

掌握新时代广告的社会功能与价值在广告制作和传播等环节中的重要作用,并能用以指导具体的广告创作实践。

三、价值目标

培养学生在广告制作与传播过程中的政治意识、大局意识、人文意识,树立家国情怀,牢记时代使命,做有理想、有追求、有担当、有作为、有品质、有修养的新时代广告青年。

教学内容

一、教学原则

1.尊重思政教学的基本规律

立足当下新时代,讲好本门课程需要尊重思政教学的基本规律,即在教学实践中要考虑教学的内外"环境",以及教学自身的"特性"。新时代的广告和广告从业者,必须放眼世界,把握当下,拥抱未来。广告学概论课程的思政建设需要遵循教学的基本规律,在教学过程中注重将广告教学的时代环境与广告的理论内涵进行关联,将教育的时代思政性与广告教学本身的特殊性相联系。广告学概念的教育外环境是广告所接受的社会经济文化的影响,其居于不断变化的社会环境中。

近年来,数字技术不断发展,消费不断升级,广告表现形式与表现内容都发生了巨大的变化。和当代的青年人讲清楚、讲透广告的价值与功能,尤其是在当前高度发展的社会经济背景下广告应该承担的社会和文化价值,对于帮助学生更好地了解当下不断变化的社会经济形式,营造良好的社会风气,促进中国的消费升级与实现经济的稳步增长具有重大作用。通过讲述新时代广告的新变化以及广告功能在这个时代的应有之意,引导学生参与讨论与思考,在教学过程中培养学生的思政意识与自主意识,吸引学生积极主动参与思政元素的生产与智慧课堂的建设。同时通过教学,在不断分析数字环境、社会经济环境的过程中培养学生的家国情怀。

2. 构建新时代广告的理论体系

在专业课程中做好思政教育,需要将思政元素融入专业教学的理论体系之中。"广告学概论"作为一门导引课,关系到学生今后的职业观、价值观、社会观乃至人生观等的形成。而本课程使用的教材为教育部指定的马工程教材,因此,本次课在讲授过程中,以马克思主义思想为指导,呼应党中央提出的"新时代"的大背景,贯彻党的教育方针、加强理论教育、提高思政课教学实效、全面做好立德树人工作、推动思想政治工作创新发展,将社会主义核心价值观融入教学的全过程。将思政元素融入广告理论体系,做好新时代广告学概论的教学理论体系建构工作是教学过程中应坚持的重要原则之一。

3. 坚持时代故事与理论体系相结合

"广告学概论"作为一门专业核心课,全面阐释广告学的理论体系就成为课程教学的应有之义。而广告学作为一门应用性非常强的学科,其教学需要了解国内国外的社会经济形势,了解当下的政治、经济与社会环境。因此,本次课在教学过程中,立足当下不断变化的国际国内形式,讲述当下经济政策环境变化的实际情况,将不断变化着的时代环境与广告学概论的理论体系相结合,向学生传递"了解国际国内形式,更好地为国家服务"的教学意识,培养学生对当下环境的了解能力与传递国家品牌形象的意识,准确理解"四新"时代新的发展指向:新时期强调"富起来";新时代注重"强起来";新时代新的精神气质,即道路自信、理论自信、制度自信、文化自信;新时代新的发展方式即高质量发展方式,更好地承担新时代的责任,做好新时代的青年人。

4.增强思政教学过程中的价值性与实效性

实施课程思政的根本目标是培养有坚定理想信念的中国特色社会主义事业的合格建设者和可靠接班人。在课程思政的建设中要保证思政元素的实效性、亲和力和价值性,让课程思政的效果落到实处。为了达到此目的,"广告学概论"课程将着重于案例教学,通过新时代广告学的具体案例揭示其背后所蕴含的道理。比如在介绍新时代的背景时,讲述新时代的经济、政治与技术的新变化,让学生认识到广告对国家经济发展具有重要作用,以此增强学生对这门课的了解与对广告的价值认同,使学生拥有更为深厚的社会关怀与家国情怀,积极投身中华民族伟大复兴的奋斗实践中。

二、教学重难点

(1)新时代背景下广告社会功能与价值的特点。

(2)新时代背景下广告承担社会功能与价值的必要性和合理性。

(3)如何将广告的社会功能和价值贯穿于广告的制作和传播过程中。

三、教学方法

案例教学、小组展示、班级辩论。

四、教学学时

4学时。

五、参考教材

丁俊杰、陈培爱、金定海等,《广告学概论》,北京:高等教育出版社,2018年(马克思主义工程建设教材)。

六、主要内容

广告的本质特征是信息传播,是一种特殊的传播形态和传播方式。对于广告功能与价值的考察,可以从两个层面展开:一是广告的功能性层面;二是广告的价值性层面。广告在实现其功能的同时,必然以其特殊的形式作用于整个社会,产生一定的经济价值和文化价值。广告的这种由工具性功能所衍生的社会功能称为广告价值,它是广告功能的一种价值延伸。

我国的广告实践在社会主义市场经济建设中发挥着重要作用。在经济社会环境不断变化的新时代背景下，我国的广告价值观主要表现为服务与促进社会主义建设，以消费者为本位，坚持法律与道德的双重要求，反对过度的商业利益取向四个方面。当下经济环境不断发展变化，技术发展与全息大数据开启了广告营销新时代，当下广告人更需要坚守广告价值观，加强服务并促进社会主义建设的能力与意识，在时代环境不断变化的基础上，深刻了解变化的经济形势与经济政策，既掌握好广告的创作技能，又树立正确的广告观和大局观，将正确的价值导向融入广告作品中。具体内容如下。

1. 导入

阐释广告对社会主义经济建设与国家建设的重要意义，阐释其对社会具有的重要价值，讲好品牌故事的重要性。

(1)通过对广告学的概念及其与社会主义市场经济的关系的阐释，引出"广告新时代"这一概念，并将其与当下国际国内的时代背景联系起来。"广告新时代"包括以下内容：其一，新的发展指向即新时期强调"富起来"；其二，新时代注重"强起来"；其三，新的精神气质，即道路自信、理论自信、制度自信、文化自信；其四，新的发展方式，即高质量发展方式。

(2)结合当前的国际国内的社会发展状况与经济发展情况，分析新时代我国广告发展的社会背景和国际背景。

(3)结合有关广告价值与功能的论述，以及习近平总书记关于广告社会责任的观点，明确广告新时代广告学子应该具备的世界观、社会观、价值观与大局观。

2. 新时代广告社会功能与价值的形式与特征

(1)总结、梳理西方主要国家的广告功能的表现形式及其特征，并深刻剖析其利弊，帮助学生了解广告功能。

(2)梳理新时代我国广告社会功能的表现形式与特征。

(3)对比中外广告社会文化功能与价值的异同点，凸显我国广告文化与社会功能的优越性。

3. 广告新时代广告人的家国情怀

引导学生深刻了解当下不断变化的国家经济形式与全球大环境，坚守新时代广告人的价值观，形成开阔的国际意识与深厚的家国情怀，更好地利用自己的专业知识为国家消费升级服务，更好地促进社会主义市场经济建设。

思政素材

"广告学概论"课程思政的核心内容是社会主义核心价值观和习近平新时代中国特色社会主义思想。本课程的思政素材坚持新时期中国特色社会主义品牌建设的思想导向,把握"中国产品向中国品牌转变,以全球性品牌促进消费升级"的价值理念,培养学生的大局意识、国际意识、家国情怀,培养学生的担当意识,更好地做好国家品牌建设,促进社会主义市场经济的发展,展现良好的国家形象。

一、凸显"广告学概论"课程思政建设的目标导向

广告对国家经济发展来说具有重要意义。当下我国不断加强消费升级,促进中国制造向中国创造转变、中国产品向中国品牌转变,因此加强广告教育和品牌建设对于国家来说具有重要意义。全球化时代,国家品牌建设已成为国家间博弈、话语权争夺的重要领域,具有极为重要的现实意义。新时期加强品牌建设,对于促进社会主义市场经济发展,提高消费水平,促进消费升级,展现中国大国形象具有重要意义。因此,在"广告学概论"广告新时代与绪论的教学中,应当不断加强青年大学生对于当下国际国内环境的了解,增强青年大学生的责任意识,引导其更好地利用所学知识促进社会主义市场经济发展。

二、充分挖掘提炼广告学概论的思政素材

"广告学概论"的理论知识与思政元素有着重要的交融之处,本课程将着重寻找二者之间的交集之处,充分挖掘"广告学概论"中涉及的思政元素,培养学生开阔的国际意识,增强学生为社会主义市场经济建设服务的能力与意识,激发学生的爱国意识和社会责任感。

思政元素

2016年2月19日,习近平总书记在党的新闻舆论工作座谈会上提出,"广告宣传也要讲导向",这是对中国广告业与西方广告业本质区别的鲜明概括。党的十九大报告把"坚持社会主义核心价值体系"作为新时代坚持和发展中国特色社会主义的基本方略之一,由此,形成和践行中国广告价值观,成为新时代必须坚持的重要要求。中国广告价值观的内容要体现中国特色社会主义的鲜明特征,反映中国的国情。

在新的时代背景下,我国广告在自身发展壮大的同时,为推进我国经济转型升级、引导扩大消费、促进经济增长、繁荣社会主义文化发挥了积极的作用。"十三五"期间,我国的《广告产业发展"十三五"发展规划》对发挥广告行业优势,宣传广告在国民经济和社会发展中的地位和作用,提高广告的社会认同感,塑造广告良好的社会形象,形成有利于规划实施和促进行业发展的社会氛围方面起了积极作用。广告业作为既能促进市场经济发展繁荣,又能弘扬社会主义核心价值体系的双面手,将在中华民族伟大复兴的道路上贡献更大力量。

从具体内容看,与"新时代广告的社会功能与价值"相关的思政元素可分解为四个方面(见表1)。

表1 "新时代广告的社会功能与价值"课程思政元素

思政主题	思政元素
广告的价值观	服务与促进社会主义建设
	以消费者为本位
	坚持法律与道德的双重要求
	反对过度的商业利益取向
	在看到广告的商业功能的同时,更要坚持广告的文化属性
广告的意识形态功能	公益广告的意识形态功能:(1)传达积极向上的价值观念;(2)倡导良好的社会效益;(3)提高全民文化素养
	商业广告的意识形态功能:(1)引导正确的消费行为和观念;(2)影响社会价值观念和文化心理;(3)参与社会文化的形塑
	传递中国国际形象,讲好中国国家故事,实现中华民族伟大复兴的中国梦
广告的社会责任	广告由"说服"向"沟通"的转变,实现消费者主体的回归
	广告对消费者展示人文关怀,促进社会交流
	广告应重视对社会环境的积极参与,承担更多的社会责任和社会使命
中国特色广告发展的宏观驱动力——政府政策的积极引导	1992年邓小平"南方讲话"
	1994年《中华人民共和国广告法》的颁布
	21世纪以来政府制定的一系列科学的发展规划
	2011年国家《产业结构调整》把广告产业纳入国家发展战略

教学安排

一、导入（广告案例讲述与广告功能概念导入）

1. 广告功能与价值的概念与内涵

首先通过观看广告片，引导学生对广告功能与价值进行体验与思考，引导他们建立关于广告功能与价值的基本概念。

2. 中国不同时代的广告表现形式

通过对相关广告进行回顾，讲述中国不同时期的广告表现形式与案例，引导学生了解广告的发展变化与国内经济环境息息相关的现实。

二、介绍广告新时代的概念、内涵及其演进

新时代的广告和广告从业者，必须放眼世界，把握当下，拥抱未来。当下国内国际形势不断发展变化，中国发展也迎来了新时代，这个新时代也是广告发展的新时代。从"新时期"到"新时代"，中国历经四十年。1978年十一届三中全会开启了我国改革开放的历史新时期，"新时期"概念由此而来。相比于新时期，新时代的"新"体现在哪里？

(1) 新的发展指向：新时期强调"富起来"，新时代注重"强起来"。

(2) 新的精神气质：道路自信、理论自信、制度自信、文化自信。

(3) 新的发展方式：高质量发展方式。

广告的新时代体现在新的广告形态，新的广告思维与意识，新的发展方式与新的内容。这是在消费、市场、传播新时代下的变革与发展。

三、梳理新时代背景下广告社会功能与价值的内涵

广告的功能是指广告活动为达成广告目标所表现出来的作用和效率，它蕴含于广告为实现目标和适应环境所必须担负的职责中，这意味着广告的目标和其所处环境对广告功能的形成起着决定性作用。

文化的本质特征和本质属性，就在于其观念形态性，或称之为意识形态性。作为意识形态的文化，是知识、信仰、艺术、道德、法律、风俗、习惯等意识和意志的总和。广告传播作为一种社会现象，是社会整体的一部分，必然要综合体现出一定的精神状态、价值观念、行为模式和生活情趣与理想等。广告传播在追求商业目的的同时，本身还蕴含着在促进社会全面健康发展方面所应担负的功能和责任。

(1) 广告的文化属性和社会属性。

(2) 广告的社会价值。

(3) 广告的意识形态功能(商业广告和公益广告的意识形态功能)。

(4) 广告对社会文化的影响(传播有关的价值理念、生活理念,倡导一定的社会行为准则和规范)。

(5) 文化的自觉与广告传播。

四、阐释广告的社会责任

广告对社会既有积极的影响,也有消极的影响。商业利益的驱使经常造成广告与社会文化、社会伦理道德的冲突。对于广告的社会责任问题,本课程将从商业传播和公共传播两个角度进行分析。

1. 从商业传播角度看广告的社会责任

(1) 广告传播的有偿性。

(2) 广告传播中"物欲"的诉求与"诱惑"。

(3) 广告的非完全信息传播。

2. 从公共传播角度看广告的社会责任

广告的运作常处于社会的经济效益与社会效益的冲突与调试之中,其应避免出现的问题包括:

(1) 宣扬物质至上的享乐主义和拜金主义。

(2) 倡导不健康的价值观念。

(3) 误导行为规范,养成不良的生活习惯和生活方式。

(4) 在语言文字方面存在不规范问题。

3. 新时代广告社会价值的内容和体现

(1) 广告由"说服"向"沟通"转变,实现消费者主体的回归。

(2) 广告对消费者展示人文关怀,促进社会交流。

(3) 广告应重视对社会环境的积极塑造,承担更多的社会责任和社会使命。

五、深刻剖析中国特色广告发展的宏观驱动力——政府政策的积极引导

广告业作为一个独立的行业受到多重因素的制约和影响,其发展进程和路径在不同的国家和地区又有不同的表现。中国广告业是在中国特色社会主义建设过程中发展起来的,发展路径具有独特性。综合来看,其有以下三条比

较清晰的发展方向。

(1)政府政策的积极引导。

(2)西方广告经营模式及理论体系的启发。

(3)市场力量持续推动转型升级。

呈现方式:设置课堂讨论、课堂检测与课后拓展,一方面巩固了学生所掌握的知识内容,另一方面进一步加深了学生对广告新时代的理解,培养了学生的社会责任感,引导学生为实现中华民族伟大复兴中国梦而奋斗。

为了进一步加强学习的效果,在本次教学之后,主讲教师带领学生深入街头、企业、广告营销场所甚至生产车间,体验当下中国广告业的发展现状,掌握时代脉搏与时代精神;并邀请在社会价值观引领上有着正面积极作用的业界专家进课堂,与学生面对面讨论与交流,让学生更深刻地领悟广告对社会发展的积极作用。以下为"广告学概论"深入社会一线记录表(部分)。

表2 本课堂近三年到一线进行"广告人的责任与价值"实践教学一览表(部分)

时间	参观交流/单位/个人	单位性质	参观/学习人数	涉及的思政内容
2018.11	微思敦广告营销公司	广告营销公司	50	当代数字和社会化营销中的社会情绪引领
2019.6	广州本来生活网营销总监	App运营商	70	新兴的App在民族经济振兴中的作用
2018.11	上海顺位互动创始人	数字广告与营销公司	60	当下技术发展背景下广告人如何坚守行业理念与"家国情怀"
2018.11	微思敦移动营销CEO	广告营销公司	38	大数据时代广告营销供需转变中的广告责任思考
2018.7	国家市场监督管理总局大华投资经理	国有企业	50	广告公关第一线的媒体人责任
2021.10	全棉时代	品牌方	40	新的时代背景下品牌如何在人类命运共同体构建中有所作为?
2021.10	稳健医疗	民营企业	40	倾听、了解民营医疗品牌"稳健医疗"在武汉新冠疫情中,"宁可损失4亿元也坚决不涨价"的感人故事,让学生真切感悟到当代民营企业的家国担当与格局

续表

时间	参观交流/单位/个人	单位性质	参观/学习人数	涉及的思政内容
2021.10	广告人文化集团	媒体	38	在广告赛事中坚持弘扬社会主义核心价值观和正能量

以下为部分现场教学图片。

特色与创新点

一、专业素养与思政内容相结合

以新型方式加深学生对当下中国社会主义市场经济体制的了解，更好地理解新时代的含义。将专业素养与思政元素相融合，使学生能在课堂中了解到新时代的时代特征与广告新时代的时代表现形式，培养学生的时代意识与责任意识，引领学生站在时代前沿，争做新时代的接班人。

二、紧扣时代脉搏

通过案例分析与时代环境分析，引导学生了解当下中国经济升级与品牌建设的必要性，了解广告与品牌的关系，了解如何通过广告更好地讲述品牌故事，传达品牌形象，从而提出全球性品牌建设方案，为更好地建设全球性品牌、建设社会主义市场经济而服务。

三、情景式思政教学

课程紧跟时事，在案例教学与情景讨论中不断加深学生对中国新时代与广告新时代的了解，课程兼顾趣味性与学术性，引领学生不断思考，加强学生学习效果,避免了理论教学缺乏趣味性的缺点。

效果体现

一、深入理解当代中国广告背景

通过"线下课程＋情景教学＋在线答疑＋实际经验"的方式,增强学生的新时代广告意识,引导学生形成建设品牌强国的意识与方式,并对未来的专业实践予以相关指导。从课后与课堂上学生的反馈情况来看,学生对新时代中国的经济社会环境有了深刻理解,对于广告与品牌建设的关系有了大致把握。

二、提高新时代广告人的社会责任意识

学生在学习专业知识的同时,还掌握了数字技术背景下广告产业发展的未来趋势与政策导向,从而树立起勇于承担社会责任的大局意识,形成建设社会主义市场经济的强大动力,同时,学生通过了解广告促进国家品牌建设的作用,形成了建设品牌大国的责任感、社会关怀与家国情怀。

课程负责人:张梅兰 副教授

"新媒体整合营销"课程思政案例

主讲教师:于婷婷

章节名称

第四章 数字内容的共生　第二节 内容营销的策略

课程目标

一、知识目标

了解内容营销的内涵、价值、存在问题及策略,通过典型案例理解有效内容传播的关键因素,站在时代发展角度思考在新媒体时代,中国自主品牌如何通过内容营销策略实现商业价值与社会价值的双赢。

二、能力目标

熟悉国家在新媒体营销方面的方针政策,掌握内容营销的前沿理论,提升新媒体素养,树立正确的内容营销思维,在学习国内外优秀案例的同时,思考中国品牌及企业如何能够在对内及国际传播层面弘扬优秀传统文化,传递"真善美"价值观,做有内涵、有文化、有追求的中国品牌内容。

三、价值目标

立足我国优秀传统文化,培养家国情怀,将"真善美"的价值内涵融入教学过程中,以正确的新媒体思维发挥专业技能,做有理想、有追求、有担当、有作为、有品质、有修养、有批判精神的营销传播人才。

教学内容

一、教学原则

1. 引导学生主动思考思政教育与课程内容的关系

思政教育不是通过教师的"设计"将思政元素被动地传递给学生,而是引导学生结合自身观察与实践,主动思考教学内容与自身和国家的关系,这样才能激发年轻学生的灵感和增强创新意识,主动将所学导向所用。

2. 兼顾思政教育与国际化视野

二者非对立关系,而是相互影响、相互作用。本科阶段是获取知识的黄金时段,应当使学生具备一定的历史和空间比较思维,对于数字营销前沿内容,一定要形成清晰的理解脉络。置身在全球文化视野中,才能更好地体察中华文化的独特魅力,才能思考如何将民族文化融合进更大的"容器"。

3. 将大思政化为小实践

将思政的重要内容贯穿新媒体整合营销课程,把思政的相关内容融入品牌传播课程之中。通过考核体系将其转化为学生的理解和行动,做到知行合一,这是思政教育的重要考量指标。

二、教学方法

理论讲授、案例教学为主,辅以小组讨论。

三、教学学时

4学时。

四、教学重难点

(1) 内容营销如何实现品效合一。

(2) 引入传统文化与"真善美"价值观,引导学生思考在新媒体时代,如何立足传统文化与价值观更好地开发内容营销在传统文化层面的价值与资源,提升内容营销的站位与品质。

五、参考教材

(1) 谷虹,《品牌智能:数字营销传播的核心理念与实战指南》,北京:电子工业出版社,2015年。

(2) [美]乔·普立兹,《自营销互联网方法:内容营销之父手册》,张晓青、王冬梅译,北京:机械工业出版社,2015年。

(3)于婷婷,《创意传播案例分析》,即将出版。

六、主要内容

(1)理解在渠道过剩的数媒时代,内容营销是"品效合一"的关键。

(2)梳理内容营销的概念和主要类型。

(3)内容营销理论模型与案例分析。

(4)内容营销策略:渠道与叙事。

思政素材

一、素材一:戛纳国际创意节举办"中国日"活动

2017年,"中国军团"历史上首次以"中国日"的形式集体亮相戛纳国际创意节,是当年戛纳国际创意节的鲜明特色。对"中国日"的关注,源于全球广告行业对中国创意力量、中国创新企业的关注与重视。戛纳国际创意节每年在法国戛纳举行,作为全球最大的传播、广告和创意界盛事,戛纳国际创意节受到了全球各大企业的高度关注。2017年,有来自90多个国家的15000名嘉宾参与活动。

"数字经济正在渗透至中国社会的方方面面。"腾讯高级执行副总裁、腾讯广告主席、集团市场与全球品牌主席刘胜义在"中国日"揭幕演讲中指出,企业界和创意界要迎接中国数字经济浪潮,要握住三大决胜"秘钥",扎到三大切入点——"ABC",即 Artificial Intelligence(人工智能)、Big Data(大数据)、Cloud Computing(云计算)。刘胜义指出,中国是全球最大的移动市场,拥有6.95亿移动互联网用户,位居全球第一,且仍在快速增长。它同时也是全球移动化程度最高的国家之一,其数字经济占GDP的比重达到30.61%,增速位列世界第一,各行各业正在进行"互联网+",从而实现数字化转型。此外,共享汽车和共享单车等新形态迅猛发展。

"今天的中国比任何国家都具有更大的商业吸引力,充满了魅力,也蕴藏着挑战。"刘胜义说,中国在数字经济领域正从一个"跟随者"变为"引领者",成为真正的数字国度。

二、有故事有内涵的广告——《花露水的前世今生》

三周内30万条转发评论、1600万点击量,从这部长度4分30秒的网络广

戛纳国际创意节上的"中国日"海报　　　　　　戛纳国际创意节展厅

告片爆红奇迹中能学到什么？数字化营销即是尝试之一，将目标受众设定为18～35岁的年轻人，表现手法亦采用其喜闻乐见的动画。4分30秒的flash动画不仅让你了解花露水的百年历史及功能，还令你想起了美好童年爱上夏天的感觉，六神花露水做到了。

诞生于1990年、主打传统中医药理和药材概念的六神花露水堪称上海家化的明星产品，其市场占有率最高超过70％。但六神品牌经理陈华杰曾忧心忡忡——彼时，产品卖点多基于现代科技的宝洁、联合利华等跨国巨头亦如法炮制打起中药牌，隆力奇等国内竞争者亦开始贴身近战，六神品牌一度危机四起。

庆幸的是六神最终并未成为外资劲敌的盲从者，反而愈发坚持中草药概念，动画视频中貌似简单的内容是六神数年素材积累的结果。六神所用酒精为食用酒精——为了突出趣味性，短片以六神外贸部退休老员工之口讲出了中东人因信仰不能喝酒而拿花露水解馋的逸闻。视频用简单、明了的手段去表达充满知识性、趣味性的东西，如广告短片中展现产品的历史感——你所不知道的花露水与老上海十里洋场的亲密关系，把消费者自以为知道但是实际上并不知道的事情呈现出来。花露水竟然有这么多历史、趣闻、功能，这增强了六神的中草药创新与生活的亲近感。

六神花露水的创意动画视频《花露水的前世今生》

思政元素

内容营销是一种通过发布与目标人群有关联的、有价值的持续性内容来吸引目标人群,改变或强化目标人群的行为,以商业转化为目的的营销策略。这个概念强调了内容的连续性,中国传统文化长期的发展与积淀,为内容营销提供了丰富的创作文本和基础。国家对发扬优秀传统文化与坚定文化自信的提倡,以及近几年国潮的火热,为将传统文化与核心价值观注入内容营销课程提供了政策和时代支撑。

思政主题	思政元素
中华优秀传统文化	普遍性、民族性、崇高性
	讲好中国故事,传播好中国声音
	大力发展社会主义先进文化
	文化自信与中国故事
社会主义核心价值观	国家、社会、公民
	引领社会思潮,凝聚社会共识
	主流化的品牌价值
	价值观融入

教学安排

一、课程导入:内容营销的价值(约8分钟)

(1)从我国当前的时代背景和品牌建设背景出发,阐明将内容营销与中华传统文化、社会主义核心价值观相融合的重要意义,让学生在内容营销与社会主义先进文化、主流价值观之间建立联系,形成正确的认知引导。

(2)设置问题互动:请回忆近期让你印象深刻的产品或者品牌,分析是哪些内容和场境打动了你。

(3)快速更新的市场环境,不断更迭的营销形势,一波又一波冲击着人心,这时候更需要加强品牌建设,只有这样才能真正夯实品牌的竞争力,提升品牌价值,强化年轻人对品牌的认同。

二、主要版块及内容展开(1.5学时)

1.理解在渠道过剩的数媒时代,内容营销是"品效合一"的关键

内容营销是指把效果导向思维融入品牌广告,把品牌导向思维融入效果广告。通过一条路径,花一份钱兼收品牌认知、传播和销量的三赢。做品牌还要为消费者创造行动机会,它有可能是清晰好记的品牌LOGO或App名称,有可能是一条电商搜索框指令,有可能是广泛铺开的销售触点⋯⋯总之,当消费者产生消费动机时,他可以便捷地找到行动路线。做内容营销要注意现在做的事情能否在短期带货之余形成长期效应,对品牌印象的构建与维护起到促进作用。

2.内容营销的概念和主要类型

内容营销指以营销为目的,以内容为载体的商业传播行为,可以是将营销信息和独立内容的二次加工结合,可以是自身打造独立内容再加入营销信息,也可以是将营销信息包装为话题供用户自发讨论和再生产。

如今,优秀传统文化正在逐步地被越来越多的年轻人接受,这些传统文化中蕴含着丰富的人文精神,可以提升品牌价值的内涵,传播品牌价值的力量,与年轻人的文化精神形成共鸣。

3.内容营销理论模型与案例分析

回顾营销传播历史中不同阶段的营销传播模型,分析出内容营销在传统媒体时代和新媒体时代的本质不同在于数字社会化媒体使得内容生产、传播、分发、流动、选择等主体都转向消费者自身,内容从由营销者生产变成了"共创共生"。通过案例分析,让学生认识到:内容共生的基础是文化理念的认同(故事);内容众传的基础是多元连接的数字社会化媒体渠道。

案例分析:

续表

内容化品牌:讲历史,讲故事。 关键词:品牌文化、故事、形式	
李宁的这支创意广告,以中医拔罐为开头,向用户讲解了拔罐对于人体舒经活络的作用,然后借助国内外运动员的背书传达出中医拔罐在国际体育事业中所受到的认可,将"拔罐"这一名词与"体育、运动"巧妙地结合在一起	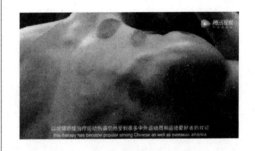
	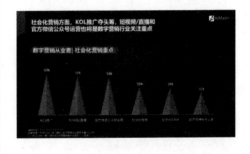

4. 内容营销策略:渠道与叙事,做能实现"品效合一"的内容

(1) 做可营销的产品,即有话题有故事的产品,或者把你的产品变得可营销(新产品、新领域)。

(2) 将品牌内核内容化,即从受众的角度重塑品牌,使其可感知、易感知,可参与、易参与(传统行业、老字号产品)。

(3) 有效的渠道(通用)。

相关课件呈现如下。

方法二：内容营销的蝴蝶

· https://mp.weixin.qq.com/s/xCLjXo9llCe7WsTkyR3Yxw

如何共情

· 一个是个人化的潜意识情感+一个是群体化的亚文化情感共识

通过对案例的归纳总结，引导学生意识到，面对更成熟、更个性化的消费者，以及不断涌现的新品牌，品牌力已不是一个品牌绝对并且稳定具有的优势，品牌需要不断创造与消费者对话的场景，不断创造引人好奇的刺激点，做内容成为品牌当下最普遍的解决方案。同时进一步引出，品牌要做内容，更要聪明地做内容。要带着品牌的问题去创造内容，要用长远目光去审视当下的每一个决定，而优秀传统文化以及核心价值观的引领就显得尤为重要。

三、讨论：讲好中国品牌故事——品牌内容营销的国内与国际传播(0.5 学时)

学生自由组成小组，进行 10 分钟的小组讨论，每组选取一个以传统文化为主题的内容营销案例进行总结展示，案例可以是国内的，也可以是国外的，展示时要介绍案例的主要内容，分别阐释其在文化价值观层面和营销层面的优点及亮点，以及学生对该案例不足之处的思考和建议。在小组讨论结束之后，教师对各组的阐释内容进行指导和总结，进一步提升学生的知识和文化水平、价值观素养。最后提及中国品牌跨文化传播的案例，过渡到下一节的学习中。

特色与创新点

一、立足传统文化，迎合政策导向，注重专业能力与思政素养的双向提升

将新媒体营销的专业知识与国家近年来提倡的社会主义核心价值观与文化自信等内容相结合，在优秀传统文化和正确价值观的引领下，使学生获得知识与素养的全面提升。传统文化就是文明演化而汇集成的一种反映民族特质和风貌的文化，是各民族历史上各种思想文化、观念形态的总体表现。其内容是历代存在过的种种物质的、制度的和精神的文化实体和文化意识。2020 年 9 月 28 日，习近平在十九届中央政治局第二十三次集体学习时强调，"要高度重视考古工作，努力建设中国特色、中国风格、中国气派的考古学，更好认识源远流长、博大精深的中华文明,为弘扬中华优秀传统文化、增强文化自信提供坚强支撑"。

二、理论结合案例,启发式思考回应现实关切

课程案例均为近年来发生的内容,能够让学生更好了解现实发展动态,了解时代命题,引导学生学以致用。立足当下,选取中国优秀传统文化中的具体案例,来详细地阐述学习内容的设计,为学生更好掌握内容营销以及对中国传统文化资源的开发提供指导,引导学生立足当下,在传统文化和价值观与内容营销深层次融合方面进行启发式思考。立足本土特色,借鉴国内外优秀案例,将传统文化与内容营销结合起来,将教学内容与价值导入有机联系,更好地了解与学习优秀的内容营销案例,传递优秀的传统文化与正确的价值观。

效果体现

一、学生的家国情怀与专业课程内容相结合

本课程面向学院本科生开设,先后有广告学专业、广播电视学专业和网络新媒体专业学生选修本课程。在内容营销的学习中,学生能够领会内容的力量,感受文化思想的魅力,即使是在眼花缭乱的商务领域,深刻、有洞见、有内涵的优质内容依然可以发挥其巨大的商业和社会价值。不同专业的学生会从自己的专业方向角度,思考如何输出有质量的、能实现品效合一的内容。广告学专业学生的数字广告创意,广播电视学专业学生的纪录片和微电影脚本,网络新媒体学生的"反内卷"游戏设计等,都验证了课程思政渗透的效果,学生开始主动思考"所学"如何"有用"。

二、学以致用,学生投入各类学科竞赛和实践活动中

学生将学习到的数字内容营销理念和技能融入学科竞赛中,组队参与大学生创新创业项目,并先后在中国大学生广告创意大赛、中国大学生广告艺术大赛、"讲好中国故事"创意传播大赛等学科竞赛中获得奖项,达到了进行探究式学习与个性化学习的目的。

在课堂学习和话题讨论之后,学生将自己的观点和想法写成课程论文,留下自己对本课程所学内容的感悟和观点。在试卷考查中,学生对于内容营销的理解和案例分析也非常到位,实现了知识内化的过程。

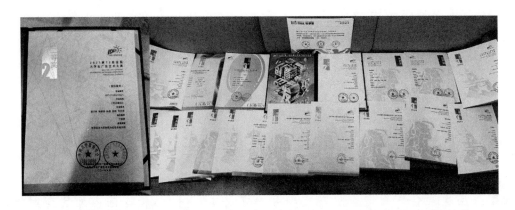

2021年学生获得全国大学生广告艺术大赛二等奖及近年该赛事课程负责人指导获奖

课程负责人：于婷婷 副教授 广告系负责人